In ihrem Meisterwerk *Geschichten vom Hulanfluß* läßt die chinesische Schriftstellerin Xiao Hong den Ort und die Zeit ihrer Kindheit wiederaufleben. Aus der Warte des kleinen Mädchens beschreibt sie das Städtchen Hulan im Nordosten Chinas zu Beginn des 20. Jahrhunderts und das Familienleben in einem chinesischen Wohnhof. Das unbeschwerte Zusammensein mit dem Großvater kontrastiert sie mit der Kälte im Elternhaus, wo einem Mädchen nur Verachtung geschenkt wird. Mit feiner Ironie beobachtet die Erzählerin die »Attraktionen« des Städtchens wie Tempelfeste und den Tanz der Schamanin, ebenso wie den Alltag der Bewohner. In der tragischen Geschichte von der Kindbraut, die von ihren Verwandten, einer im konfuzianischen Sinne »vorbildlichen« Familie, in den Tod getrieben wird, zeigt Xiao Hong, wie sehr sich die Tradition gegenüber der Humanität in einer Gesellschaft behauptet, die Lu Xun einmal als »eine Gesellschaft von Menschenfressern« bezeichnet hat.

XIAO HONG
GESCHICHTEN VOM HULANFLUSS

Aus dem Chinesischen übersetzt
und mit einem Nachwort
von Ruth Keen

Insel Verlag

Originaltitel: *Hulanhe zhuan*
Die Übersetzung folgt den 1979
im Volksliteraturverlag Heilongjiang, Harbin,
und 1988 im Zhongliu-Verlag, Hongkong,
erschienenen Ausgaben.

Erste Auflage dieser Ausgabe 2023

Umschlaggestaltung nach Entwürfen
von hißmann, heilmann, hamburg
Druck: Books on Demand GmbH, Norderstedt
Printed in Germany
ISBN 978-3-458-24341-0

www.insel-verlag.de

GESCHICHTEN VOM HULANFLUSS

Inhalt

Erstes Kapitel
Die Stadt Hulan

1.

Wenn der strenge Winter sich über das weite Land legt und die Erde mit Frost versiegelt, beginnt der Boden aufzuplatzen. Winzig kleine, aber auch fuß-, ja meterlange Risse überziehen kreuz und quer die Erde, und ohne eine durchschaubare Richtung einzuschlagen, tauchen sie auf, wo immer es ihnen gefällt. Wenn der Winter streng wird, reißt er unweigerlich die Erde auf.

Der alte Mann, der von draußen hereinkommt, bürstet Eisperlen aus seinem Bart und sagt: »Ist das eine Kälte heute! Der Frost hat die Erde aufgerissen.«

Ein Kutscher treibt im Sternenschein seine Tiere mit der Peitsche an, sechzig oder siebzig Meilen hat er zurückgelegt. Es wird gerade hell, als er das Gasthaus für Fuhrleute betritt. Seine ersten Worte, an den Patron der Herberge gerichtet, lauten: »Das Wetter hat es in sich! Die Kälte sticht wie kleine Messer.« Und nachdem er seine Hundefellmütze abgesetzt und ein Pfeifchen geraucht hat, greift er nach einem heißen Mantou*. Sein Handrücken ist übersät mit unzähligen Rissen.

Bittere Kälte läßt die Hände der Menschen aufspringen. Der Tofuhändler**, der in aller Frühe seine Ware ausruft, stellt in einem unbedachten Moment sein randvoll gefülltes Holztablett auf der Erde ab. Nun kann er es nicht mehr hochheben, denn es ist am frostigen Boden festgeklebt.

Sobald sich die ersten Strahlen der Sonne zeigen, begibt sich der Mantouverkäufer auf die Straße, um lauthals die

* Ein Mantou ist ein gedämpftes Brot oder Brötchen.

** Tofu bzw. Doufu ist ein aus Sojabohnen gewonnener fester Quark.

heißen Brötchen anzupreisen, die er in einem Holzkorb auf dem Rücken trägt. Gerade hat er sein Haus verlassen, er läuft schnellen Schrittes dahin und schreit dabei, so kräftig er kann. Doch nur einen Augenblick später werden ihm die Füße schwer, er hat das Gefühl, auf Eiern zu laufen, auf irgend etwas Rundem, Rollendem. Dabei hängen nur Schnee und Eis an seinen Sohlen. Jetzt läuft er mit einemmal ganz langsam, und wenn er sich nicht sehr vorsieht, wird er hinfallen. Es kommt aber, wie es kommen muß, am Ende fällt er doch und mit ihm sein Korb, und die Mantou purzeln eines nach dem anderen heraus. Zufällig stehen ein paar Leute in der Nähe, die beobachten, wie der Alte sich aufrappelt, sie ergreifen schnell die Gelegenheit, ein paar von den Mantou einzusammeln und sich kauend davonzumachen.

Als der Alte wieder auf den Beinen steht, klaubt er seine eis- und schneebedeckten Brötchen auf, legt sie wieder in den Korb und fängt an zu zählen, aber die Zahl stimmt nicht. Dann versteht er. Einem, der gerade noch in Hörweite davonläuft und dabei eins seiner Mantou verspeist, ruft er zu:

»So eine Kälte! Der Boden reißt auf und verschluckt meine Mantou!«

Die Umstehenden lachen. Der Alte schultert wieder seinen Korb und zieht weiter, aber die Eisschicht unter seinen Füßen wird immer dicker und fester. Je länger er läuft, desto beschwerlicher wird das Gehen. Auf dem Rücken steht ihm der Schweiß, über seine Augen legt sich Rauhreif, und sein Bart ist schon voller Eisperlen. Weil er immerzu seine Ware ausrufen muß, sind Ohrenklappen und Schirm seiner kaputten Mütze mit einer dünnen Kondensschicht bedeckt. Der Alte geht immer langsamer, ängstlich zitternd bewegt er sich vorwärts wie jemand, der zum erstenmal auf Schlittschuhen steht und von seinen Freunden über das Eis geschoben wird.

Nacht für Nacht heulen die kleinen Hunde vor Kälte; es klingt so erbärmlich, als hätten sie sich die Pfoten verbrannt.

Es wird noch kälter:

Der Frost läßt die Wassertonnen bersten;

Brunnen frieren zu;

nächtliche Schneestürme können die Menschen in ihren Häusern einsperren. Wenn sie am nächsten Morgen erwachen und das Tor aufstoßen wollen, läßt es sich nicht mehr öffnen.

Wenn die große Kälte einsetzt, ändert sich alles auf dem weiten Land. Der Himmel wird grau wie nach einem Sturm, ein trübes Chaos, in dem Neuschnee wirbelt. Die Menschen hasten eilig auf ihren Wegen dahin, ihr Atem wirkt wie Rauch, der zwischen ihren Lippen emporqualmt. Sieben Pferde ziehen an einem großen Fuhrwerk, in einer Reihe aneinandergebunden laufen sie über das weit ausgestreckte Land. Eine Laterne brennt am Wagen, der Kutscher läßt seine mächtige Peitsche knallen, am Himmel hängen drei Sterne. Nach zwei Meilen haben sich die Pferde heißgelaufen. Bald dampft der ganze Trupp unter dem frostklaren Himmel, während er sich auf der schneebedeckten Erde vorwärtsbewegt. Erst wenn die Sonne hervorkommt und sie im Gasthof Einzug halten, hören die Pferde auf zu schwitzen. Im gleichen Moment legt sich eine Reifschicht auf ihr Fell. Wenn Kutscher und Rosse sich satt gegessen haben, ziehen sie weiter. In einer kalten Gegend wie dieser siedeln nur wenige Menschen, ganz anders als im Süden, wo man ein Dorf verläßt, um nach kurzer Zeit auf das nächste zu stoßen, wo man einen Marktflecken durchquert und sogleich auf einen anderen trifft. Hier oben sieht man überhaupt nichts; wohin das Auge schaut: eine einzige weiße Fläche. Von einem Dorf aus kann man gewiß nicht das nächste schon erkennen. Da muß man sich auf die Ortskundigen verlassen, um zu erfahren, in welche Richtung man gehen soll. Der siebenspännige Wagen will mit seiner Fuhre

Getreide in die benachbarte Stadt. Andere haben Sojabohnen und Gaoliang* geladen, die sie in der Stadt verkaufen wollen. Auf dem Rückweg bringen sie Öl, Salz und Stoffe mit nach Hause.

Hulan ist so eine kleine Stadt. Sie hat überhaupt nichts Rühmliches vorzuweisen, nur zwei Hauptstraßen, deren eine von Nord nach Süd, die andere von West nach Ost verläuft. Als größte Attraktion gilt die Kreuzung. Hier ist alles versammelt, was die Stadt an Sehenswertem zu bieten hat, hier findet man den Juwelier, das Stoffgeschäft, den Gemischtwarenhändler, den Teeladen, die Apotheke und sogar eine ausländische Zahnarztpraxis. Vor dieser Praxis hängt ein riesiges Reklameschild, auf dem eine Reihe gewaltiger, reisscheffelgroßer Zähne prangt. Jedoch ist eine derartige Reklame in der kleinen Stadt völlig unangebracht, denn wenn die Leute sie anschauen, haben sie keine Ahnung, was sie darstellen soll; der Gemischtwarenhändler, der Stoff- und der Salzladen haben ja auch keine Reklameschilder – am Salzgeschäft steht lediglich das Schriftzeichen für »Salz« geschrieben, während vor dem Stoffladen zwei Markisen angebracht sind, die wohl schon seit uralten Zeiten dort hängen. Bei den anderen, wie zum Beispiel der Apotheke, besteht die ganze Reklame darin, daß der Name des Arztes mit der dicken Brille, der drinnen den Damen den Puls fühlt, während deren Arm auf einem Kissen ruht, draußen an der Tür steht, und damit hat sich der Fall. Heißt der Arzt etwa »Li Yongchun«, dann heißt auch die Apotheke »Li Yongchun«. Die Menschen vertrauen auf ihr Gedächtnis, und käme einer mal auf die Idee, das Namensschild zu entfernen, wüßten die Leute immer noch, wo Li Yongchun zu finden ist. Und das gilt nicht nur für die Stadtbewohner, sondern auch für die Leute vom Land; die Straßen der Stadt sind ihnen wohlvertraut, und was es dort zu sehen gibt,

* Hirseart.

wissen sie ganz genau. Sie brauchen weder eine Reklame noch irgendwelche anderen Tricks, die ihre Aufmerksamkeit erregen könnten, denn wenn sie etwas kaufen wollen, vielleicht Öl oder Salz, dann gehen sie einfach in den betreffenden Laden und besorgen sich, was sie brauchen. Was sie nicht kaufen wollen, kann ihnen auch die größte Reklametafel nicht schmackhaft machen. Der Zahnarzt ist ein gutes Beispiel dafür. Die Leute vom Lande empfinden den Anblick von derart großen Zähnen als ausgesprochen merkwürdig, und darum steht vor dem Schild auch immer eine große Menschenmenge, die herumrätselt, was es eigentlich bedeuten soll. Nehmen wir einmal an, darunter befände sich jemand, der gerade unter Zahnschmerzen litte, er würde sich trotzdem auf keinen Fall von diesem Arzt auf ausländische Art seinen Zahn ziehen lassen. Statt dessen würde er nach wie vor zur Apotheke Li Yongchun gehen, hundert Gramm Goldfadenwurz erstehen und sie zu Hause einnehmen, und damit gut! Weil die Zähne auf dem Schild viel zu groß sind, hat das Ganze etwas Rätselhaftes und zugleich Beängstigendes.

So hat die Reklame, obgleich sie zwei, drei Jahre über der Praxis hing, dem Arzt so gut wie keine Kunden gebracht. Später blieb dann der Ärztin – es ist nämlich eine Frau – nichts anderes übrig, als im Nebenberuf als Hebamme zu arbeiten, um sich über Wasser zu halten.

Außer der Kreuzung gibt es zwei weitere Straßen in der Stadt. Sie heißen Zweite Oststraße und Zweite Weststraße und verlaufen auf ungefähr fünf, sechs Meilen von Nord nach Süd. Über diese beiden Straßen gibt es nichts Nennenswertes zu erzählen; es sind dort ein paar Tempel, einige Shaobing*-Büdchen und Getreidedepots angesiedelt.

Auf einem großen Grundstück in der Zweiten Oststraße steht eine Feuermühle, aus der ein riesiger Schornstein aus

* Sesambrötchen.

solidem roten Backstein emporragt. Man sagt, daß es streng verboten sei, die Feuermühle zu betreten, denn darin gebe es zahlreiche Rauchabzugs- und Zündhebel, die man nicht berühren darf. Ein falscher Knopfdruck genüge schon, einen Menschen im Feuer umkommen zu lassen. Warum würde man die Mühle sonst auch »Feuermühle« nennen? Eben weil es dort Feuer gibt. Dem Hörensagen nach verwenden sie dort keine Esel, um die Mühlsteine zu bewegen, sondern Feuer. Die meisten Leute fragen sich deshalb, warum die ganze Mühle nicht abbrennt, wenn sie doch nur mit Feuer betrieben wird? Sie überlegen hin und her, ohne zu einem Ergebnis zu kommen, und je mehr sie darüber nachdenken, desto verworrener erscheint ihnen die ganze Sache. Sei es, wie es sei, die Feuermühle darf jedenfalls nicht besichtigt werden, und vor dem Tor soll auch ein Wachtposten stehen.

In der Zweiten Oststraße gibt es außerdem noch zwei Schulen, von denen sich die eine am südlichen, die andere am nördlichen Ende der Straße befindet. Beide Schulen sind in Tempelgebäuden untergebracht, eine im Tempel des Drachenkönigs, die andere im Buddhatempel, und beide sind Grundschulen.

Die Schüler im Tempel des Drachenkönigs erlernen die Seidenraupenzucht, daher nennt man diese Schule die »Landwirtschaftliche Grundschule«. Der Buddhatempel beherbergt eine ganz normale Grundschule, nur daß ihr eine Klasse der Oberstufe angeschlossen ist, darum nennt man sie auch »Höhere Grundschule«. Obgleich sie verschiedene Namen tragen, besteht zwischen den beiden Schulen nicht der geringste Unterschied. In der Landwirtschaftlichen Schule werden lediglich im Herbst die Seidenraupen in Öl gebraten und im Verlauf von mehreren üppigen Mahlzeiten von den Lehrern verspeist.

Die Höhere Grundschule hat zwar keine Seidenraupen zu bieten, dafür sind aber die Schüler größer als in der Landwirtschaftlichen Grundschule. Sind die ältesten Schüler der

Landwirtschaftlichen, wenn sie die Worte »Mensch, Hand, Fuß, Messer, Lineal« lesen lernen, höchstens sechzehn oder siebzehn, dann sieht es in der Höheren schon ganz anders aus: deren Schüler führen bereits ausländische Worte auf den Lippen, und sie haben sogar einen Fünfundzwanzigjährigen, der schon zu Hause auf dem Lande vier Jahre lang eine Privatschule besuchte, sowie einen Herrn, der bereits zwei Jahre im Getreidedepot als Buchhalter gearbeitet hat.

Wenn so ein Schüler nach Hause schreibt, dann klingt es folgendermaßen: »Laboriert der kleine Glatzkopf immer noch an seinem Augenleiden?« »Kleiner Glatzkopf« ist der Kosename seines achtjährigen Sohns. Die anderen Söhne und Töchter erwähnt er in seinem Schreiben gar nicht, sonst würde es viel zu lang. Weil er schon eine ganze Kinderschar besitzt und Kopf einer Familie ist, behandelt er die praktischen Dinge des Haushalts um so ausführlicher, er erkundigt sich, ob die Pächterfamilie Wang schon den fälligen Zins gezahlt habe, ob die Sojabohnen verkauft seien, wie es mit dem Marktkurs stünde und dergleichen mehr.

Ein solcher Schüler genießt innerhalb der Schule großes Ansehen, und auch die Lehrer müssen ihn respektieren. Denn wenn sie nicht höllisch aufpassen, kann es passieren, daß sich ein solcher Schüler, mit einem Kangxi-Wörterbuch* in der Hand, von seinem Sitz erhebt und ihn mit tausend Fragen an die Wand redet. Geht es zum Beispiel um das Schriftzeichen »Qian« in der Bedeutung »Himmel, männlich« und dessen gleichgeschriebene, aber anders ausgesprochene Variante »Gan«, »trocken«, dann handelt es sich nach der Ansicht unseres Schülers um ein ganz anderes Zeichen und sollte auch anders geschrieben werden, nämlich mit einem entscheidenden betonungsändernden Strich mehr.

* Der Kangxi-Kaiser regierte zu Beginn der Qing-Dynastie (1662–1723); er war ein großer Neuerer und Förderer der Wissenschaften. Das von ihm in Auftrag gegebene Wörterbuch war bis ins 20. Jahrhundert in China Standard.

Die Zweite Weststraße hat nicht nur keine Feuermühle zu bieten, sie verfügt auch nur über eine einzige Grundschule. Es handelt sich um die moslemische Schule, die im Tempel des Stadtgottes untergebracht ist.

Alles andere hier gleicht in seiner grauen Kargheit der Zweiten Oststraße. Zieht ein Pferdefuhrwerk vorbei, wirbelt es Dreck und Staub auf, und wenn es regnet, ist alles voller Matsch.

In der Zweiten Oststraße liegt außerdem die große Schlammgrube, die fast zwei Meter tief ist. Wenn kein Regen fällt, dann pappt der Schlamm darin so dick wie Brei, regnet es, dann wird die Grube zum Fluß, und die Anwohner müssen sich damit herumärgern, weil all der Dreck in ihre Häuser dringt. Sinkt bei klarem Himmel das Wasser wieder, dann trocknet der Morast in der Sonne und ihm entsteigen unzählige Insekten, die die Menschen der umliegenden Häuser belästigen. Gleichzeitig wird das Schlammloch mit zunehmender Trockenheit immer klarer, als unterzöge es sich einem Läuterungsprozeß, und man erwartet förmlich, daß etwas Neues aus ihm erwachse. Wenn es mehr als einen Monat keinen Regen mehr gegeben hat, ist der Wasseranteil vollständig verdampft, nunmehr klebrig und schwarz geworden, ist der Schlamm zäher als Kesselkleister und Sirup. In der Grube wabert wie in einem großen Leimschmelztopf eine fettig glänzende, breiige Masse, an der die darüber sirrenden Fliegen und Mücken klebenzubleiben drohen.

Die kleinen Schwalben lieben das Wasser; manchmal fliegt eine unvorsichtigerweise zum Schlammloch und streift dessen Oberfläche mit ihren Flügeln. Das kann sehr gefährlich werden, denn allzu leicht geht so ein Vogel in die Falle und bleibt stecken. Diesmal ist es noch gutgegangen, schnell fliegt die Schwalbe davon, ohne auch nur einmal zurückzuschauen.

Ganz anders, wenn das einem Pferd passiert. Es muß unweigerlich im Schlamm einsinken. Die Falle schnappt vollends zu, wenn es versucht, sich zu wälzen und hochzurappeln. Nach einer Weile vergeblichen Mühens wird das erschöpfte Pferd einfach liegenbleiben. Und wenn es erst einmal so daliegt, dann wird es erst recht kritisch, und die Sache kann tödlich ausgehen. Das geschieht jedoch sehr selten, nur ganz wenige Menschen führen ihre Pferde oder lenken ihren Karren hier vorbei und setzen sich solch einer Gefahr aus.

Wirklich zum Verhängnis werden kann das große Schlammloch erst zu Jahresbeginn*, wenn es zwei bis drei Monate hintereinander nicht geregnet hat. Ohne nähere Kenntnis der genauen Umstände könnte man meinen, daß es gerade bei anhaltendem Regen besonders schlimm sein müsse, denn nach den großen Regenfällen bildet sich ein kleiner Fluß, der scheinbar viel mehr Gefahren birgt. Drei bis vier Meter hoch steht dann das Wasser, und wer da hineinfällt, hat keinen Grund mehr unter den Füßen. In Wirklichkeit kommt es niemals so weit, kein Mensch in Hulan ist so dumm, daß er die Gefahren der Schlammgrube ignorieren würde, und niemand wäre so tollkühn, sein Pferd ausgerechnet dort vorbeizuführen.

Hat es aber drei Monate nicht mehr geregnet, dann trocknet das Schlammloch mit jedem Tag weiter aus, bis es nur noch einen knappen Meter tief ist. Das veranlaßt einen besonders Mutigen, sich mit seinem Karren vorzuwagen und geradewegs über die Grube zu kutschieren. Die etwas weniger Mutigen wollen nun dem Tapferen in nichts nachstehen und sehen sich genötigt, ihrerseits die Schlammgrube mit dem Wagen zu überqueren, das gibt ein Hin und Her, daß bald darauf beiderseits der Grube alles mit tiefen Fahrrinnen übersät ist. Ganz zum Schluß kommt noch ein Zauderer, der jetzt auf den ersten Blick erkennt, daß vor ihm schon eine

* Nach dem chinesischen Mondkalender beginnt das Jahr ungefähr Anfang bis Mitte Februar.

Reihe von Leuten am Schlammloch vorbeigesteuert sind. Darum ist er jetzt noch tapferer als die Tapferen und lenkt seinen Wagen über die kritische Stelle.

Wer hätte ahnen können, daß der Grund des Schlammlochs nicht ganz eben ist – der da gerade entlangfährt, kippt mitsamt seinem Pferdekarren um.

Der Wagenführer krabbelt aus der Grube heraus, das Gesicht dreckverschmiert wie ein kleiner Rotzbengel. Jetzt will er sein Pferd herausziehen, aber das ist inzwischen tief im Morast eingesackt. Ein paar Fußgänger eilen herbei und bieten bereitwillig ihre Hilfe an.

Die Fußgänger lassen sich in zwei Kategorien teilen. Die einen tragen lange gefütterte Obergewänder mit einer kurzen Jacke darüber, sauber und ordentlich sind sie gekleidet. Diese wird man nie eine hilfreiche Hand ausstrekken sehen, denn die Hand ist so sauber wie die gesamte Erscheinung. Es erübrigt sich zu sagen, daß es sich bei ihnen um Angehörige des Landadels und dergleichen Leute handelt; sie halten sich diskret im Hintergrund und schauen nur zu.

Wenn das Pferd sich aufzurichten versucht, brechen sie in laute Bravorufe aus. Gelingt es dem Pferd aber nicht, und es fällt wieder um, dann schreien sie trotzdem weiter – nur sind es diesmal Buhrufe.

Das arme Pferd hat also eine Zeitlang versucht, sich aufzurappeln, ist immer wieder gescheitert und liegt jetzt nach wie vor im Schlamm. Zu diesem Zeitpunkt beschließen die oben beschriebenen Zuschauer, daß ihnen das Geschehen keine Abwechslung mehr bieten wird. Daraufhin verstreuen sie sich in alle Winde, und jeder geht nach Haus.

Kommen wir wieder auf das Pferd zu sprechen, das immer noch im Dreck liegt. Die Fußgänger, die ihm zu Hilfe eilen, sind eher einfache Leute aus dem Volk, Straßenverkäufer von Lauch und Kohl, Maurer oder Fuhrleute. Sie krempeln sich die Hosenbeine hoch, ziehen sich die Schuhe aus und schauen, ob sie nicht irgend etwas tun können. Dann waten sie im Schlammloch herum und versuchen, zu mehreren das Pferd herauszuziehen. Doch die gemeinsame Kraftanstrengung führt auch zu nichts, und die Atemzüge des Tieres werden immer schwächer. Jetzt bekommen sie es mit der Angst zu tun, und schnell löst man das Pferd vom Geschirr. Sie glauben nämlich, daß das Pferd es schaffen könne, wenn es von der Last des Wagens befreit ist.

Doch wider Erwarten kann sich das Pferd immer noch nicht aufrichten. Nur sein Kopf schaut aus dem Morast hervor. Die Ohren zittern leicht, die Augen hält es geschlossen, und aus den Nüstern dringt verzweifeltes Schnauben.

Dieser erbärmliche Anblick veranlaßt einige der Umstehenden, nach Hause zu laufen und Stricke und Ahlen zu holen. Mit den Stricken bindet man das Tier fest und versucht nun, es mit den Ahlen freizuschaufeln. Man schreit sich Kommandos zu, als sei man beim Häuser- oder Brükkenbau. So gelingt es am Ende, das Pferd herauszuziehen.

Das Pferd ist nicht gestorben – es liegt am Wegrand und wird mit Wasser besprenkelt, und einer wäscht ihm den Schädel. Neue Zuschauer kommen hinzu, andere gehen wieder.

Am nächsten Tag ist es in aller Munde:

»In der großen Schlammgrube ist schon wieder ein Pferd ersoffen.« Obgleich dies überhaupt nicht dem wirklichen Sachverhalt entspricht, wird doch allgemein erzählt, das Pferd sei zu Tode gekommen. Denn bei der Wahrheit zu bleiben hieße ja, dem Schlammloch seine Ehrfurcht einflößende Größe zu nehmen.

Wie oft schon Wagen in der Schlammgrube steckengeblieben sind, kann man gar nicht zählen. Abgesehen vom Winter, wenn es zufriert, scheint das Schlammloch ein wahres Eigenleben zu führen, so munter ist es. Mal steigt das Wasser an, dann fällt es wieder, ein paar Tage lang wächst es, dann schrumpft es wieder zusammen. Und alle beobachten mit unermüdlicher Anteilnahme, was das Schlammloch so treibt.

Bei Hochwasser werden nicht nur Pferde und Wagen an der Durchfahrt gehindert, auch die Fußgänger sind davon betroffen. Alte Männer drücken sich auf zittrigen Beinen am Grubenrand vorbei, kleine Kinder heulen vor lauter Angst wie die Schloßhunde. Sobald es anfängt zu regnen, schwillt das Wasser schäumend an, es steigt zu den Mauern der angrenzenden Häuser auf und schluckt die Mauersockel auf beiden Seiten der Straße. Wenn Fußgänger an dieser Stelle angelangt sind, benehmen sie sich so, als hätten sie es mit der Herausforderung ihres Lebens zu tun. Kampfbereit krempeln sie die Ärmel hoch und knirschen angriffslustig mit den Zähnen. Unter Anspannung sämtlicher Kräfte klammern sie sich an den Latten eines Holzzauns fest und schreiten pochenden Herzens voran – ohne zu schwanken und zu wanken, tapfer entschlossen, den Kampf bis zum bitteren Ende durchzustehen.

Nun sind aber die Planken des Bretterzauns von einer seltenen Ebenmäßigkeit und Glätte, als hätten sie es absichtlich darauf angelegt, die Menschen im Augenblick der höchsten Gefahr im Stich zu lassen. Egal, wie geschickt unser Fußgänger nach den Latten greift, sie zeigen nicht die kleinste Spur von Mitleid, rechts gleitet er ab, links bietet sich kein Halt, das Holz ist so glatt, daß sich nicht die kleinste Unregelmäßigkeit, nicht ein winziges Astloch zeigt. Wer weiß, auf welchem Berg Bäume von einer solchen makellosen Ebenmäßigkeit wachsen.

Nach fünf oder sechs Minuten harten Kampfes hat er endlich das Schlammloch passiert. Vor lauter Anstrengung läuft ihm jetzt der Schweiß übers Gesicht, und er dampft am ganzen Körper, doch davon wollen wir gar nicht sprechen. Wir wollen nur feststellen, daß der nächste nach demselben Schema vorgeht, und da es gar nicht so viele Methoden gibt, bleibt ihm nichts anderes übrig, als wie sein Vorgänger nach rechts und links zu greifen und zu klammern. Nach fünf bis sechs Minuten hat auch er es geschafft.

Sobald einer das Hindernis überwunden hat, entspannt sich zufrieden sein Geist; er schaut zurück und ruft unter schallendem Gelächter dem Kerl, der gerade mitten in der schwierigsten Kletterphase steckt, zu:

»Was ist schon groß dabei! Wer im Leben nicht ein paar Gefahren trotzt, den kann man auch keinen Helden nennen!«

Es muß aber nicht immer so sein, nicht bei jedem stellt sich Erleichterung ein. Den meisten steht die Angst noch ins Gesicht geschrieben. Einige müssen, obgleich sie das Schlammloch schon lange hinter sich gelassen haben, ganz langsam gehen, weil sie ihre schlotternden Beine nur mit Mühe heben können. Diese ängstlichen Menschen sind auch nach der überstandenen Gefahr noch ganz aufgewühlt. Das Herz klopft ihnen heftig, und sie empfinden eine Art sentimentaler Verbundenheit mit der Schlammgrube. Sie müssen sich immerfort umschauen und sind nahe daran, eine kleine Ansprache zu halten. Doch am Ende lassen sie es und gehen weiter ihres Wegs.

Eines Tages, es regnet gerade heftig, fällt ein Kind hinein und wird von einem Tofu-Verkäufer herausgefischt.

Es stellt sich heraus, daß das Kind der Sohn des Direktors der Landwirtschaftlichen Grundschule ist.

Diese Tatsache wird zum Gegenstand endloser Diskussionen. Eine Fraktion vertritt die Meinung, daß es ein Affront gegen den Drachenkönig sei, die Grundschule in seinem Tempel unterzubringen; er habe darum die Regengüsse geschickt, um das Kind zu ertränken.

Andere halten dagegen, der Grund sei viel eher im anmaßenden Auftreten des Vaters dieses Kindes zu suchen, denn der habe im Klassenzimmer vor allen Schülern behauptet, daß der Drachenkönig gar nicht den Regen vom Himmel herabgeschickt haben könne, weil es einen Drachenkönig gar nicht gebe. Wie kann der Drachenkönig darüber nicht in Zorn geraten, soll er es etwa ungestraft hinnehmen, wenn so einer große Töne spuckt? Selbstverständlich hat er sich dann den Sprößling gegriffen und an Ort und Stelle, nach dem Prinzip von Ursache und Wirkung, Vergeltung geübt.

Dazu bemerkt jemand, daß den Schülern jener Schule sowieso jede sittliche Reife abgehe, einige von ihnen seien dem Drachengott auf den Kopf gestiegen und hätten ihm einen Strohhut aufgesetzt. Was seien das denn für Zeiten, in denen dumme Kinder es wagen dürften, derartiges Unheil heraufzubeschwören, kein Wunder, daß der alte Drachenkönig das hart bestrafen mußte! Und so was dürfe man auch nicht einfach als einen Lausbubenstreich abtun, schließlich habe man es mit dem Drachenkönig und nicht mit einem Menschen zu tun! Erst reizt man ihn, und dann soll er es einem eben mal nachsehen? Es handele sich ja wohl nicht um einen Kutscher oder Kohlverkäufer, den man mit einem Tritt vor die Tür setzen kann. Nein, hier geht es um den Drachenkönig, wie kann man es wagen, den zu provozieren!

Ein anderer pflichtet bei, das Benehmen dieser Schüler sei wirklich unerhört. Er habe mit eigenen Augen gesehen, wie sie dem Drachengott in der Tempelhalle ein paar Seidenraupen in die Hand gelegt hätten. Wie solle er sich so was gefallen lassen.

Ein dritter meint, die Schulen von heute richteten nur Unheil an. Man sollte seine Kinder jedenfalls nicht zur Schule schicken. Denn dort lernten sie ja nicht einmal den Unterschied zwischen Himmel und Erde, Menschen und Göttern.

Dazu sagt jemand, er werde seinen Sohn wieder von der Schule nehmen, mit dem Lernen sei jetzt Schluß.

Die Kinder lernten dort immer schlimmere Dinge, wirft wieder ein anderer ein. Wenn sich zum Beispiel ein Kind so sehr erschreckt, daß ihm die Seele aus dem Leibe fährt, sei es ja nach altbewährter Sitte üblich, daß ihm seine Mutter die Seele zurückrufe. Aber was glauben Sie, was diese Bengel dazu sagen? Die Seele zurückrufen sei Aberglaube. Wer weiß, wohin die ganze Lernerei noch führt?

So gibt ein Wort das andere, und man entfernt sich immer weiter vom Thema.

Nach ein paar Tagen ist das Wasser in der Schlammgrube wieder gesunken, und die Menschen können ungehindert an beiden Seiten vorbeigehen.

Wenn dann auch in den nächsten Tagen kein Regen mehr fällt, sieht es wieder so aus, als würde das Schlammloch austrocknen. Dann ist die Zeit gekommen, wo jemand versucht, mit seinem Wagen darüber hinweg zu fahren, und wieder kippt der Karren um, wieder wälzt sich das Pferd im Schlamm. Wieder werden Stricke und Stangen herbeigeschafft, um das Tier herauszuziehen. Der aus der Grube gehobene Wagen zieht weiter, und der nachfolgende fällt gleich darauf hinein, und man beginnt aufs neue mit den Bergungsarbeiten.

Jahr für Jahr werden unzählige Wagen mit ihren Pferden aus dem Morast gezogen. Kommt denn niemand auf die Idee, die Grube mit Erde aufzufüllen, damit man das Problem ein für alle Mal vom Halse hat? Kein Mensch kommt auf so eine Idee.

Einmal ist ein Angehöriger des Landadels bei Wasserhochstand in die Schlammgrube gefallen. Während er herausklettert, ruft er:

»Man hat ja hier nicht einmal Platz, um an dem See vorbeizugehen. Wieso setzt man eigentlich nicht die Zäune der angrenzenden Höfe ein Stück zurück?«

Seine Worte werden prompt von der alten Dame vom Gehöft hinter dem Bretterzaun aufgegriffen. Der Zaun lasse sich nicht zurücksetzen, sagt sie, lieber solle man Bäume pflanzen. Wenn am Fuß der Hofabgrenzungen eine Baumreihe stünde, dann könne man sich, wenn der Regen einsetze, an den Bäumen entlanghangeln.

Einige treten dafür ein, die Zäune zurückzusetzen, andere befürworten das Anpflanzen von Bäumen. Das Loch mit Erde aufzufüllen und einzuebnen, das hat noch niemand vorgeschlagen.

In der Grube sind Ferkel ertrunken, Hunde und Katzen im Schlamm erstickt, und Hühner wie Enten kommen regelmäßig darin um.

Weil sich auf der Oberfläche des Schlammlochs eine Kruste bildet, ahnen die Tiere nicht die Gefahr, die darunter lauert, und wenn sie sie erkennen, ist es schon zu spät. Ob sie nun laufen oder fliegen, wenn sie erst einmal eingebrochen sind, kommen sie nicht mehr heraus. Am Tage geht es noch, weil vielleicht jemand in der Nähe ist, der ihnen heraushelfen kann. Nachts sind sie verloren. Dann strampeln sie, bis ihre Kräfte sie verlassen und sie unweigerlich versinken, denn je mehr sie sich anstrengen, desto eher gehen sie unter. Es kommt allerdings auch vor, daß ein Tier es überlebt, weil der Schlamm gerade sehr fest ist. Dann kann es darin nicht einsinken.

Mitunter taucht plötzlich billiges Schweinefleisch auf dem Markt auf. Jeder denkt dann unwillkürlich an die Schlammgrube, und man sagt:

»Ist da im Schlammloch schon wieder ein Schwein abgesoffen?«

Die besonders Flinken laufen gleich zum nächsten Nachbarn und erzählen:

»Los, los, es gibt billiges Schweinefleisch, bald ist nichts mehr da!«

Wer dann seine Einkäufe getätigt hat und sich die Ware daheim etwas näher betrachtet, muß feststellen, daß das Fleisch nicht ganz in Ordnung ist. Woher kommen die vielen lila und blauen Stellen? Allem Anschein nach ist das Fleisch verseucht.

Doch dann denkt man weiter, wie kann das angehen? Nein, hier muß es sich um Fleisch von einem Schwein handeln, das in der Schlammgrube ertrunken ist.

Und in gebratener, sautierter oder gedämpfter Form kommt in jedem Haus billiges Schweinefleisch auf den Tisch. Beim Essen findet man dann, daß es einen merkwürdigen Beigeschmack entfaltet, und man fragt sich, ob es nicht doch verseucht ist.

Doch man tröstet sich mit dem Gedanken, daß man verseuchtes Fleisch unmöglich verzehren kann, und daher muß es von einem im Schlammloch verendeten Tier stammen.

Nun ist es aber so, daß in der Schlammgrube ein oder zwei, höchstens drei, vier Schweine jährlich ertrinken, und es vergehen Jahre, in denen kein einziges Tier in den Morast fällt. Warum die Bevölkerung so häufig verseuchtes Schweinefleisch ißt, wird ein ewiges Rätsel bleiben, und nur der Drachengott weiß darauf die Antwort.

Einige, die selbst beteuert haben, das Fleisch sei von einem Schlammloch-Schwein, sind trotzdem nach dessen Verzehr krank geworden. Lauthals verkünden sie daraufhin:

»Ein ertrunkenes Schwein dürfte gar nicht auf den Markt gebracht werden. Das Fleisch eines toten Tieres ist doch nicht mehr frisch. Was denken sich eigentlich diese Steuerbeamten, auf offener Straße und am hellichten Tag den Verkauf von schlechtem Schweinefleisch zuzulassen?«

Dann gibt es noch die anderen, denen das tote Schweinefleisch nichts angetan hat.

»Wie kannst du so daherreden, du hast dir das Ganze mit deinen Zweifeln ja selbst eingebrockt. Eine Sache, die man so halbherzig ißt wie du, kann einem ja nicht gut bekommen. Wir haben schließlich genau dasselbe Fleisch gegessen – und sind wir etwa davon krank geworden?«

Vielleicht befindet sich unter den Umstehenden ein kleines Kind, das noch nichts von der Welt versteht und einfach sagt, die Mutter habe ihm nicht erlaubt, von dem Schweinefleisch zu essen, weil es verseucht sei.

So ein Kind kommt nicht gut an bei den Leuten. Sie betrachten es voller Mißfallen und zischen:

»Was für einen Unsinn redest du da!«

Einmal erzählt ein Kind, das Fleisch sei schlecht, und schlimmer noch, es macht diese Behauptung in Gegenwart der Mutter und einer Nachbarin. Die Nachbarin reagiert nicht einmal sonderlich, aber das Gesicht der Mutter färbt sich sofort rot, und sie haut ihrem Kind eine runter.

Aber das bockige Kind wiederholt beharrlich:

»Das Fleisch ist verseucht! Das Fleisch ist verseucht!«

Die Mutter, in arge Verlegenheit gebracht, nimmt nun eine gegen die Tür gelehnte Heugabel und fängt an, damit auf das Kind einzuschlagen, das daraufhin heulend ins Haus rennt.

Es läuft geradewegs zur Oma, die auf dem Kang* sitzt, wirft sich ihr in die Arme und schluchzt:

»Oma, war das nicht verseuchtes Fleisch, das du gegessen hast? Mama hat mich gehauen!«

Eigentlich will die Großmutter das arme mißhandelte Kind trösten, doch als sie aufblickt, sieht sie die Amme der Familie Li vom Nebenhaus am Türeingang stehen und hereinschauen.

Daraufhin zieht die Oma dem Kind die Hose herunter und versohlt ihm kräftig den Hintern, dabei schimpft sie:

»Wer hat dir erlaubt, so einen Unsinn zu erzählen?«

Sie drischt so lange auf den Enkel ein, bis die Amme mit dem Baby im Arm verschwunden ist.

Das Kind hat sich in ein gewaltiges Gebrüll hineingesteigert, und man kann nicht genau unterscheiden, ob es noch »verseuchtes Fleisch!« schreit oder nicht.

* Ein in ganz Nordchina verbreitetes Ofenbett, das durch vom Herd abgeleitete Rohre von unten beheizt wird und während der kalten Jahreszeit sowohl als Schlaf- als auch als allgemeiner Sitzplatz dient.

Zusammenfassend läßt sich sagen, daß das große Schlammloch den Bewohnern der Stadt zwei Vorzüge bietet.

Erstens: Daß immer wieder Karren und Pferde im Morast steckenbleiben und Hühner und Enten darin ertrinken, sorgt für ständige Abwechslung, lebhafte Diskussionen, und ist insgesamt von hohem Unterhaltungswert. Und zweitens erlaubt es den Menschen, jederzeit verseuchtes Schweinefleisch zu essen. Das Fleisch wird so oder so gegessen, das steht ohnehin fest, nur wie soll man es begründen? Gibt man zu, verseuchtes Fleisch zu verzehren, dann läßt sich das Thema Hygiene nicht vermeiden. Mit dem Schlammloch hingegen läßt es sich wunderbar umgehen, indem man ein verseuchtes Schwein zu einem ersoffenen erklärt; und wenn die Leute Fleisch einkaufen, dann ist das erstens ökonomisch, und zweitens brauchen sie sich um Hygiene nicht zu scheren.

2.

Mit Ausnahme der Hauptattraktion, dem großen Schlammloch, gibt es über die Zweite Oststraße nichts weiter zu berichten. Ein paar Getreidemühlen stehen da, Tofubuden, auch ein oder zwei Werkstätten und vielleicht die eine oder andere Handfärberei. Doch sind das nur kleine Familienbetriebe, wo jeder still seiner eigenen Arbeit nachgeht, daran ist nichts, was für Erbauung oder angeregte Diskussionen sorgen könnte. Die Leute, die hier wohnen, gehen zu Bett, wenn es dunkel wird, und wenn der Tag anbricht, stehen sie auf und fangen an zu arbeiten. Den Wechsel der Jahreszeiten, die milde blütengetränkte Frühlingsluft, den Regen im Herbst und den verschneiten Winter begehen sie, indem sie je nachdem ihre dicken Baumwolljacken überziehen oder sich eines ungefütterten Hemdes entledigen. Und auch der ewige Kreislauf von Geburt, Alter, Krankheit und Tod vollzieht sich still und ohne großen Widerhall.

Nehmen wir zum Beispiel die Witwe Wang, die am Südende der Zweiten Oststraße lebt und Sojabohnensprossen verkauft. Am Dachfirst ihres Hauses hat sie eine lange Stange befestigt, an der ein alter Korb baumelt. Die Stange ragt fast bis zu den Windklangscheiben am Tempel des Drachengottes hinauf. Der Wind läßt die Metallscheiben an den Dachrandecken des Tempels melodiös erklingen. Obgleich der kaputte Korb von Witwe Wang keinen Laut von sich gibt, schwankt er doch hin und her und verändert so immer wieder seine Gestalt.

Auf diese Weise vergehen friedliche und ereignislose Jahre, Jahre, in denen Witwe Wang ihre Sojabohnensprossen verkauft. Sie führt ein Leben in sorgloser Ruhe, als plötzlich eines Sommertags ihr einziger Sohn zum Fluß hinuntergeht, um Kleider zu waschen, hineinfällt und ertrinkt.

Das Ereignis sorgt eine Zeitlang für große Aufregung und ist in aller Munde. Jedoch dauert es nicht lange, bis sich die Wogen wieder glätten, und nicht nur die Nachbarn und Straßenbewohner vergessen die Angelegenheit, die engen Verwandten und Freunde tun es ebenfalls.

Und obgleich die Witwe Wang seitdem den Verstand verloren hat, weiß sie ja noch, wie man Sojabohnensprossen verkauft, und ihr Leben verläuft weiter in friedlichen Bahnen. Auch wenn ihr gelegentlich jemand ihre Ware stiehlt, auch wenn sie auf offener Straße oder auf dem Tempelvorplatz in lautes Geheul ausbricht – nachdem sie sich ausgeweint hat, lebt sie still und friedlich wie eh und je.

Die Nachbarn und Passanten empfinden dann, wenn sie sie vor dem Tempel wehklagen sehen, einen leichten Mitleidshauch, doch der verflüchtigt sich schnell wieder.

Es gibt auch Leute, die gern alle Unglückseligen in einen Topf werfen und zum Beispiel Verrückte, Trottel und dergleichen als ein und dieselbe Sorte Menschen behandeln.

Wo gibt es die Gemeinde, den Landkreis oder das Dorf, in dem nicht ein paar von solchen Unglücklichen lebten, von Geschwülsten Entstellte, Blinde, Verrückte oder Blöde.

In der Stadt Hulan leben eine ganze Reihe solcher Menschen. Die Einwohner begegnen ihnen auf Schritt und Tritt, und keiner empfindet sie als etwas Besonderes. Trifft man vor dem Tempel oder in einem Hofeingang auf einen dieser vom Schicksal Verfolgten, dann regt sich gleichwohl eine Spur Mitleid im Herzen. Doch im nächsten Moment muß man daran denken, wieviel von dieser Sorte es ja noch gibt! Man wendet also den Blick ab und geht kurzentschlossen an ihnen vorbei. Und diejenigen, die stehenbleiben, werfen halt nur einen Stein nach dem Irren, dessen Gedächtnis so kurz wie das eines kleinen Kindes ist, oder sie erlauben sich den kleinen Scherz, einen Blinden geradewegs in einen Graben zu führen.

Alle diese armen Kreaturen nennt man Bettler, jedenfalls in Hulan ist das so.

Und die Leute behandeln Bettler immer gleich.

Versammelt sich vor dem Tor eine bellende Hundeschar, fragt der Hausherr:

»Was ist das für ein Radau?«

Ein Diener erwidert:

»Die Hunde haben sich in einen Bettler festgebissen.«

Und damit hat sich der Fall.

Woraus man ersehen kann, daß das Leben so eines Bettlers keinen roten Heller wert ist.

Die verrückte Witwe, die Sojabohnensprossen verkauft, kann zwar ihre Trauer nicht vergessen, und hin und wieder verspürt sie noch den Drang, ihr Elend auf dem Tempelvorplatz herauszuschreien. Doch wenn sie sich ausgeweint hat, muß sie immer noch nach Hause gehen, essen, sich schlafen legen, Sojabohnensprossen verkaufen.

Immer noch lebt sie still und redlich vor sich hin.

3.

Erwähnen wir weiter, daß sich auch in der Färberei einmal ein Unglück ereignete, als zwei junge Lehrlinge wegen einer Frau von der Straße aneinandergerieten und der eine den anderen in die Färbewanne stieß und letzterer dabei ersoff. Kurz nachdem er gestorben war, wurde der am Leben Gebliebene ins Gefängnis geworfen und zu einer lebenslänglichen Freiheitsstrafe verurteilt.

Doch auch hier handelt es sich um eine Geschichte, deren Echo allmählich ganz von selbst verebbt, und sollte nach ein paar Jahren doch wieder jemand davon anfangen, dann klingt das so, als würde man sich über die alten Kämpfer Yue Fei und Qin Kui* unterhalten – Legenden aus grauer Vorzeit.

Überdies steht die Färberei, in der sich das Drama abspielte, nach wie vor am selben Ort, und es ist anzunehmen, daß sogar die Wanne, in welcher der eine Jüngling zu Tode kam, noch heute in Gebrauch ist. Denn die Tuche von hier sind weiterhin landauf, landab in Umlauf. Die blauen tragen die Männer im Winter, in Form wattierter Jacken und Hosen, mit denen sie sich vor der Kälte schützen, die roten sind den Brautkleidern der 18- oder 19jährigen Mädchen vorbehalten.

Mit einem Wort, außer daß am soundsovielten Tag des soundsovielten Monats in einem bestimmten Jahr ein Mensch ums Leben gekommen ist, hat das Ereignis die Welt nicht im geringsten erschüttert.

Ferner muß berichtet werden, daß in der Bohnenfabrik ebenfalls einmal ein Mißgeschick passierte. Als sich dort die zwei Ladengehilfen rauften, wurde dabei ein kleiner Esel verletzt, der den Mühlstein bewegte. Er brach ein Bein.

Weil es sich nur um ein Eselchen handelte, soll von ihm

* Yue Fei (1103–1142) und Qin Kui (1090–1155) sind zwei berühmte Gegenspieler aus der Südlichen Song-Zeit.

nicht weiter die Rede sein. Es muß aber festgehalten werden, daß sich seinetwegen eine Frau die Augen blind weinte (nämlich die Mutter des Burschen, der den Esel geschlagen hatte).

Außerdem gab es einmal den Fall, daß in der Papierfabrik ein uneheliches Kind verhungerte. Weil es aber ein Neugeborenes war, wurde nicht viel Wesens um die Sache gemacht, und darum wollen auch wir nicht mehr davon sprechen.

4.

Sonst stehen auf der Zweiten Oststraße nur noch ein paar Girlandenläden. Diese Geschäfte sind eigens für die Toten da.

Wenn ein Mensch stirbt, muß sich seine Seele in die Unterwelt begeben. Und weil für ihn vielleicht kein Haus bereitsteht, worin er wohnen, keine Kleider, mit denen er sich wärmen, kein Pferd, auf dem er reiten kann, stellen ihm die Lebenden einen kompletten Satz von alledem zur Verfügung. Den verbrennen sie dann, und man ist der Ansicht, daß es dem Toten auf diese Weise in der Hölle an nichts mangeln werde.

Meistens werden Geld und Vieh, Füllhörner, Gold- und Silberberge auf den Weg geschickt, manchmal auch Dienstmädchen, Mägde, Köche und Schweinehirten. Nur ganz selten werden Blumentöpfe, Teegeschirr und Haustiere, bis hin zum Papagei vor dem Fenster, mitgegeben. Und wie schmuck das aussieht, so ein stattliches Anwesen mit einer Hofmauer, deren oberste Ziegel mit feinster Goldglasur überzogen sind. Im Hof erblickt das Auge ein Hauptgebäude, das aus fünf, ferner einen Seitenflügel, der aus drei Gemächern besteht, das Ganze mit rotgrünen Kacheln durchsetzt. Wo man hinsieht, bieten sich der gleiche saubere und ordentliche Anblick und eine Atmosphäre, die Frische atmet. Blumentöpfe reihen sich auf den Regalen nebeneinander, Cassia neben Lilien, Läusekraut neben Chrysanthemen, und alle stehen sie in voller Blüte. Der Betrachter wird darüber im unklaren gelassen, ob es gerade Sommer oder Herbst ist, da ja Läusekraut und Chrysantheme hier gleichzeitig blühen. Womöglich unterscheidet man in der Unterwelt gar nicht zwischen Frühling, Sommer, Herbst und Winter. Lassen wir das Thema für einen Augenblick ruhen.

Sprechen wir lieber davon, daß der Koch einem lebendigen zum Verwechseln ähnelt, jedoch unvergleichlich sauberer als ein echter ist. Er trägt eine weiße Mütze, und man hat ihm eine weiße Schürze angeheftet. Gerade ist er damit beschäftigt, Nudeln zu machen, ganz als wäre gleich die Zeit fürs Mittagessen gekommen und er könne sofort auftragen.

Der kleine Hirtenjunge im Hof steht neben einem großen Schimmel, der aussieht wie ein Araberhengst. Es ist ein ganz besonders hochgewachsenes Pferd mit einer stattlichen, heroischen Haltung. Mit so einem Pferd würde man gewiß schneller dahinsausen als mit jeder Eisenbahn. Kein General der Stadt Hulan kann jedenfalls behaupten, jemals ein so edles Pferd geritten zu haben.

Eine kleine Kutsche und ein großes Maultier stehen nebeneinander auf einer Seite des Hofes. Das Muli ist so pechschwarz, daß es glänzt. Man hat ihm Augen aus Eierschalen gemacht, die unbeweglich in die Gegend stieren.

Neben dem großen Muli steht ein kleines Maultier, das besonders hübsch ist. Seine Augen sind genauso groß wie die des großen Mulis.

Die kleine Kutsche ist auch sehr schön dekoriert, und ihre Räder sind ganz aus Silber. Der Vorhang am vorderen Teil der Kutsche ist halb aufgerollt und lenkt den Blick ins Wageninnere, das ganz mit roten Stoffen ausgeschlagen ist. Ein leuchtendrotes Kissen ist in der Mitte ausgebreitet. Der Kutscher sitzt auf dem Wagenrand und strahlt über das ganze Gesicht; er bietet ein Bild höchster Zufriedenheit. Auch er ist wunderschön ausstaffiert, mit einem purpurnen Gürtel, einer Robe aus blauem Hanf und schwarzen Samtschuhen, deren Sohlen schneeweiß sind. Man muß davon ausgehen, daß er diese Schuhe zum erstenmal trägt und den Wagen hergesteuert hat, ohne jemals die Straße betreten zu haben. Er trägt eine schwarze Kappe mit einem roten Knopf. Sein nach oben gerichteter Blick verrät Geringschätzung für alles, was um ihn herum geschieht, und je länger man ihn anschaut, desto mehr glaubt man, einen jungen Bräutigam und nicht einen Kutscher vor sich zu haben.

Drei oder vier Hähne und ungefähr sieben Hühner picken ordentlich und geräuschlos ihre Körner im Hof, und auch die Enten stören nicht durch ihr ewiges Gequake. Ein Hund sitzt neben dem Eingang des Hauptgebäudes, pflichtbewußt Wache haltend, und rührt sich nicht vom Fleck.

Jeder, der diese Szene betrachtet, ist mit dem Anblick äußerst zufrieden, und einhelliges Lob gilt diesem Arrangement. Und die armen Leute finden, daß es den Toten besser gehe als den Lebenden.

Der zentrale Raum ist komplett mit Gardinen, einem richtigen Bettgestell, Tisch, Stühlen und Holzschemeln eingerichtet.

Außerdem gibt es einen Verwalter, der soeben auf einem Abakus herumrechnet. Neben ihm liegt ein aufgeschlagenes Rechnungsbuch, in dem man die folgenden Eintragungen lesen kann:

»Außenstände der Schnapsbrennerei Nord: 11 Liter Branntwein

Die Familie des Alten Wang vom Ostdorf entlieh gestern 20 Traglasten* Reis

* Eine Traglast *(dan)* entspricht 50 kg.

Der Tonbrenner vom Weißen Bannerdorf schickte gestern Pachtzins über 430 Schnüre Käsch

Pachtzins-Gesamtschulden des Zweiten Langen im Weißen-Banner-Dorf: 2000 Schnüre Käsch.«

Darunter steht schlicht das Datum: »28. Tag des Vierten Monats«. Dabei geht es nur um die laufenden Einnahmen vom 27. – die vom selben Tag sind noch nicht einmal erwähnt!

Anhand dieser Rechnung läßt sich leicht erkennen, daß in der Unterwelt mit Schulden auch nicht zu spaßen ist, sonst würde man nicht Leute wie den Verwalter einsetzen, die sich speziell darum kümmerten. Gleichzeitig wird bei alledem deutlich, daß es sich beim Herrn dieses Anwesens ohne Zweifel um einen Großgrundbesitzer handeln muß.

Diesem Hof fehlt es an nichts, alles ist in bester Qualität vorhanden. Nur wundert es den Betrachter, daß der Hausherr nirgends zu entdecken ist, und er muß sich unwillkürlich fragen, warum ein so herrliches Anwesen keinen Besitzer hat. Dieser befremdliche Umstand ruft ein gewisses Gefühl von Leere und Unzufriedenheit hervor.

Sieht man noch einmal genauer hin, bemerkt man eine weitere Abweichung vom Normalen. Wie kann es angehen, daß das Dienstmädchen, die Magd, der Kutscher und der Pferdehirt, einer wie der andere, einen Zettel vor der Brust haften haben, auf dem der Name jedes einzelnen vermerkt ist?

Der schmucke Kutscher, der einem frischgebackenen Bräutigam so ähnlich sieht, heißt »Lange Peitsche«, und dem Stallburschen hat man die Zeichen »Flinkfüßig« aufgemalt. Die kleine Dienstmagd, die in der Rechten einen Tabaksbeutel, in der Linken ein besticktes Taschentuch schwenkt, heißt »Gehorsame Tugend«, der Verwalter »Rechengenie«; und der Name des Mädchens mit der Gießkanne, das sich gerade wasserspendend über die Pflanzen beugt, lautet »Blumenfräulein«.

Erst bei angestrengtem, näherem Hinsehen wird man feststellen, daß auch das Pferd ein Namensschild besitzt. Es ist an seinem Hintern festgeklebt, und darauf steht: »Edler Renner«. All die anderen Tiere wie Mulis, Hund, Hühner und Enten sind namenlos geblieben.

Das Namensschild des »Alten Wang«, der in der Küche mit den Nudeln zugange ist, flattert beim kleinsten Windstoß raschelnd hin und her.

Es mutet allerdings etwas seltsam an, wenn die Dienstboten, die selbst kein einziges Zeichen lesen können, Namensetiketten tragen müssen.

Diesen Sachverhalt finden die Leute irritierend, und jetzt meinen sie, daß die Unterwelt vielleicht doch nicht so gut wie das Diesseits sei.

Dennoch ist die Schar derer, die den Besitzer des Anwesens beneiden, immer noch sehr groß. Läßt es sich doch nicht von der Hand weisen, daß diese Wohnanlage einfach wunderbar ist: Nicht das kleinste Geräusch, nicht die geringste Unebenheit stört die friedliche Ordnung, und nichts läßt den Gedanken an chaotische Verhältnisse aufkommen. Die kleinen Dienerinnen gleichen denen der irdischen Welt aufs Haar, und Hühner, Hunde, Schweine und Pferde ebenfalls. Alles, was es auf der Erde gibt, trifft man auch im Jenseits an: Ißt man hier Nudeln, werden sie auch dort serviert, fährt man hier im Wagen, steht auch dort die Kutsche bereit. Die Unterwelt ist ein genaues Abbild des Diesseits und unterscheidet sich von ihm in keinem Punkt.

Nur eins fehlt: das große Schlammloch aus der Zweiten Oststraße. Alles Gute gibt es wohl in der Unterwelt, das Schlechte wird nicht unbedingt übernommen.

5.

Im Girlandenladen in der Zweiten Oststraße werden all diese Dinge hergestellt. Richtig aufgebaut, wirken sie gleichermaßen imponierend und schön. In der Werkstatt geht es jedoch zu wie Kraut und Rüben, der Boden ist mit Papierschnipseln übersät, Rundhölzer und Stäbe türmen sich zu einem Haufen. Überall stehen Schachteln, Büchsen und Farbtöpfe im Weg, liegen Teller mit Kleister, dicke und dünne Hanfseile herum ... Wer nicht aufpaßt, kann hier leicht stolpern. Es wird geklopft, gehackt, gebunden und gewikkelt; Fliegen sirren hin und her.

Will man einen Menschen herstellen, muß man zuerst ein Gesicht machen. Ist es fertig modelliert, hängt man es an die Wand, zu den anderen Männer- und Frauenköpfen, und wenn man es braucht, nimmt man es wieder herunter. Man stülpt es einfach einem aus Stäben zusammengebundenen, mit Kleidern bedeckten Menschengestell über, und schon hat man den ganzen Körper. Einem klapprigen, wenig ansprechenden Pferdeleib aus Papier klebt man eine aus weißen Papierstreifen geschnittene weiße Mähne an, und fertig ist das wunderschönste Pferd.

Die diese Arbeiten verrichten, sind wider Erwarten die rauhsten und häßlichsten Gesellen, die man sich vorstellen kann. Obwohl sie sich darauf verstehen, einen Pferdehirten oder einen Kutscher, eine Frau oder ein junges Mädchen herauszuputzen, tun sie nichts, um ihr eigenes Aussehen in irgendeiner Weise zu verschönern. Es ist kaum zu glauben, daß unter den Händen dieser lang- und zottelhaarigen, schiefmäuligen und schielenden Kerle, die da barfuß und kniefrei herumsitzen, so blendend hübsche, fast lebendig wirkende Figuren entstehen.

Ihre einfache Kost besteht aus Kohl und Reis, am Leibe tragen sie nur Lumpen, und sie schlafen zwischen den Kutschen, Pferden, Menschen und Köpfen.

Ein solches Leben mag sehr hart erscheinen. Und doch leben sie es, tagein tagaus in gleichmütiger Dumpfheit. Auch lassen sie die Jahreszeiten vorbeieilen, indem sie je nachdem ein dünnes Hemd ablegen oder eine wattierte Jakke überziehen. Der Zyklus von Geburt, Alter, Krankheit und Tod vollzieht sich ohne Resonanz. Wird man geboren, so überläßt man das Heranwachsen sich selbst und der Natur; die heranwachsen, wachsen heran, die nicht groß werden, um die ist es halt geschehen. Wenn man älter wird, ist das genausowenig von Belang, die Sehkraft läßt nach, also schaut man nicht mehr hin, man wird taub, dann hört man eben nichts. Die Zähne fallen einem aus, also schluckt man sein Essen im ganzen, und laufen kann man nicht mehr, na, dann bleibt man liegen, wo man ist. Was soll man machen? Wer alt wird, hat es nicht besser verdient.

Krankheit: Wer sein Leben lang nur von Getreide lebt, muß der nicht krank werden?

Der Tod: eine traurige Angelegenheit. Stirbt der Vater, weint der Sohn, stirbt der Sohn, weint die Mutter, stirbt der Bruder, dann heult die ganze Familie. Stirbt die Schwiegertochter, dann kommt die Familie ihrer Mutter zum Weinen angereist. Hat man ein bis drei Tage mit Weinen verbracht, dann muß man zur Stadt hinaus und den Angehörigen beerdigen. Nach dem Begräbnis müssen die Lebenden wieder nach Hause gehen und ihre Tage wie gehabt verbringen. Man muß essen, also ißt man, man muß schlafen, also schläft man. Für Außenstehende ist es gar nicht ersichtlich, daß die betroffene Familie jetzt keinen Vater mehr hat oder einen Bruder verlor. Man verbirgt es und weint hinter verschlossenen Türen. Man trägt seine Trauer im Herzen; dennoch befiehlt es der Brauch, daß man an einem Feiertag auf das Grab hinauspilgert und nach dem Rechten sieht. Zum Qingmingfest* im Zweiten Mondmonat begibt sich jede

* Das Totenfest am 4. bzw. 5. April.

Familie zu den Gräbern der Angehörigen, um Weihrauch zu verbrennen. Auf einigen Gräbern ist die Erde eingesackt, bei anderen sind Löcher zu sehen, man schaut ergriffen auf den Verfall, stößt tiefe Seufzer aus, entzündet Weihrauch, entbietet Wein. Handelt es sich um einen nahen Verwandten wie zum Beispiel Sohn, Tochter, Vater oder Mutter, dann klagt man in der Regel einen Moment, wobei man lange Sätze aneinanderreiht. Fast immer rezitiert man ein Traktat oder ein Gedicht. Hat man seinen Vortrag beendet, klopft man sich den Dreck vom Hintern und kehrt mit dem Strom der anderen Friedhofbesucher wieder in die Stadt zurück.

Ist man wieder zu Hause in der Stadt, muß man sich nach wie vor um Brennholz, Reis, Öl und Salz kümmern, man muß waschen und stärken, nähen und stopfen. Von früh bis spät rackern sich die Menschen ab, und ruhen dürfen sie nicht dabei. Wenn dann die Nacht kommt, sind sie so erschöpft, daß sie nur noch auf dem Kang einschlafen können. Und in ihrem Tiefschlaf träumen sie weder von tragischen noch von glücklichen Ereignissen, sie knirschen lediglich mit den Zähnen und schnarchen geräuschvoll, und so vergeht eine Nacht wie die andere.

Wenn jemand diese Leute fragen würde, warum der Mensch lebt, dann würden sie nicht lange mit der Antwort zögern. Ohne Umschweife und langes Grübeln würden sie erklären: »Der Mensch lebt, um zu essen und genug Kleidung zu haben.«

Und wenn man nachhakt, wozu der Mensch dann sterbe? Da würden sie sagen: »Damit es vorbei ist.«

Darum sieht man auch nie einen Girlandenhersteller zu Lebzeiten einen Wohnhof für sich selbst fertigen, vielleicht glaubt er nicht so ganz an eine Unterwelt. Und wenn es doch eine gäbe, dann müßte er vielleicht wieder einen Girlandenladen eröffnen und irgendwem dafür Miete bezahlen.

6.

Außer der Zweiten Oststraße, der Zweiten Weststraße und der Kreuzung besteht die kleine Stadt Hulan nur noch aus Gassen. Diese Gäßchen bieten noch weniger Sehenswürdigkeiten als die Straßen, kaum, daß man einmal auf eine Bude stößt, wo Shaobing oder Zuckerkringel verkauft werden, kaum, daß man einen kleinen Stand erblickt, der rote und grüne Bonbons anbietet. Und das wenige sieht man auch nur dort, wo die Gäßchen in eine Straße münden, ganz selten wird so eine Ware in den Gassen selbst dargeboten. Niemals verirrt sich ein Müßiggänger in diese Gegend; weder Augen noch Ohren der Anwohner werden interessante Dinge geboten, so daß man hier seine Tage äußerst einsam und ruhig verbringt. Das Leben spielt sich hinter verschlossenen Türen ab. Man bewohnt ein halbes Zimmer einer ärmlichen Strohhütte, kauft zwei Scheffel Sojabohnen, kocht sich sein Salzgemüse, und so vergeht das Jahr.

In den kleinen Gassen lebt es sich abgeschieden und verlassen. Ein Shaobing-Händler mit einem Henkelkorb schreit seine Brötchen am oberen Ende einer Gasse aus, am unteren Ende kann man ihn immer noch hören. Auch wenn sie nichts kaufen wollen, stecken die Leute neugierig ihren Kopf zur Tür heraus, wenn er bei ihnen vorbeikommt; hin und wieder fragt einer nach dem Preis, hin und wieder erkundigt sich jemand, ob die Zuckerkringel und Ölstangen heute noch genausoviel kosten wie an den Vortagen.

Mitunter tritt auch jemand aus seiner Tür und lüpft das Tuch, das den Korb des Händlers bedeckt. Er macht alle Anstalten, zu kaufen, fischt sich einen Kringel hervor und fühlt nach, ob er auch noch heiß ist.

Nachdem er ihn ausreichend betastet hat, wirft der Betreffende den Kringel wieder in den Korb. Der Verkäufer ist ihm deswegen keineswegs böse.

Er geht mit seinem Korb weiter zur nächsten Tür.

Die alte Frau, die hier wohnt, hat gerade viel Muße. Sie schlägt das Tuch zurück und befühlt ihrerseits einmal kurz das Gebäck. Danach kauft auch sie nichts.

Beim dritten Haus sieht es aus, als könne der Verkäufer doch noch ein Geschäft machen.

Hier lebt eine Frau, schon über dreißig Jahre alt, die soeben aus ihrem Mittagsschlaf erwacht ist. Sie trägt einen Haarknoten, der jetzt ein wenig in Unordnung geraten ist. Den Dutt halten ein mit schwarzen Perlen durchwirktes Haarnetz und zahlreiche Haarnadeln zusammen, jedoch hat ihr das Nickerchen nicht nur die Haare zerwühlt, es hat auch die Nadeln gelockert, und nun sieht es so aus, als hätte ihr jemand unzählige kleine Pfeile in den Haarknoten geschossen.

Forsch tritt sie aus der Tür, indem sie die beiden Türflügel mit einem Ruck auseinanderstößt und schnell wie der Blitz herausgeschossen kommt. Fünf Kinder folgen ihr auf den Fersen, auch sie sind sehr hurtig. Wie ein kleiner Trupp Soldaten haben sie sich flott in einer Reihe aufgestellt.

Das erste Kind ist ein Mädchen von elf oder zwölf Jahren, das sich sofort einen großen Kringel, lang wie ein Eßstäbchen und gut seine fünf Käsch wert, aus dem Korb herausholt. Seine scharfen Augen haben mit einem Blick erkannt, daß es nur einen von dieser Größe gibt, und das ist dieser hier.

Das zweite Kind, ein Junge, nimmt sich einen Kringel für zwei Käsch.

Das dritte greift auch nach einem Zweierkringel. Es ist ebenfalls ein Junge.

Dem vierten bleibt nach langem Suchen nichts weiter übrig, als sich ebenfalls einen Kringel für zwei Käsch herauszunehmen. Auch dieses Kind ist ein Junge.

Beim fünften Kind, das jetzt an der Reihe ist, läßt sich nicht mit Sicherheit sagen, ob es ein Junge oder ein Mädchen ist. Der kleine Glatzkopf trägt einen Ohrring und ist mager wie eine Weidenrute, dafür ist sein Bäuchlein um so dicker. Älter als vier wird er wohl nicht sein.

Die Hand, die sich jetzt suchend in den Korb senkt, ist noch schwärzer als die Hände seiner Geschwister. Obgleich man bei denen schon von unglaublich schmutzigen Händen sprechen mußte, konnte man dennoch erkennen, daß es sich dabei um Hände handelte. Bei diesem Kind hingegen läßt es sich beim besten Willen nicht sagen, ob das überhaupt noch eine Hand ist, irgendein anderes Gebilde könnte es genausogut darstellen. Auf diesem Ding, was immer es sei, haben sich schwarze und graue, dicke und dünne Schichten in aller Vielfalt gebildet. Dem Betrachter bietet sich wie bei einer Berglandschaft ein Anblick von unendlichem Liebreiz, in der es immer wieder Neues zu entdecken gibt.

Mit dieser Hand also wühlt jetzt das Kind im Korb herum, wobei es kein einziges Stück ausläßt, und nach kurzer Zeit hat es den gesamten Inhalt begrabscht. Der Korb ist zwar ziemlich groß, doch es befinden sich darin kaum mehr als ein Dutzend Kringel. Außer dem einen besonders großen enthält er nur noch etwa zehn kleinere, was das Kind sehr bald entdeckt hat. Vom vielen Anfassen ist seine Hand nun fettig verschmiert, und ölig schwarz glänzt jetzt das Händchen.

Dann sagt das Kind:

»Ich will den großen haben.«

Und schon ist vor dem Hauseingang die schönste Prügelei im Gange.

Mit einer Schnelligkeit, die man ihm nicht zutrauen würde, rennt das kleinste Kind hinter der großen Schwester her. Der zweite und der dritte Bruder rennen hinterdrein, und sie können sogar noch schneller laufen. Das Mädchen mit dem Kringel aber läuft schneller, als man es sich vorstellen kann. Schon hat es eine Lücke in der Hofmauer erspäht, durch die es ins Freie schlüpft, doch seine Verfolger hüpfen flink hinterher. Gerade sind sie einer nach dem anderen durch das

Loch gesprungen, als das Mädchen schon wieder zurückhüpft. Wie ein Wirbelwind fegt es durch den Hof.

Das kleinste Kind, von dem man nicht weiß, ob es männlichen oder weiblichen Geschlechts ist, hat die Verfolgung längst aufgegeben. Es hockt irgendwo in einer Ecke und macht ein Mordsgezeter. Ab und zu unternimmt es den Versuch, auf billige Weise zu seinem Recht zu kommen, nämlich der Schwester den Kringel zu stiebitzen, während sie vom zweiten und dritten festgehalten wird. Doch ein paarmal schon ist es ihm mißlungen, und nun sitzt es da und heult ganz erbärmlich.

Obgleich die Mutter eine Ehrfurcht gebietende Person ist, gelingt es ihr nicht, die Kinderschar ohne die Zuhilfenahme ihrer Hände zur Ruhe zu bringen. Als sie sieht, daß das Treiben durch gutes Zureden allein kein Ende nehmen wird, geht sie ins Haus und holt einen großen Schürhaken, mit dem sie ihren Kleinen zusetzen will. In ihrer Eile übersieht sie dabei die kleine Schlammpfütze, in der die Schweine suhlen. Ausgerechnet in dieses Dreckloch muß die Frau fallen, und der Schürhaken fliegt dabei in hohem Bogen davon.

Nachdem das Schauspiel auf diese Weise seinen Höhepunkt erreicht hat, gibt es keinen einzigen Zuschauer, der nicht von Herzen lacht, und niemand kann behaupten, er sei nicht auf seine Kosten gekommen.

Selbst der Kringelverkäufer folgt so gebannt der Vorstellung der Frau, die jetzt im Dreck sitzt, während der Schlamm nach allen Seiten spritzt, daß er vor lauter Begeisterung fast seine Ware verliert, weil er vergißt, daß er noch den Korb in der Hand hält.

Die Kinder haben sich daraufhin alle davongemacht.

Nachdem ihre Mutter aufgestanden ist und sie eingefangen hat, demonstriert sie diesmal ihre Autorität, indem sie sie, das Gesicht der Sonne zugewandt, auf dem Boden knien läßt. Im Hof formiert sich wieder in einer Reihe der Kindertrupp, und eines nach dem anderen muß seinen Kringel herausrücken.

Vom Kringel des großen Mädchens ist fast nichts mehr übriggeblieben, er hat im Kampf zu arg gelitten.

Das dritte Kind hat seinen schon aufgegessen.

Vom Kringel des zweiten ist noch ein kleiner Rest vorhanden.

Nur das vierte Kind hält noch einen unversehrten Kringel in der Hand.

Vom fünften wissen wir, daß es nie einen Kringel bekommen hat.

Das Ganze führt dazu, daß zwischen dem Verkäufer und der Frau ein Streit entflammt, der damit endet, daß der Händler zum nächsten Haus weiterzieht. In dem Streit ging es um den Kringel, den das vierte Kind die ganze Zeit über in der Hand gehalten hat. Der Händler blieb eisern dabei, den Kringel nicht zurückzunehmen, während sich die Mutter auf nichts anderes einlassen wollte. Schließlich bezahlte sie drei Kringel und trieb den Verkäufer mitsamt seinem Korb vom Hof.

Über die fünf Kinder, die jetzt wegen der Kringel auf dem Boden knien müssen, wollen wir kein Wort mehr verlieren. Wir wollen nur eben erwähnen, daß die Kringel, die in jedem Gäßchen, in jedem Hofeingang befühlt und begrabscht wurden, zu guter Letzt doch noch an den Mann gebracht werden.

Ein altes zahnloses Mütterchen zum Beispiel kauft einen. In Papier eingeschlagen, trägt sie ihn in ihre Stube und murmelt:

»Dieser Kringel ist so sauber, daß er glänzt.«

Dann ruft sie ihren kleinen Enkel, er möge schnell herbeikommen.

Und als der Händler sieht, wie sich die Alte über seinen Kringel freut, ruft er ihr nach:

»Der kommt frisch aus dem Ofen! Ist noch ganz warm!«

7

Nachdem der Kringelhändler gegangen ist, kommt am Nachmittag manchmal noch der Bohnengeleeverkäufer vorbei, dessen Rufe man ebenfalls von einem Ende der Gasse zum anderen hören kann.

Leute, die seine Ware kaufen möchten, treten mit kleinen Tontellern vor ihre Türen. Die anderen, die in ihren Häusern sitzen bleiben und nicht kaufen, wissen aber, sobald sie sein Rufen hören, daß es nun Zeit ist, das Abendessen zu bereiten. Denn der Bohnengeleeverkäufer kommt den ganzen Sommer lang bei Einsetzen der Dämmerung, pünktlich wie eine Uhr immer zwischen vier und fünf. Es scheint fast so, als komme er eigens in diese kleine Gasse hier, um sein Bohnengelee zu verkaufen, und als ließe er sich nicht von Bewohnern anderer Gassen aufhalten, um noch rechtzeitig in dieser erscheinen zu können.

Jetzt ist auch der Bohnengeleeverkäufer vorbeigezogen. Bald wird es dunkel werden.

Sobald die Sonne sich im Westen niedersenkt, nähert sich das Geklapper der Hausierertrömmelchen. Diese kleinen Händler begeben sich jedoch nicht in die Gäßchen, nicht einmal in die abgelegenen Seitenstraßen, nein, sie kehren nur mit ihren Lasten vom Geschäft auf den Hauptstraßen heim. Der Verkäufer von Töpferwaren und Geschirr hat auch schon längst für heute Schluß gemacht, und die Bauchladenhändler und kleinen Trödler sind ebenfalls nach Hause gegangen.

Jetzt kommt nur noch der Tofuhändler.

Frühlingszwiebeln in dicker Sojasauce sind schon ein sehr schmackhaftes Abendessen; mit einem Stück Tofu allerdings wird die Köstlichkeit erst abgerundet, und dazu kann man sich ohne weiteres zwei Schalen Mais-Bohnen-Brei genehmigen. Und wenn man erst einmal anfängt mit dem Essen, dann wird es gleich noch mehr, das ist eine ganz natürliche Sache, man sprenkelt noch ein bißchen Chiliöl auf sein Tofu und mischt noch ein wenig Sojasauce dazu. Um wieviel mehr das jetzt mundet! Man braucht das Tofu nur mit seinem Stäbchen kaum zu berühren, schon kann man dazu eine halbe Schale Reis herunterbekommen, und mit dem zweiten Knabbern am Tofu hat man mühelos eine ganze Reisschale geleert. Das Tofu hilft einem, ohne daß man sich dessen bewußt wird, zwei Schalen mehr zu essen als sonst. Und die noch nie davon gekostet haben, können sich von seinem Geschmack keine Vorstellung machen.

So kommt es, daß der Tofuverkäufer bei groß und klein, Männern wie Frauen gleichermaßen beliebt ist. Sie öffnen ihm die Türen und gehen ihm freundlich lächelnd entgegen, und obwohl keine Worte gewechselt werden, besteht zwischen ihnen eine Art Verbundenheit. Es entspinnt sich zum Beispiel folgender stummer Dialog:

»Mein Tofu ist wirklich prima!« sagt der Tofuhändler. Und die Antwort würde stets lauten: »Selbstverständlich ist dein Tofu nicht zu verachten.«

Die keinen Tofu kaufen, beneiden den Tofuverkäufer in höchstem Maße. Sobald sie sein Rufen vernehmen, das vom Eingang der Gasse immer näher dringt, überkommt sie ein rasendes Verlangen – jetzt ein Stück Tofu zum Essen, das wäre gar nicht so verkehrt, eine Paprika und ein paar Zwiebeln dazu. Doch obgleich sich täglich der gleiche Wunsch in ihnen regt, schrecken sie doch immer vor dem Kauf zurück. Der Tofuhändler hat bei dieser Art von Leuten keinen Erfolg mit seinen Verführungskünsten. Sie mögen noch so in Versuchung kommen, entschließen werden sie sich niemals. Statt dessen essen sie einige Chilischoten mehr, so daß ihnen der Schweiß auf die Stirn tritt. Und sie denken dabei, einen Tofuladen betreiben, das wäre doch eine gute Idee, da könnte man nach Lust und Laune soviel Tofu essen, wie man wollte.

Das erklärt auch, warum der vierjährige Sohn eines solchen Mannes, auf die Frage, was er später einmal machen will, zur Antwort gibt:

»Ein Tofugeschäft eröffnen.«

Offenbar hat er vor, die gescheiterten Träume des Vaters in die Wirklichkeit umzusetzen.

Unter den Liebhabern der köstlichen Speise Tofu gibt es solche, die so weit gehen, darüber Haus und Hof zu verlieren. Es geht die Sage, daß so ein Patriarch sich eines Tages zum Kauf entschloß und sagte:

»Egal, was wird, ich geh mir jetzt ein Stück Tofu kaufen!«

Man kann die drei Worte »egal, was wird« auch klassisch formulieren und sagen, er wolle »sein Vermögen dem Staate opfern«, in moderner Sprache ausgedrückt bedeuten sie: »Ich werd mich ruinieren!«

8.

Wenn der Tofuhändler vorübergezogen ist, sind auch alle Angelegenheiten des Tages abgeschlossen.

In jeder Familie hat man zu Abend gegessen. Danach betrachtet man im allgemeinen die Abendröte. Es gibt aber auch solche, die sich auf ihren Kang legen und schlafen.

Die Sonnenuntergänge in der Gegend von Hulan sind wunderschön anzusehen, man nennt sie hier »Feuerwolken«. Das Wort »Abendröte« würde niemand verstehen; spricht man aber von »Feuerwolken«, zeigt einem gleich das kleinste zweijährige Kind unter vielen Ahs und Ohs den Abendhimmel.

Wenn das Abendessen vorüber ist, steigen die Feuerwolken auf. Sie bescheinen die Gesichter der Kinder, daß sie rot leuchten. Einen großen weißen Hund verwandeln sie in einen roten Hund. Aus einem roten Hahn machen sie einen goldenen, und eine schwarze Henne wird plötzlich sandelholzfarben. Ein alter Schweinehirt steht mit dem Rücken gegen eine Mauer gelehnt und betrachtet lachend seine beiden goldschimmernden Schweine; eben will er sagen: »Verdammt, wie habt ihr euch verwandelt!« In diesem Augenblick kommt jemand des Wegs, der die Kühle des Abends genießt, und meint:

»Du, Alterchen, wirst bestimmt noch ein langes Leben haben, dein Bart glänzt ja wie Gold!«

Die brennenden Wolken ziehen vom östlichen zum westlichen Himmel herauf. Sie sind so rot, als hätten sie Feuer gefangen.

Die Feuerwolken in dieser Gegend präsentieren sich in den mannigfaltigsten Schattierungen. Einmal sind sie blutrot, einmal messingfarben, hier lila-gelb gemischt, dort grau-lilienweiß vermengt. Graue Weintraubenwolken, gelbe Pflaumenwolken, violette Auberginenwolken kann man am Himmel erblicken und außerdem noch sehr viele andere Farben, die man noch nie gesehen hat und für die es keine Bezeichnungen gibt.

Innerhalb von fünf Sekunden erscheint am Himmel ein Pferd, dessen Kopf nach Süden und dessen Schwanz nach Westen zeigt. Es kniet, als erwarte es, daß jemand aufsteigt, und als wolle es sich erst dann erheben. Nun vergeht eine Sekunde, ohne daß sich etwas verändert. Nach zwei, drei weiteren Sekunden bläht sich das Pferd auf, die Beine strekken sich auseinander, der Hals zieht sich in die Länge. Der Schwanz ist jedoch nicht mehr zu sehen.

Während die Leute noch nach dem Schwanz Ausschau halten, ist schon das ganze Pferd verschwunden.

Plötzlich taucht jetzt ein großer Hund auf, der sehr wild dreinschaut und der mit den Vorderbeinen weit zum Rennen ausholt. Ihm auf dem Fuße folgt ein Wurf kleiner Hunde. Sie laufen und laufen, und während man noch den kleinen Hunden nachsieht, hat sich der große ganz davongemacht.

Und dann wieder entdeckt man einen großen Löwen, der

genauso wie die mächtigen Steinlöwen vor dem Tempel der Göttin der Vielen Kinder aussieht. Er ist riesig wie jene und kniet in der gleichen Art und Weise. Sehr stark, sehr gelassen wirkt er und läßt dabei keinen Zweifel darüber aufkommen, daß er seine Umgebung vollends verachtet. Fast scheint es, als würden seine Augen von nichts Notiz nehmen, ganz als würde es nichts geben, das sich seiner Aufmerksamkeit würdig erwiese. Man guckt und guckt, und einen Moment später hat man schon wieder eine neue Gestalt am Himmel gefunden. Jetzt wird es schwierig, denn man kann sich nicht gleichzeitig auf zwei Dinge konzentrieren. So kann es passieren, daß der Löwe bei lebendigem Leibe in seine Bestandteile zerfällt. Einmal das Auge abgewandt, einmal kurz den Kopf gesenkt – schon hat sich die betreffende Form wieder in eine andere verwandelt. Sucht man aber nach dem, was man gerade noch gesehen hat, kann man suchen, bis einem die Augen schmerzen: Man wird es nicht mehr finden.

Da der Löwe nunmehr verschwunden ist, sieht man sich nach etwas anderem um, einem Affen zum Beispiel. Der kann sich zwar nicht mit einem Löwen messen – aber es gibt ja auch gar keinen mehr. Eine Zeitlang verschwimmen die Formen, und der Himmel ist voller Dinge, die mal dem, mal jenem gleichen. In Wahrheit aber haben sie mit nichts eine Ähnlichkeit, und sie stellen gar nichts dar. Da hilft nur, den Kopf abzuwenden und sich die Augen zu reiben, oder einfach einen Moment lang ruhig zu verharren, bevor man wieder hinsieht. Der Himmel denkt jedoch nicht daran, auf seine Bewunderer zu warten. Im nächsten Augenblick sind die Feuerwolken schon untergegangen.

Die Kinder sind müde geworden, sie gehen nach Hause ins Bett. Am Ende bleiben die kleinen Trödler übrig, die, an die Beine der großen Schwester gelehnt, noch draußen bleiben wollen, und diejenigen, die im Arm der Großmutter eingeschlafen sind. Mit einem Fliegenwedel aus weißen

Pferdeborsten hält die Großmutter die Mücken von dem Kind fern; sie merkt gar nicht, daß es längst eingeschlafen ist, und denkt, daß es noch auf ihrem Schoß herumzappelt. »Geh runter zum Spielen! Oma hat schon gar kein Gefühl mehr in den Beinen.« Sie schubst das Kleine einmal an, doch das räkelt sich nur in tiefem Schlaf.

Schließlich geht eine Familie nach der anderen ins Haus, und Türen und Fenster werden verriegelt.

In der Gegend vom Hulanfluß wird es selbst im Juli nicht richtig heiß, und nachts muß man sich mit einer dünnen Baumwolldecke schlafen legen.

Wenn nach der Abenddämmerung die Krähen angeflogen kommen, kann man aus den Fenstern noch ein paar vereinzelte Kinder, die immer noch nicht schlafen, rumoren hören:

»Krähe, Krähe, laß dich auf der Tenne nieder
Zwei Scheffel Korn geb ich dir wieder...«

Eine riesige, laut krächzende Schar schwarzer Krähen zieht über die Dächer der Kreisstadt. Es heißt, daß sie sich in einem großen Wald am Südufer des Hulanflusses niederlassen wollen. Am nächsten Morgen werden sie früh aufbrechen und weiterfliegen. Zwischen Sommer und Herbst kann man jeden Abend mit diesen gewaltigen, Himmel und Erde bedeckenden Krähenschwärmen rechnen. Wohin sie letztendlich ziehen, wissen die Kinder nicht so genau, und die Erwachsenen machen sich nicht die Mühe, es ihnen zu erklären. Die Kinder können nur die Verse singen »Krähe, Krähe, laß dich auf der Tenne nieder/Zwei Scheffel Korn geb ich dir wieder«.

Ob die Krähe damit etwas Sinnvolles anfangen kann, sei allerdings dahingestellt.

9.

Erst wenn die Krähen vorbeigeflogen sind, ist der Tag endgültig vergangen.

Der hellste Stern des Siebengestirns erscheint am Himmel, er glänzt wie eine Kupferkugel. Auch die Milchstraße und der Mond sind aufgegangen.

Fledermäuse beginnen umherzufliegen.

Alles, was mit der Sonne aufgestanden ist, hat sich jetzt zur Ruhe begeben. Die Menschen schlafen, Schweine, Pferde, Ochsen und Ziegen tun es ihnen gleich. Schwalben und Schmetterlinge schwirren und flattern nicht mehr durch die Luft. Selbst die Trichterwinde am Fuße der Mauer hat keine einzige Blüte mehr geöffnet, sie sind sämtlich eingerollt und zusammengefaltet. Die eingerollten bereiten sich darauf vor, am nächsten Morgen die Sonne zu begrüßen, die gefalteten werden abfallen, weil sie die Sonne schon am Vortag begrüßt haben.

Im Gefolge des Mondscheins erstrahlt die Sternennacht. Auch die Plejaden sind nichts anderes als ein Bauer im Schachspiel des Mondes; er läßt sie einen Schritt vorangehen, aber das ist auch alles.

Sobald es Nacht wird, erklingt das Gequake der Frösche in den Gräben und Flußsenken. Auch die Insekten stimmen ihr Gesirre an, auf den Grashalmen im Hof, auf den Feldern vor der Stadt, manche in den Blumentöpfen, die in den Häusern stehen, manche auf den Gräbern der Menschen.

Weht kein Wind und fällt kein Regen, dann vergeht auf diese Weise eine Sommernacht wie die andere.

Schnell zieht der Sommer vorüber, und es kommt der Herbst. Er ist vom Sommer gar nicht so verschieden, nur wird es merklich kälter, und man kann nachts nicht mehr ohne Decke schlafen. Die Bauern sind tagsüber mit der Ernte beschäftigt, und in den Nächten träumen sie häufiger von der Gaoliang-Ernte – das ist der einzige Unterschied. Die

Frauen widmen sich jetzt, sobald der September beginnt, dem Wäschestärken, dem Auftrennen von Bettdecken und dem Ausklopfen der Kleidung; von früh bis spät ertönt um diese Zeit das Geklopfe ihrer Wäscheprügel aus jeder Straße, jedem Gäßchen. Wenn das »Wäscheklopfen« vorbei ist, beginnen die Frauen, Bettdecken anzufertigen, und es ist Winter geworden.

Im Winter fällt Schnee.

Die Menschen machen alles mit, was die vier Jahreszeiten ihnen bescheren – Wind, Frost, Regen und Schnee. Der Frost schlägt hart zu, der Regen durchnäßt sie bis auf die Knochen. Große Stürme wirbeln den Sand umher und bringen Steine ins Rollen, was man sich kaum vorstellen kann. Im Winter platzt der Boden in der großen Ebene auf, die Flüsse frieren zu. Es wird noch kälter, und dann bilden sich metallisch klirrende Risse im Eis. Im Winter frieren den Menschen die Ohren ab... Nasen zerbrechen vor Kälte... Hände und Füße platzen auf.

Doch das ist die Macht der Natur, was können die kleinen Leute schon gegen sie tun? So sind die Menschen am Hulanfluß; kommt der Winter, ziehen sie dicke Baumwollmäntel an; im Sommer tragen sie etwas Leichtes. Ganz so, wie sie aufstehen, wenn die Sonne herauskommt, und schlafen gehen, wenn sie untergeht.

Ein Finger, den die Winterkälte hat aufspringen lassen, wird bis zum Sommer von ganz allein heilen. Heilt er nicht, besorgt man sich in der Apotheke »Li Yongchun« hundert Gramm Färberdistel und schmiert die Stelle mit der Safflorlösung ein. Man schmiert, bis der Finger rot ist, obgleich es davon nicht besser wird, es kann sogar passieren, daß der Finger immer weiter anschwillt. Dann geht man eben noch einmal zu »Li Yongchun«, ersteht diesmal jedoch keine Färberdistel, sondern ein medizinisches Heilpflaster. Das erhitzt man daheim und klebt es dann ganz fest auf die Frostbeule. So ein Pflaster ist sehr angenehm, denn man kann immer noch alles damit machen. Wer einen Wagen lenken muß, wird dadurch nicht daran gehindert, und wer Kohl schneiden muß, kann auch dies tun. Es klebt so gut, daß man es nicht einmal abnehmen muß, wenn man mit Wasser in Berührung kommt. Wer Wäsche waschen muß, kann das unbesorgt tun. Sollte es doch einmal abfallen, erhitzt man es wieder über dem Feuer und trägt es ein zweites Mal auf. Wenn es einmal klebt, hält es einen halben Monat.

Die Leute am Hulanfluß legen großen Wert auf Stabilität und Strapazierfähigkeit. Die Beständigkeit des Heilpflasters entspricht der Wesensart dieser Menschen. Dadurch, daß das Pflaster zwei Wochen am Finger klebt, wird die Hand zwar auch nicht besser: Das Pflaster ist jedoch sehr haltbar, und man hat sein Geld nicht zum Fenster hinausgeworfen.

Man kauft schließlich noch ein Pflaster, und noch eins, aber die Schwellung wird immer stärker. Die kein Geld haben, sich ein Pflaster zu kaufen, suchen sich Pflaster, die andere schon benutzt haben, und kleben sie über ihre Wunde. Da man nie wissen kann, ob so ein Pflaster nicht doch hilft, muß man es halt irgendwie versuchen.

Frühjahr, Sommer, Herbst und Winter, das Jahr vergeht im ewigen Wechsel der vier Jahreszeiten, und dieser Wechsel vollzieht sich ganz von selbst. Stürme, Frost, Regen und Schnee muß man ertragen, sie gehen vorbei. Wer sie nicht erträgt, für den findet sich eine Lösung der Natur. Diese natürliche Lösung ist nicht unbedingt etwas Schönes, denn sie entfernt den Betreffenden still und ohne Widerhall von der Welt der Menschen.

Die noch nicht entfernt wurden, müssen es nach wie vor erdulden, von den Unbilden Wind, Frost, Regen und Schnee hin und her gestoßen zu werden.

Zweites Kapitel
Die Feste des Jahres

1.

Abgesehen von den kleinen niedrigen Dingen des Alltags hat Hulan auch in geistig-spiritueller Hinsicht eine nicht geringe Anzahl von festlichen Ereignissen zu bieten wie zum Beispiel:

Den Tanz der Schamanin
Die Yangge-Lieder
Das Flußlaternenfest
Opernaufführungen
Die große Feier zu Ehren der Tempelgöttin am 18. Tag des Vierten Mondes...

Beginnen wir mit der Schamanin, die die Gabe besitzt, Kranke zu heilen. Sie trägt recht seltsame Kleidung, Kleider, die gewöhnliche Menschen nicht anziehen, einen roten* Rock zum Beispiel, den sie sich um die Hüften wickelt. Sobald sie dies tut, ändert sich ihr ganzes Wesen. Zunächst schlägt sie noch nicht ihre Trommel, sie fängt nur an zu zittern, wenn sie den roten geblümten Rock angelegt hat. Das Zittern erfaßt ihren ganzen Leib vom Kopf bis zu den Füßen. Nachdem das eine Weile so gegangen ist, beginnt sie, sich ruckartig und heftig zu schütteln. Mit geschlossenen Augen murmelt sie nun Beschwörungen. Jedes Schütteln, das ihren Körper durchzieht, droht sie umzuwerfen, und erschreckt die Umstehenden zu Tode. Doch ist dies nur eine vorgetäuschte Gefahr, und sie bleibt jedesmal fest sitzen.

Sie sitzt auf einem Hocker. Vor ihr steht eine Seelentafel,

* Rot ist im allgemeinen eine glückverheißende Farbe, die nur zu besonderen Anlässen verwendet wird.

auf der rote, mit schwarzen Schriftzeichen bemalte Zettel kleben. Je älter die Tafel ist, desto besser, denn daraus wird ersichtlich, daß die Schamanin mehrmals im Jahr ihre Zeremonie vollzieht. Und je häufiger die Schamanin tanzt, um so mehr verbreitet sich ihr Ruhm, und das Geschäft blüht. Vor der Seelentafel brennt Weihrauch, der sich langsam in die Höhe kräuselt.

Meistens fährt der Geist in den Leib der Schamanin, wenn die Räucherstäbchen halb heruntergebrannt sind. In diesem Augenblick wird ihr Respekt einflößendes Auftreten noch einschüchternder, als befehle sie über eine zehntausendköpfige Armee. Sie springt auf und beginnt mit der ganzen angespannten Energie ihres Körpers wild zu tanzen.

Der Schamanin steht ein Gehilfe zur Seite, immer ein Mann. Er ist nicht in Trance, sondern klar wie jeder andere auch. Schnell überreicht er der Schamanin eine runde Trommel, mit der sie dann umherspringt. Zuerst erzählt sie, wie der Geist, der in sie gefahren ist, vom Berg herabstieg, wie er, auf einer Wolke reitend und dem Winde folgend oder aber nur im Nebel fliegend, hierher gelangte. Dieser Reisebericht wird außerordentlich anschaulich und beeindrukkend dargestellt. Was die Schamanin sagt, muß der neben ihr stehende Gehilfe mit einer Gegenrede begleiten. Ein guter Gehilfe läßt daraus einen flüssigen Dialog erwachsen, ein schlechter ist zuweilen unvorsichtig genug, den Erzählfluß der Schamanin zu unterbrechen, und darüber gerät sie in Zorn. Wenn eine Schamanin erst einmal wütend ist, dann war die ganze Mühe umsonst, dann kann sie nur noch die Trommel schlagen und wüste Verwünschungen ausstoßen – daß der oder die Kranke sterben müsse, bevor noch die Nacht zu Ende gehe, daß die Seele dieses Menschen dazu verdammt sei, ruhelos umherzuirren, und daß darüber hinaus dessen nähere und entfernte Verwandtschaft, ja das ganze Dorf, die schlimmsten Schicksalsschläge zu erwarten hätten. Die erschrockenen Verwandten entzünden dann noch mehr Weihrauch und entbieten Wein, und wenn das nicht hilft, wird eilig nach einem roten Tuch geschickt, das man über die Ahnentafel deckt. Sollte auch das nichts nützen, wird ein Hahn geschlachtet. Meistens läßt, wenn die Sache sich bis hierhin entwickelt hat, das Gezeter der Schamanin merklich nach. Denn wenn sie jetzt noch weiterfluchen würde, wäre gar nichts mehr zu machen.

Der Hahn und das Tuch gehen unweigerlich in den Besitz der Schamanin über, und wenn ihr Tanz geendet hat, nimmt sie den Hahn mit nach Haus und kocht ihn sich. Das rote Tuch färbt sie mit Indigo blau und schneidert sich daraus ein Paar Hosen.

Einigen Schamaninnen gelingt es trotz aller Anstrengung nicht, auf Anhieb einen Geist herbeizuzitieren. Da müssen ihre Gastgeber, so schnell es geht, einen Hahn töten. Denn läßt man sich damit zu viel Zeit, dann kann es passieren, daß sie auf halber Strecke zu fluchen beginnt. Weil man sie aber zur Heilung eines Kranken hergebeten hat, bringt es größtes Unglück, wenn man sie mißgünstig stimmt. Darum begegnet man ihr auch mit größter Hochachtung und nicht geringer Angst.

Die Schamanin beginnt fast immer nach Einbruch der Dunkelheit mit ihrer Vorstellung. Ein Schlag ihrer Trommel genügt, um jung und alt, Mann wie Frau, herbeiströmen zu lassen, und im Sommer ist nicht nur innerhalb, sondern auch außerhalb des Hauses, in dem sie auftritt, alles mit Menschen überfüllt. Frauen zerren Kinder hinter sich her, oder sie tragen Babys im Arm, und laut und aufgeregt schwatzend kommen sie über die Mauer geklettert, um die Schamanin tanzen zu sehen.

Wenn sie die halbe Nacht lang ihre Tänze vorgeführt hat, muß sie den Geist wieder auf seinen Berg zurückschicken. Da ertönt der Klang ihrer Trommel besonders laut, und sie singt noch einmal besonders schön. Der Gesang dringt bis in die umliegenden zehn, zwanzig Häuser und weckt in den

Menschen, die darin wohnen, ein Gefühl der Wehmut. Der Gehilfe singt leise:

»Große Unsterbliche, kehrst du auf deinen Berg zurück, mußt langsam du gehen, mußt vorsichtig schreiten.«

Und die Schamanin erwidert:

»Zweiter Unsterblicher mein, zum Grünen-Drachen-Berg, zum Weißen-Tiger-Berg ... Dreitausend Meilen in der Nacht im Wolkenritt sind schnell vollbracht ...«

Der Klang des Liedes mischt sich mit dem der Trommel, er wird Hunderte von Metern weit in die nähere Umgebung getragen, wo er trostlos verhallt und die Menschen schwermütig stimmt. Einige unter ihnen können bei der Melodie der Trommel die ganze Nacht hindurch keinen Schlaf mehr finden.

Man läßt die Schamanin kommen, um einen Kranken zu heilen. Doch ob der Mensch auch wirklich wieder gesund wird, wer vermag das zu sagen? Die Ungewißheit läßt die Nachbarn tief ergriffen aufseufzen, und manche können damit die ganze Nacht nicht mehr aufhören.

Der Himmel im Glanz der Sterne, das Haus im Mondenschein; das elende Dasein des Menschen wird immer ein Rätsel sein.

Nachdem zehn oder vierzehn Tage vergangen sind, hört man erneut das rhythmische Getrommel des Schamaninnentanzes. Es lockt die Menschen an, sie eilen in Scharen herbei, klettern auf Mauern und bleiben in der Tür stehen, um zu schauen, was für eine Frau diese Schamanin wohl sein mag, was für Kleider sie wohl trägt. Sie wollen horchen, wie ihre Stimme klingt und nur einmal sehen, ob ihre Kleider auch wirklich hübsch sind. Wenn tiefe Nachtstille eintritt, schickt die Schamanin den Geist auf seinen Berg zurück. Die Trommel, die ihn auf seinen Heimweg geleitet, tönt besonders schön. Geschieht dies in einer Regennacht, dann klingt die Begleitmelodie noch melancholischer als sonst, und es kommt durchaus vor, daß Witwen zu weinen beginnen und Witwer unruhig auf und ab gehen. Diese Klänge scheinen eine Anziehungskraft auf Menschen zu haben, denen im Leben bereits einmal ein Unglück zugestoßen ist. Indem die Stimme der Trommel sie mal langsam, mal schneller werdend ruft, erzählt die Schamanin wohl von der Verzweiflung eines Wesens, das sich nachts in einem Labyrinth verirrt hat, oder sie ruft Erinnerungen an längst vergangene schöne Kindheitsjahre wach. Für andere klingt es, als schicke eine liebende Mutter ihren Sohn auf eine weite Reise; es weckt Assoziationen an einen Abschied für immer, bei dem man sich nicht voneinander losreißen kann.

Wofür wird der Mensch geboren, wenn er so düstere, traurige Nächte erleben muß?

Man kann es einfach nicht mehr ertragen, und beim nächstenmal, sagt man sich, wird man nicht mehr hinhören. Jedoch – beim ersten Trommellaut klettern die einen schon wieder auf die Mauer, die anderen spitzen die Ohren, und man ist noch leidenschaftlicher bei der Sache als die Ausländer, wenn sie ein Konzert besuchen.

2.

Zum Fest der Erlösung der hungrigen Geister* läßt man am 15. Tag des Siebten Monats auf dem Hulanfluß Laternen treiben. Die Flußlaternen werden in der Form von Kohl, Kürbis oder Lotusblüten gefertigt. Buddhistische Mönche und daoistische Priester in festlichen Gewändern aus rotgoldenem Atlas begleiten die Zeremonie auf der Mundorgel und allerlei Flöten und Blasinstrumenten aus Bambusrohr. Vom Flußufer her, wo das Laternenfest abgehalten wird,

* Am Yulan-Fest (vom Sanskrit-Wort Ullambhana hergeleitet) weist man den Seelen von Menschen, die aus irgendeinem Grund keine Opfergaben erhalten haben, mit Hilfe von Laternen den Weg zur Erde, wo sie erlöst werden sollen.

erschallt noch in einem Umkreis von zwei Meilen die Musik.

An jenem Tag, gleich nach Einbruch der Dämmerung, wenn der Himmel noch nicht vollständig dunkel ist, begibt sich ein nicht endender Strom eilig dahinhastender Menschen zum Fluß hinunter, um die Laternen zu sehen. Aus allen Straßen und Gassen reihen sich immer wieder neue Gestalten ein, auch solche, die das ganze Jahr hindurch kaum einmal den Kopf zur Tür hinausgestreckt haben. Die zuerst am Flußufer ankommen, hocken sich sogleich dorthin. Auch wenn das Ufer schon mit einer dichten Menschenmenge belagert ist, nimmt die Zahl der Nachfolgenden, die aus allen Ecken und Enden anströmen, noch lange nicht ab. Selbst Blinde und Lahme wollen die Flußlaternen sehen (was natürlich nicht stimmt, allein die Blinden sind *nicht* zum Schauen gekommen), und die jetzt noch auf der Hauptstraße herbeirennen, dampfen, so schwitzen sie. Mädchen und Frauen in Zweier- und Dreiergrüppchen treten vor ihre Häuser; niemand muß fragen, wohin sie wollen – alle gehen zum Laternenfest.

Im Siebten Monat legt sich in der Abenddämmerung, gleich nachdem die Feuerwolken verschwunden sind, ein schwacher weißer Lichtschein über die Straßen der Stadt. Jähes Stimmengewirr bricht in die Stille des dahinscheidenden Tages, munteres Leben erwacht in den Gassen und auf den Höfen, als sei in der Stadt ein Feuer ausgebrochen und die Leute liefen zusammen, es zu löschen. Es herrscht reger, hektischer Trubel, überall vernimmt man das Getrippel und Getrappel rennender Füße.

Wer zuerst ans Flußufer gelangt, hockt sich dorthin, wer später nachkommt, drängelt sich dazwischen und hockt sich ebenfalls dort nieder. Derart zusammengequetscht, warten alle, bis der Mond aufgeht und die Flußlaternen aufs Wasser gesetzt werden.

Das Fest am 15. Tag des Siebten Monats ist den Geistern

gewidmet, deren Seelen nach dem Ableben ein Unrecht widerfuhr und die daher nicht wiedergeboren werden können. Sie schmachten in der Hölle, ohne daß es ihnen gelingt, sich von ihren Qualen zu befreien, weil sie den Weg nach draußen nicht finden. An diesem Tag stellt man für jeden Geist eine Flußlaterne bereit, mit deren Hilfe er den Weg zur Wiedergeburt finden kann. Denn höchstwahrscheinlich ist der Weg vom Schattenreich ins Diesseits sehr dunkel, und ohne Laterne wird ein Geist ihn nicht erkennen können. So ist das Aussetzen von Flußlaternen auch eine gute Tat, die bezeugt, daß die Lebenden anständige Menschen sind, die die gedemütigten toten Seelen keineswegs vergessen haben.

Allerdings hat selbst diese edle Gesinnung einen Haken: Für die Kinder nämlich, die am 15. Tag des Siebten Monats geboren werden, ist diese Hilfsbereitschaft leider nicht besonders günstig, da die meisten von ihnen Wiedergeburten eines Lotuslaternen-Geistes sind. Ein solches Kind wird sich, wenn es heranwächst, nicht der Zuneigung seiner Eltern erfreuen. Wenn es ins heiratsfähige Alter kommt, ist es ja Brauch, Geburtstag und Geburtsstunde des Jungen und des Mädchens zu vergleichen, bevor man die beiden vermählen kann. Ein Mädchen, das am 15. des Siebten Monats das Licht der Welt erblickte, ist äußerst schwierig zu vermitteln, man muß sein Geburtsdatum ändern und die Familie des Bräutigams betrügen. Einem Jungen, der an dem betreffenden Tag geboren wurde, wird es ebenfalls nicht leicht gemacht. Stammt er jedoch aus einer wohlhabenden Familie, dann ist es nicht ganz so schlimm. Dann kann er heiraten, auch wenn ein böser Geist in ihm wohnt – viel Geld zu haben, ist an sich nichts Böses. Bei einem jungen Mädchen liegt der Fall vollkommen anders, da ist nichts zu machen, es sei denn, es handele sich um die einzige Tochter einer reichen Witwe. In diesem Fall ließe sich noch einmal darüber reden, denn bei einem solchen Mädchen kann man eine ordentliche Menge Geld herausschlagen. Mit einer solchen

Heirat, sollte sie zustandekommen, hat man für immer ausgesorgt, vorausgesetzt, man hat eine nicht geringe Mitgift ausgehandelt. Und selbst wenn ausgerechnet in diesem Mädchen ein böser Geist wiedergeboren wäre, ließe sich das unter solchen Bedingungen ertragen.

Wie die Leute sagen: »Mit Geld kann man selbst einen Geist dazu bringen, den Mühlstein zu ziehen!« Ganz als meinten sie, Geister müsse man nicht richtig ernst nehmen, ganz als zweifelten sie ein wenig an deren Existenz. Andererseits ist es aber so, daß die Mönche, sobald die Laternen ins Wasser gelassen werden, eifrig ihre Trommeln schlagen und Sutren intonieren, um die Auferstehung der toten Seelen zu zelebrieren. Es klingt, als würden sie in rasendem Tempo Zauberformeln herunterleiern, als müßten sie beweisen, daß jede Sekunde kostbar sei, daß die Zeit in Windeseile verstreiche, als ob sie die werten Herren und Damen Geister antreiben wollten, sich möglichst rasch eine Laterne zu greifen und in ein neues Leben zu schlüpfen.

Nachdem die Mönche die Sutren rezitiert haben, beginnen sie, auf ihren Flöten zu spielen. Sie erzeugen einen wunderschönen Klang, der bis in weite Fernen dringt. Nun kommen auch, dicht gedrängt, die Flußlaternen angetrieben. Langsam gleiten sie stromabwärts, gelassen und beständig, und man kann unmöglich erkennen, ob ein Geist aus dem Wasser heraus eine von ihnen erhascht.

Die prächtig glänzenden Laternen sorgen im Vorbeischwimmen, zusammen mit der Zuschauermenge, für beträchtliche Bewegung. Und so viele Laternen sind es, unzählige; bestimmt käme man auf mehrere hundert, ja tausend. Die Kinder auf beiden Seiten des Flusses klatschen in die Hände und schreien vor Freude, mit Luftsprüngen heißen sie die Laternen willkommen. Die Erwachsenen hingegen achten auf die Geister und geben keinen Laut von sich, sie ergötzen sich am Lampenschein und der Farbstimmung des Flusses. Das Licht der Lämpchen läßt das Wasser schwach schimmern, darüber hüpft das Spiegelbild des Mondes. Wahrlich, wann hat es jemals auf dieser Welt einen derart überwältigenden Anblick gegeben?

Wenn der Mond hoch am Himmel steht, wenn die einzelnen Sterne der Plejaden nacheinander aufgegangen sind und gemeinsam erstrahlen, entfaltet sich das atemberaubende Schauspiel in seiner ganzen Schönheit.

Die Laternen haben schon einige Meilen zurückgelegt, wenn sie endlich hier angetrieben kommen. Und sie haben noch eine lange Strecke vor sich. Im Verlauf ihrer Fahrt erlöschen einige auf halbem Wege, andere stoßen ans Ufer, wo sie sich im Gestrüpp verfangen. Dann sind da noch jene, die, sobald sie in die Strömung geraten, von Kindern mit Stöcken herausgefischt werden; hin und wieder läßt die Besatzung eines Fischerbootes eine oder zwei von ihnen ganz nebenbei mitgehen. So kommt es, daß es mit der Zeit immer weniger Laternen werden. Und wenn sie so den Fluß hinabtreiben, bieten sie einen Anblick trauriger Verlassenheit, eben weil es mit der Zeit immer weniger werden. Wo die Lampen schon fast außer Sichtweite sind, versinkt alles in fast totale Finsternis. Sie gleiten und gleiten dahin, und immer wieder fällt eine aus.

Obwohl auf ihrer Reise den Fluß hinunter eine ganze Reihe der Laternen irgendwo hängenbleibt und eine weitere große Anzahl untergeht, glaubt doch kein Mensch, daß diese Laternen von Geistern weggenommen wurden.

Dennoch freuen sich die Menschen von ganzem Herzen, wenn die Laternen von weither herangetrieben kommen, und ohne jede Skepsis lassen sie sie an sich vorüberziehen. Nur wenn sie sich schließlich in der Ferne dem Blick entziehen, dann empfinden die Leute unwillkürlich eine Art Leere.

»Diese Flußlaternen, wohin treiben sie eigentlich?«

Die meisten Zuschauer stehen dann auf und gehen nach Hause.

Am Ende wirkt nicht nur der Fluß verlassen, auch die

Ufer werden leer und einsam. Schaut man jetzt möglichst weit flußabwärts, wird man wieder eine Laterne untergehen sehen. Schaut man noch weiter, sieht man noch zwei, die gleichzeitig erlöschen. Zum Schluß hat es also doch noch den Anschein, als würde sich ein Geist nach dem anderen der Lampen bedienen.

Nachdem die dritte Doppelstunde* geschlagen hat, ist das Ufer menschenleer und keine einzige Laterne mehr zu sehen. Die Wasser des Flusses sind ruhig wie eh und je, winzige Wellen kräuseln sich in einer sanften Brise. Der Mond verteilt seinen Glanz nicht, wie auf dem Meer, in blitzenden Pailletten über das Wasser. Er versinkt mit seinem Schein bis auf den Grund des Stroms. Man könnte glauben, den Männern auf den Fischerbooten wäre es ein leichtes, ihn zu greifen und ihn an Bord zu holen.

Am Südufer des Flusses stehen dichte Weidengehölze. An seinem Nordufer liegt die Stadt Hulan.

Die Menschen, die vom Laternenfest heimgegangen sind, werden jetzt wohl alle schlafen. Nur der Mond scheint noch immer auf den Fluß hinab.

3.

Auch die Opernaufführungen unter freiem Himmel finden am Flußufer statt, und ebenfalls im Herbst. Zum Beispiel kommt es häufig vor, daß nach der Herbsternte Opern aufgeführt werden, um Himmel und Erde zu danken. Denn wenn im Sommer Dürre herrscht, stecken sich die Menschen geflochtene Weidenkränze ins Haar und bitten um Regen, tagelang laufen sie singend und Trommeln schlagend durch die Straßen. Wer um Regen bittet, darf keine Schuhe tragen. Der Drachengott bekommt dann Mitleid

* 11 bis 1 Uhr nachts; der Tag teilte sich in zwölf Doppelstunden.

mit den armen Menschen, die sich dort unter der Sonne die Fußsohlen verbrennen, und er läßt es regnen. Sobald es regnet, ist die Opernaufführung im Herbst beschlossene Sache, denn die Menschen haben es im Sommer versprochen. Einen Eid muß man einlösen, und eine Oper, die man versprochen hat, muß auch aufgeführt werden.

Drei Tage lang dauert die Oper.

Auf der Sandbank am Flußufer wird mit dem Aufbau der Bühne begonnen. Sie wird aus einfachen Brettern und Stäben gezimmert; darüber setzt man ein Dach aus Schilfmatten, so daß ein bißchen Regen keinen Schaden anrichten kann und man vor der Sonne vollkommen geschützt ist.

Wenn die Bühne aufgebaut ist, werden zu beiden Seiten Zuschauertribünen errichtet, die sogar über Sitzreihen verfügen. Ganz oben zu sitzen ist besonders schön, denn hier weht ein kühles Lüftchen, und man kann alles überschauen. Es ist jedoch nicht leicht, an einen Sitzplatz heranzukommen, es sei denn, man ist Beamter oder Mitglied der ortsansässigen Gentry*. Eintrittskarten werden nämlich nicht verkauft; auch mit Geld sind also die guten Plätze nicht zu erstehen.

Allein für den Aufbau der Bühne braucht man drei, manchmal fünf Tage. Steht erst einmal das Gerüst, dann sagen die Stadtbewohner: »Das Gerüst für die Oper haben sie aufgebaut.« Steht das Dach, sagen sie: »Das Dach für die Bühne ist fertig.«

Es folgen die beiden Zuschauertribünen, die auf beiden Seiten entlang der Bühne angebracht werden und sich genau gegenüberstehen; sie erstrecken sich auf eine beträchtliche Länge von ungefähr hundert Metern.

Wenn es so aussieht, als sei die Bühne bald fertig, laden die Leute ihre Verwandten und Freunde ein.

Eine verheiratete junge Frau beispielsweise, die ihrem El-

* Die Gentry war die soziale Schicht der herrschenden Grundherren und Beamten.

ternhaus einen Besuch abgestattet hat*, wird zum Abschied (auf dem Weg zum Hause der Schwiegermutter) von ihrer Mutter vor das Tor geleitet. Die Mutter winkt und ruft ihr nach:

»Zur Opernaufführung im Herbst laden wir dich wieder ein.«

Und während sich der Wagen mit der Tochter immer weiter entfernt, blickt ihr die Mutter mit Tränen in den Augen nach und wiederholt: »Zur Opernaufführung kommst du wieder her.« Woraus ersichtlich wird, daß es einem dabei nicht um die Oper geht, sondern auch darum, daß Töchter und Schwiegersöhne anreisen und daß ungeheuer viel passiert.

Wenn in dem einen Hause die Tochter herangewachsen, in jener Familie der Sohn ins heiratsfähige Alter gekommen ist, dann treten die Heiratsvermittlerinnen auf den Plan. Die Ehen werden am Fuße der Bühne zwischen den Eltern gestiftet, und am ersten oder dritten Tag der Oper können sich die Verlobten in Augenschein nehmen. Manchmal weiß auch nur die Familie des Jungen Bescheid, nicht aber die des Mädchens, das nennt man dann »heimliche Brautschau«. Sollte aus der Sache nichts werden, ist es nicht weiter schlimm, auf diese Art hat man etwas mehr Freiheit, und das Mädchen weiß gar nichts davon.

Das erklärt natürlich, warum sich alle Mädchen, die die Opernvorführungen besuchen, besonders hübsch herausputzen. Sie tragen nur neue Kleider, legen Rouge auf und malen sich die Lippen rot, und der Pony ist wie mit dem Lineal geschnitten. Der Zopf ist so ordentlich geflochten, daß kein Härchen aus der Reihe tanzt; unten ist er mit roten oder grünen Schleifen zusammengebunden, manchmal auch

* China war (und ist größtenteils noch heute) ein patrilokales Land, d.h. daß die Söhne im Hause blieben, die Familie versorgten und die Sippe fortsetzten, während die Töchter mit der Heirat zur Familie des Mannes zogen.

mit kirschroten oder hellblauen. Sie spazieren so geziert daher, als wären sie irgendwo zu Besuch, und beim Melonenessen bleibt der Kopf gerade, und die Augen sind keusch nach unten gerichtet – mit einem Wort, sie benehmen sich so vornehm, als hätten sie sich alle schlagartig in Töchter aus gutem Hause verwandelt. Die einen haben lange mattschwarze Kleider angelegt, die anderen blaßviolette Gewänder, auch silbergraue sind dabei. Einige der Mädchen tragen gesäumte Kleider, die hellblauen mit einer schwarzen, die kirschroten aus ausländischem Tuch mit einer tiefblauen Borte versehen. Dazu passen blaue oder schwarze, buntbestickte Schuhe aus Satin. Viele Motive finden sich unter diesen Stickereien, Libellen und Lotusblumen, auch Päonien.

In der Hand hält das Mädchen ein Taschentuch, im Ohr trägt sie lange Ohrringe. Man nennt sie hier »Getreideährenohrringe«, die es in zwei Ausführungen gibt, einmal die aus Gold und Jade, einmal die kupfernen mit einer Farbglasur. Wer etwas mehr Geld hat, leistet sich die goldenen, die weniger Wohlhabenden müssen mit Ohrringen aus Glas vorlieb nehmen. Gleichwohl sind beide Arten wunderschön anzuschauen, wenn sie so am Ohr hin und her schaukeln und dabei tiefgelb und dunkelgrün leuchten. Wenn dann noch im Gesicht des jungen Mädchens die Andeutung eines zarten Lächelns liegt, fragt man sich unwillkürlich, aus welch edlem Hause das betreffende Fräulein wohl stammen mag.

Auch die verheirateten Frauen machen sich nach alter Gewohnheit zurecht, sie treffen sich vor der Bühne mit ihren Schwestern aus der Nachbarschaft und unterziehen sich einer gegenseitigen kritischen Beurteilung. Die da drüben ist sehr hübsch, die andere dort hat besonders schönes, schwarzes Schläfenhaar. Die eine trägt einen Armreif im neusten Stil aus dem Juwelierladen »Üppiger Reichtum«, jene eine zierliche Haarspange. Und die Satinschuhe der Frau dort, wie wunderschön sind sie bestickt!

Die alten Damen tragen zwar nichts Auffälliges, dafür sind sie um so ordentlicher, um so adretter gekleidet. Die Pfeife in der Hand, das Haar sauber gescheitelt, bieten sie einen Anblick milder Freundlichkeit.

Bevor noch die erste Oper aufgeführt wird, herrscht in Hulan reges Treiben. Töchter und Schwiegersöhne schwärmen herbei, was schon der Kinderreim besingt:

»Kommt zusammen, eilt herbei,
Großvater lädt zur Oper ein.
Holt's Töchterlein, den Schwiegersohn,
Auch's Enkelchen will dabei sein.«

Bald sind die Zweite und die Dritte Tante mit den kleinen Neffen eingetroffen, die ganze angeheiratete Verwandtschaft versammelt sich zu diesem Ereignis. In jeder Familie geht es auf gleiche Weise zu; Hühner werden geschlachtet, Wein wird eingekauft, man begrüßt sich lachend und schwatzt über Neuigkeiten aus der Sippe. Meistens sind die so interessant, daß man bis zur dritten Nachtwache aufbleibt und wer weiß wieviel Lampenöl darüber verschwendet. Im Dorfe Sowieso wird eine junge Frau aufs grausamste von ihrer Schwiegermutter gequält. In der und der Familie hat es der Opa so weit mit der Sauferei getrieben, bis er sich davon die Gicht geholt hat. Wieder in einer anderen Familie hat eine Neuvermählte nach knapp einem Jahr von Zwillingen entbunden, und man weiß von einem vierzehnjährigen Knaben zu berichten, den man mit einer Neunzehnjährigen verlobt hat. Im Schein der Lampen und des Kerzenlichts läßt es sich die halbe Nacht hindurch gemütlich plaudern.

Hat eine Familie mehrere Töchter, die alle schon verheiratet und aus dem Hause sind, dann kommt es durchaus vor, daß sich diese Schwestern zwei, drei Jahre lang nicht gesehen haben. Denn normalerweise zieht die eine nach Osten, die andere nach Westen, und wenn sie nicht durch einen

Fluß getrennt sind, dann liegt bestimmt ein Berg zwischen ihnen. Außerdem hat jede eine große Kinderschar zu versorgen und zahlreiche Pflichten im Hause der Schwiegermutter wahrzunehmen. Daß man sich da noch einen Besuch abstattet, ist so gut wie ausgeschlossen.

Wenn also alle Töchter auf einmal im Hause der Mutter zusammentreffen, dann kommt es ihnen vor, als hätten sie sich dreißig Jahre nicht mehr gesehen. Und wenn sie sich dann gegenüberstehen, wissen sie nicht, wo sie beginnen sollen; sie sind ganz fürchterlich verlegen, obwohl es sie drängt zu sprechen. Dann öffnen sie den Mund, doch gleich ist ihnen schon wieder alles peinlich, und im nächsten Augenblick bedeckt Schamesröte Gesicht und Ohren. Wieder verstreichen Minuten, bis das Herz nicht mehr ganz so heftig pocht und das Gesicht gegenüber allmählich aus dem Dunst der Fremdheit auftaucht und vertraute Formen annimmt. Endlich ringt man sich ein paar Sätze ab, die mit den eigentlichen Empfindungen überhaupt nichts zu tun haben, etwa:

»Wann bist du angekommen?« Oder: »Hast du alle Kinder dabei?«

Über all die Dinge, die jahrelang zurückliegen, wagt man nicht, ein einziges Wort zu verlieren.

Als Außenstehender könnte man den Eindruck gewinnen, es handele sich hier keineswegs um Schwestern, denn sie lassen sich nicht die kleinste Spur von Vertrautheit oder gar Herzlichkeit anmerken. Es wird auch nicht klar, was sie überhaupt miteinander zu schaffen haben, es scheint, als würden sie sich nicht einmal kennen, als wären sie sich im Leben nie zuvor begegnet und stünden sich heute zum erstenmal gegenüber. Sie legen eine ungewöhnliche Reserviertheit an den Tag.

Doch ist das alles nur äußerlich, in ihrem tiefsten Innern sind sie untrennbar verbunden. Und seit zehn Tagen oder vielleicht einem halben Monat denken sie an nichts anderes als an dieses Treffen, seit dem Tag nämlich, an dem sie die Einladung der Mutter erhalten haben. In dem Brief stand, daß alle Schwestern zur Opernaufführung nach Hause kommen werden.

Von jenem Tag an steht schon fest, was sie den Schwestern schenken wollen.

Ein Paar Schuhe aus feinem schwarzen Wollstoff, eigenhändig genäht und bestickt. Vielleicht ist aber die ortsansässige Färberei besonders berühmt für ihr buntes Leinen. Dann wird man zwei Ballen weißen Stoffes dorthin geben und die Leute ermahnen, ihre Arbeit ja sorgfältig und liebevoll auszuführen. Einen Ballen läßt man weiß mit blauem Muster färben, den anderen blau mit weißen Ornamenten. Das Motiv auf dem blauen Stoff zeigt den daoistischen Heiligen Liu Hai mit einer Kröte und einer Geldschnur, das auf dem weißen Stoff besteht aus Libellen, die Lotusblüten umschwärmen. Den einen bekommt die ältere, den anderen die jüngere Schwester.

Jetzt hat man all diese Dinge im Gepäck dabei. Nach ein, zwei Tagen, zu einer ruhigen Nachtstunde, holt man eins davon behutsam aus dem Grunde des Koffers hervor, legt es der Schwester hin und sagt:

»Nimm doch diesen wollenen Bettüberwurf hier mit nach Hause!«

Nur der eine Satz wird gesprochen. Er erweckt keineswegs den Anschein, als würde man ein Geschenk überreichen, ganz im Gegensatz zu den heutigen Gepflogenheiten. Da wird beim Geschenkeverteilen streng darauf geachtet, daß auch rechts und links genug Leute dabeistehen, die in große Ahs und Ohs ausbrechen und sich sogleich erkundigen, von welchem Berg, von welchem Meer die Sache herbeigeschafft worden ist. Und sollte das Geschenk nur aus der Gegend um ein kleines Flüßchen stammen, dann muß auch noch der Status dieses Flüßchens angehoben werden, indem man ausruft, wie selten es ist und wie sehr sich die

Dinge, die man dort erstehen kann, von dem abheben, was man sonst überall bekommt, beziehungsweise von den Produkten, die um andere kleine Flüßchen herum hergestellt werden.

Die Leute vom Lande sind so unbeholfen; sie wollen etwas ausdrücken, aber es gelingt ihnen nicht, die richtigen Worte zu finden. Das Geschenk wird sang- und klanglos übergeben, und damit hat es sich schon. Die das Geschenk in Empfang nimmt, kann sich genausowenig artikulieren, nicht einmal »Danke« kann sie sagen. Manche protestieren noch schwach, am Ende nehmen sie es aber doch. »Behalt es, du kannst es doch auch gebrauchen!« Selbstverständlich wird die Schwester drängen, das Geschenk anzunehmen, und spätestens dann behält man es.

Jede Tochter, die ihrem Elternhaus anläßlich der Opernaufführung einen Besuch abstattet, führt eine Unmenge kleiner Geschenke mit sich. Eine Kleinigkeit für die Eltern, hier etwas für den Bruder und die Schwägerin, dort etwas für den Neffen und die Nichte. Jedes Mitglied der großen Verwandtschaft wird mit einer Aufmerksamkeit bedacht. Wer die meisten Geschenke mitbringt, wer sämtliche Angehörige der älteren und jüngeren Generation gleichermaßen beschert, der gilt als besonders zuvorkommend und gütig.

Über all diese Dinge wird in jeder Familie lang und breit geredet, jedoch müssen erst die Opernlieder verklungen und die Bühne abgebaut sein.

Die angereisten Töchter müssen ihrerseits eine Reihe von wertvollen Dingen mitnehmen, wenn sie in die Familie der Schwiegermutter zurückkehren. Darunter befinden sich nicht immer nur nützliche Gegenstände; auch mancherlei kulinarische Köstlichkeiten sind dabei, von der Mutter eigenhändig verpacktes Pökelfleisch, von der Schwester selbst zubereiteter Dörrfisch. Und von der Wildgans, die der Bruder in den Bergen erlegt hat, gibt es noch eine große Keule, die die junge Frau für den Schwiegervater mitnehmen soll, damit er sie mit einem Tropfen Wein verzehren kann. All diese Geschenke liegen am Vorabend der Abreise in Säcken und Packen umher, und alle sind vollauf damit beschäftigt, sie gut zu verstauen – so sehr, daß den Abschied nehmenden Schwestern nicht einmal mehr die Zeit bleibt, sich richtig auszusprechen. Große und kleine Pakete stapeln sich zu einem gewaltigen Haufen.

Neben den Verwandtenbesuchen und Treffen mit Freunden ereignen sich auch noch viele andere erfreuliche Dinge, wenn die Oper spielt, die Verlobungen nämlich zwischen dem Jungen der einen und dem Mädchen der anderen Familie. Jetzt wird festgelegt, daß im Zweiten oder Dritten Monat des folgenden Jahres die Hochzeit stattfinden soll. Der Verlobungswein ist schon getrunken, nur noch die »kleinen Geschenke« müssen ausgetauscht werden. Diese kleinen Geschenke besiegeln auf formaler Ebene die Verlobung, und wenn die Verhandlungen soweit gediehen sind, wird die Tochter aus dem Hause Ost als neue Braut im Hause West betrachtet.

Es kommt durchaus vor, daß beide Familien vom Lande zur Oper anreisen, ohne daß der Junge oder das Mädchen dabei sind. Die Ehe wird zwischen den Eltern und der Heiratsvermittlerin ausgehandelt. Es kann auch passieren, daß einer in geselliger Runde beim Wein dem anderen seine Tochter verspricht. Es kommt auch vor, daß die Kinder zweier Familien noch nicht einmal geboren sind und schon füreinander bestimmt werden; das nennt man dann eine »Eheschließung im Mutterleib«. Diese Sitte wird aber eher von wohlhabenden Leuten praktiziert.

Es handelt sich um zwei sehr reiche Familien, die eine betreibt die ortsansässige Schnapsbrennerei, die anderen sind einflußreiche Großgrundbesitzer aus dem Weißen Bannerdorf. Die einen pflanzen Gaoliang an, die anderen machen Schnaps. Die Schnapsbrenner benötigen Gaoliang, während die anderen darauf angewiesen sind, ihr Getreide zu verkaufen. Ohne Gaoliang kein Schnaps, ohne Schnapsbrennerei kein Verkauf von Gaoliang. Nun trifft es sich gerade, daß in beiden Familien zwei Frauen schwanger sind und ungefähr zur gleichen Zeit niederkommen werden, und so schließt man eine »Ehe im Mutterleib«.

Dabei ist es ganz gleich, welche Familie den Jungen und welche das Mädchen bekommt, Hauptsache ist, daß ein männliches und ein weibliches Kind geboren werden, damit ist das Ehepaar perfekt. Werden zwei Knaben geboren, kann beim besten Willen nicht geheiratet werden, sind es zwei Mädchen, geht es ebensowenig.

Leider überwiegen die Nachteile so einer Ehe im Mutterleib die Vorteile bei weitem. Wenn zum Beispiel eine der beiden Parteien auf halber Strecke in eine finanzielle Misere gerät, der Schnapsbrenner pleite macht oder der Großgrundbesitzer seine Ländereien verkaufen muß, dann hat die Gegenpartei keine Lust, die Tochter aus der verarmten Familie zu heiraten beziehungsweise ihr ihre eigene Tochter zu überantworten. Ist die Familie des Mädchens in Finanznöte geraten, dann geht es gerade noch, denn wenn der Junge sie daraufhin nicht heiraten will, dann kann ihr Vater nichts dagegen machen. Ist dagegen die Familie des Jungen ruiniert, dann wird sie darauf bestehen, daß die Heirat zustande kommt, lehnt nun das Mädchen aufgrund der neuen Entwicklung eine Ehe ab, dann ist das schlecht für ihren Ruf, man wird sagen, erst habe sie der Familie des Jungen »geschadet«, um sie in den Ruin zu treiben, und dann wolle sie sich auch noch der Heirat entziehen. Der Aberglaube, der das Wort »schaden« umgibt, besagt, daß einem Mädchen durch schlechtes Karma vorherbestimmt sei, diese oder jene Familie ins Unglück zu stürzen. Mit diesem Stigma wird es ihr sehr schwerfallen, einen anderen Ehemann zu finden, und über kurz oder lang hängt man ihr den Spitznamen »schädliche alte Jungfer« an. So bleibt ihr gar keine andere Wahl, man ist froh, wenn man sie überhaupt unter die Haube bekommt, auch wenn sie eine schlechte Partie macht. Doch bald werden die anderen Schwägerinnen sich die Mäuler darüber zerreißen, wie unwillig sie sich an die dürftigen Verhältnisse anpasse und wie sehr sie sich nach dem gewohnten Reichtum sehne, und sie werden sie auf hunderterlei Weise verunglimpfen. Der Mann wird sie daraufhin auch nicht mehr mögen, und die Schwiegereltern beginnen sie zu mißhandeln. Schließlich wird so ein junges und unerfahrenes Ding den vielen Schmähungen nicht mehr standhalten können und zu ihrer Mutter zurückkehren. Diese Mutter, bei der einst die Ehe im Mutterleib beschlossen worden war, kann auch nichts für sie tun, und darum sagt sie nur: »Das ist eben dein Schicksal, das mußt du ertragen.«

Der jungen Frau aber bleibt es ein Rätsel, warum ihr so ein hartes Los beschert wurde, und häufig geht die Sache nicht gut aus: Sie springt in den Brunnen, oder sie hängt sich auf.

Ein altes Sprichwort behauptet: »Frauen können nicht auf dem Schlachtfeld kämpfen.« Im Grunde ist das Gegenteil der Fall, diese Brunnen sind nämlich sehr tief. Würde man ganz unverfänglich einen Mann fragen, ob er es wagte, in einen Brunnen zu springen, fürchte ich, er würde mit Nein antworten. Eine junge Frau jedoch, die bringt den Mut auf. Wobei man im Felde auch nicht zwangsläufig sterben muß, es kommt ebenso vor, daß man heil wieder nach Hause zurückkehrt und sich auch noch einen Beamtenposten sichert. Springt man aber in einen Brunnen, dann ist es sehr schwer, am Leben zu bleiben, die meisten ertrinken jedenfalls.

Wieso stehen auf den Ehrenbögen für tugendhafte Frauen* keine Verse, die ein Loblied auf diejenigen Frauen sin-

* Steinbögen zu Ehren von Frauen, die nach konfuzianischer Vorstellung besonders keusch, tugendhaft und aufopfernd gegenüber der Familie (ihres Mannes) waren und auch nach dessen frühen Tod ihrem Ehemann treu blieben.

gen, die ihrem Leben durch einen Sprung in den Brunnen ein Ende bereiteten? Das haben die Menschen, die die Inschriften auf den Ehrenbögen verfassen, willentlich unterschlagen. Denn fast immer ist es ein Mann, der die Ehrenbögen errichtet, und zu Hause hat er selbst eine Frau. Würde er solche Lobeshymnen schreiben, dann käme vielleicht seine Frau, wenn er sie wieder einmal schlägt, auch auf die Idee, sich in den Brunnen zu stürzen. Wer würde sich dann der Kinderschar annehmen? Aus diesem Grund steht über diese Taten nie etwas geschrieben, während man sich nach wie vor über Sanftmut, Kultiviertheit und Höflichkeit sowie die Kindespietät gegenüber den Schwiegereltern ausläßt.

Bevor die Oper überhaupt begonnen hat, spielen sich derartige Dinge ab. Sobald aber die Aufführungen anfangen, wogt vor der Bühne ein Meer von Menschen, und es herrscht ein unerträgliches Gedränge. Die Leute, die die Bühne aufgebaut haben, verstehen sich ausgezeichnet auf ihr Handwerk und haben als Standort eine lange, völlig ebene Sandbank ausgewählt, die glatt und sauber zugleich ist, und wo man sich seine Kleidung kein bißchen beschmutzt, wenn man einmal hinfällt. Die Sandbank ist eine halbe Meile lang.

Die Leute lachen und schwatzen in einem fort, und wer weiß denn, ob sie der Vorführung überhaupt folgen? Sie machen mehr Lärm als Trommel und Gong zusammen. Erscheint mal einer in einem roten Gewand auf der Bühne, wirft man ihm einen flüchtigen Blick zu und nimmt dabei verschwommen wahr, daß gerade ein Grüngekleideter abtritt. Alles andere entzieht sich der Aufmerksamkeit, und ob da oben nun besonders schön gesungen wird, das hört kein Mensch. Die Zuschauer am Bühnenrand können gerade noch erkennen, wenn ein Schauspieler ohne Bart seinen Mund aufreißt, um eine Arie vorzutragen, die weiter entfernt Stehenden vermögen nicht einmal genau festzustellen, ob die Gestalt im roten Kleid dort oben eine Männer- oder eine Frauenrolle verkörpert. Man könnte meinen, bei einem Puppenspieler gäbe es mehr zu sehen.

Käme aber tatsächlich ein Puppenspieler des Wegs und finge zu singen an, wäre niemand bereit, seiner Darbietung zu folgen – die Leute in der Nähe der großen Bühne schon gar nicht, und jene, die sogar zwei Meilen davon entfernt stehen, genausowenig. Selbst wenn man da vorn ein Nikkerchen hält – man hält es unterhalb der großen Bühne und nicht bei irgendeinem Nebenschauspiel. Das ganze Jahr hindurch geschieht nichts, was so sehenswert ist wie die Opernaufführung, wie könnte man sie da leichtfertig verschmähen? Darum ist es ganz ausgeschlossen, daß man nicht erscheint, ganz gleich ob man zuschaut oder nicht.

Und so kommen auch die Leute vom Land angereist, mit mehrspännigen Pferdefuhrwerken, Ochsenkarren, geschmückten Kutschen und kleinen Wägelchen, die von einem Muli gezogen werden. Was immer man besitzt, es wird vor den Wagen gespannt, und wer weder Pferde noch andere Haustiere sein eigen nennt, der läßt sich und seinen bunt geschmückten Wagen von einem Eselchen in die Stadt ziehen.

Bei ihrer Ankunft drängen sich die Kutschen auf der Sandbank, während die Pferde auf der Wiese grasen, die Mulis zum Fluß hinuntertraben und trinken. Alle Wagen haben ein Sonnendach aufgespannt, so daß sie wie lauter kleine Bühnen aussehen, die fernab der Hauptbühne in einer Reihe stehen. Die ganze Familie ist mit ihrem einzigen Wagen erschienen, jung und alt, drei Generationen – von der Oma bis zur Frau des Enkels. Von hier aus sind es noch gut hundert Meter bis zur Bühne, da kann man nichts hören und kaum etwas erkennen. Und was man sieht, sind lediglich ein paar rote und grüne Figuren, die dort oben im Kreis laufen, komische Hüte aufhaben und merkwürdige Kleidung tragen. Wer kann schon genau sagen, was diese Gestalten da treiben. Es gibt Leute, die auch nach drei Tagen nicht den

Namen einer einzigen Aufführung kennen. Nach ihrer Rückkehr ins Dorf können sie stundenlang von ihren Erlebnissen berichten, fragt man sie aber beiläufig, welche Stücke denn gegeben wurden, dann werden sie nur blöd glotzen und verstummen.

Die Kinder, die sich vor der Bühne tummeln, kennen sich noch weniger aus, sie registrieren nur, daß einer einen langen Bart hat, ein anderer ein angemaltes Gesicht. Ansonsten ist für sie das Ganze ein ewiges Gewühle von umherwirbelnden Messern, Pistolen, Knüppeln und Lanzen. Wesentlich wichtiger ist für sie, daß unterhalb der Bühne Sojagelee und allerlei Süßigkeiten verkauft werden, die sie sich nach Belieben schmecken lassen können. Und wer sich an Kuchen, öltriefenden Mantou und Pudding immer noch nicht satt gegessen hat, der kann noch auf genügend andere Köstlichkeiten wie Wasser- und Honigmelonen zurückgreifen; alles wird vor der Bühne feilgeboten. Dichte Fliegenschwärme werden davon angelockt und kreisen summend darüber.

Vor der Bühne vollführen dröhnende Gongs und Trommeln einen Höllenlärm. Die Opernsänger fürchten anscheinend, die Menschen in der Ferne könnten sie nicht hören, und schreien verzweifelt gegen den Krach an. Sie schreien sich die Kehlen heiser und können sich doch nicht durchsetzen. Die Leute vor der Bühne haben ganz und gar vergessen, daß hier eigentlich eine Oper gespielt wird, sie sind in anregende Unterhaltungen verwickelt, und Männer wie Frauen diskutieren die letzten Neuigkeiten aus dem weiteren Familienkreis. Unter ihnen befinden sich auch entfernte Verwandte, die sich normalerweise das ganze Jahr hindurch nicht begegnen. Heute trifft man sich nun wieder – wie sollte man sich da etwa nicht begrüßen? Und so geschieht es, daß eine Dritte Tante hier und eine Zweite Schwägerin dort ihre Stimmen in der Menschenmenge erheben. Vielleicht steht plötzlich eine ältere Frau von ihrem Platz unter dem Sonnendach der Zuschauertribüne auf und ruft: »Zweite Tante, wann seid ihr denn angekommen?« Daraufhin wird die Angesprochene ihrerseits lautstark antworten. Die Zuschauertribüne ist ja nicht sehr weit von der Bühne entfernt, gerade hier kann man den Gesang ganz gut hören, und darum ist es auch ziemlich still. Junge Damen und Mädchen knabbern Melonen und trinken Tee. Eine derart ohrenbetäubende Unterhaltung über ihre Köpfe hinweg empfinden sie zwar als störend, jedoch wagen sie nicht, sich zu beschweren. Denn wenn sie um etwas Ruhe bitten würden, würde es nur Flüche hageln.

»Die Oper ist nicht für dich allein hier, wenn du Opern hören möchtest, dann bestell dir gefälligst eine Privataufführung nach Hause!« Und die andere würde sagen: »Ja, ja, so was habe ich auch noch nicht erlebt, kaum spielt hier mal die Oper, da zählt schon die Verwandtschaft nichts mehr, nicht mal was sagen darf man ...«

Das ist noch ziemlich harmlos. Es kann sich auch etwas weniger höflich anhören, zum Beispiel so: »Na, du kleine Nutte, wir wissen ja, wie du deinen Mann ernährst! Und deine Großmutter war auch schon eine alte Fotze ... Mein Leben lang habe ich mir von niemandem etwas sagen lassen, aber ausgerechnet du willst mich hier maßregeln? ... doch deine Mutter!« Wenn die so Beschimpfte nichts darauf zu sagen hat, dann ist die Sache nach einer kleinen Weile erledigt und vergessen, gibt sie aber Widerworte, dann bekommt man natürlich noch einiges Unerfreuliche zu hören. Dann dauert es auch nicht lange, bis die ersten Schläge ausgetauscht werden und Geschosse von Melonenschalenkaliber hin und her fliegen. Die Menschen, die gekommen sind, die Oper zu schauen, werden unverhofft zu den Hauptdarstellern ihres eigenen Stückes, und wie die Bienen kommen die anderen herbeigeschwärmt, um bei diesem echten Fluch- und Hautheater, wie das Leben es schreibt, dabeizusein. Ein paar Herumtreiber und ähnliches Gesindel feuern die Streitenden auch noch an, was allerseits schallendes Gelächter auslöst. Ist gar eine der Beteiligten eine junge Frau, dann heizen diese schrecklichen Rüpel die Stimmung womöglich noch mit ein paar deftigen Sprüchen an, was die Betreffende in noch größere Rage versetzen und zu noch kräftigeren Flüchen verleiten wird.

Natürlich ist die Alte schuld, denn sie hat zuerst diesen Ton angeschlagen. Wenn der Kampf aber erst einmal ein Weilchen tobt, ist es egal, wer recht und wer unrecht hat.

Zum Glück lassen sich die Schauspieler auf der Bühne nicht aus der Fassung bringen. Sie singen weiter, als sei nichts geschehen. Nach einer Weile wird sich der Tumult legen, und schließlich kehrt wieder Ruhe ein.

Ferner wird unterhalb der Bühne auch angebandelt, meistens zwischen Leuten vom Schlage der Frau aus dem Tofuladen an der Südstraße oder der Frau des Getreidemühlenbesitzers. Die Müllerin hat sich in einen Kutscher verguckt, ein Hersteller von Tofu tauscht Blicke mit der Tochter aus dem Kornladen. Manchmal werden diese Blicke von beiden Seiten geworfen, manchmal erfolgt die Buhlerei auch nur von einer Seite, während die andere deutlich signalisiert, daß man Lichtjahre voneinander entfernt ist. Dieses Phänomen trifft man meist dann an, wenn der soziale Status und die Einkommensverhältnisse der beiden Parteien ungleich sind.

Doch auch unter den Mitgliedern der Gentryschicht wird geflirtet. Man sitzt auf der Zuschauertribüne beieinander und wirft verstohlene Blicke nach rechts und links. Unter der weit verzweigten Verwandtschaft ist es ja unvermeidlich, daß man näher hinschaut, zumal die Frauen und Mädchen sich besonders herausgeputzt haben und einen so hübschen Anblick bieten.

Wenn ein Angehöriger der Gentry im Hause eines anderen zu Besuch ist, dann kann er nicht einfach die Tochter der Familie unentwegt anstarren, das würde einem Vertreter seiner Schicht nicht anstehen und gälte als äußerst unmoralisch. Wenn das Mädchen ihrem Vater von so einem Verhalten berichtete, dann würde der sofort die Beziehungen zu einem solchen Freund abbrechen. Das wäre vielleicht nicht so schlimm, aber sein Ruf würde sehr darunter leiden, wenn die Geschichte die Runde machte. Ein Vertreter der Gentryschicht hat von edler Gesinnung zu sein, wie könnte er da so unehrenhaft handeln, gegenüber der Tochter eines Freundes, unter Mißachtung sämtlicher Regeln der Pietät, Absichten zu hegen – das tun schließlich nur die Leute der niederen Klassen. Wenn sich Vertreter der Gentryklasse einen Besuch abstatten, wird man zuerst einmal ins Empfangszimmer gebeten, wo man würdevoll Platz nimmt und ein wenig später Tee trinkt und raucht. Die Etikette fordert, daß man sich gegenseitig mit dem größten Respekt behandelt. Auch die Frauen und Kinder des Freundes behandeln den Gast mit gebührender Hochachtung. So darf er allenfalls den Ältesten Jungen Herrn* fragen, wie viele Bücher er gelesen hat oder wie viele Schriftzeichen er mittlerweile beherrscht. Nicht einmal mit der Gattin des Freundes darf er sich sonderlich unterhalten, von der Tochter ganz zu schweigen: Es ist ihm nicht einmal gestattet, den Kopf in ihre Richtung zu wenden und genauer hinzuschauen schon rein gar nicht.

Riskiert man jedoch auf der Zuschauertribüne einen Blick, dann macht das gar nichts, und wenn jemand fragt, dann hat man sich gerade nach einem Freund umgeschaut, der vielleicht auf der anderen Tribüne sitzt. Außerdem ist hier alles so voller Menschen, daß wahrscheinlich niemand darauf achtet. Man guckt nach allen Seiten, kann aber die Tochter des Freundes nirgendwo entdecken, dafür erblickt man eine andere Frau, die man irgendwo schon einmal gesehen hat. Sie hält einen winzigen Fächer aus Gänsefedern in

* *Da shaoye* = »der große junge Herr«, ältester Sohn einer reichen Familie; höfliche Anrede.

der Hand, hinter dessen Rand sie vorsichtig herüberschaut. Obgleich sie schon verheiratet ist, sieht sie doch so jung, so hübsch aus. Jetzt müßte unser Gentry-Mann eigentlich von seinem Platz aufspringen und laut pfeifen, um seiner Freude Ausdruck zu verleihen. Jedoch wäre es ganz unstatthaft für einen Vertreter der alten chinesischen Gentryschicht, sich so aufzuführen, er verhält sich demnach ganz anders. Mit halb geschlossenen Augen blinzelt er geheimnisvoll in die Richtung der schönen Frau und deutet ihr so seine unendliche Liebe an. Leider sitzt sie zu weit von ihm entfernt und kann womöglich gar nicht erkennen, was er da macht, und vielleicht verschießt er sein Pulver ganz umsonst.

Dann gibt es auch jene, die in bewußter Mißachtung des Verbots der Eltern und des Willens der Heiratsvermittlerin eigenmächtig den Bund fürs Leben schließen. Das kommt meistens unter Cousins und Cousinen der besser gestellten Schichten vor. Der junge Herr und das Fräulein schwören sich, ein Leben lang zusammenzubleiben. Hin und wieder stellen sich den Liebenden die Eltern in den Weg, woraus zahlreiche Verwicklungen erwachsen. Doch gerade diese Verwicklungen sind ja das Schöne an der Sache, und wenn die Leute sie hin und her diskutieren, dann finden sie das viel interessanter, als den *Traum der roten Kammer** zu lesen. Wenn man sich im nächsten Jahr zur Oper wieder trifft und unter Schwestern und Cousinen diese wunderbare Episode zur Sprache bringt, wie bereichert sie da allerlei süße Erinnerungen ...

Die Leute vom Land, die mit ihren Karren zur Opernaufführung angereist kommen, schlagen ihr Lager am Flußufer

* *Hongloumeng,* ein Roman von Cao Xueqin (1715–63), der bis heute der bekannteste und beliebteste klassische chinesische Roman geblieben ist. Er handelt vom Untergang einer chinesischen Feudalfamilie und schildert mit seinen zahlreichen Protagonisten sehr vielschichtige romantische Handlungen und Nebenhandlungen. Deutsch von Franz Kuhn im Insel Verlag, Frankfurt am Main, 1977.

auf. Wenn nachts die Gesänge verklungen und alle nach Hause gegangen sind, bleiben nur noch sie mitsamt ihren Pferden und Kutschen übrig. Wie bei einem Feldzug wird unter freiem Himmel gelagert. Die einen bleiben nur eine Nacht und kehren am zweiten Abend heim. Die anderen bleiben während der gesamten Dauer der Oper, drei Nächte lang, hier. Es braucht wohl nicht besonders erwähnt zu werden, daß die Sandbank in der Nacht einen überwältigenden Anblick bietet; jede Familie hat ein Feuer zu brennen, an dem man sitzt und Tee trinkt oder einfach nur plaudert. Letztendlich sind es aber doch zu wenig Menschen und kaum mehr als zwanzig, dreißig Wagen. Daher reichen die Lagerfeuer nicht aus, um den Himmel zu erleuchten, und es herrscht eine etwas trübselige Stimmung. Beim Einbruch der Nacht legt sich die Kälte des Flusses auch auf das Ufer, und die Leute müssen höllisch frierend einschlafen. Vor allem die Kutscher kommen nicht zur Ruhe, aus Angst, ihr Zugvieh werde ihnen gestohlen, und so halten sie sich wach und warten auf das Morgengrauen.

Zum Schluß sitzen nur noch zwei oder drei von ihnen unter einer Papierlaterne und spielen Karten. Sie spielen, bis es hell wird und sie ihr Pferd am Flußufer zum Trinken führen können. Dort zieht gerade ein Krabbenfängerboot vorbei.

Der Alte auf dem Boot ruft:

»*Die Rache des Fischers* gestern war gar nicht übel; heute wollen sie ja wohl *An der Beuge des Flusses Fen* geben!«

Der sein Pferd gerade zur Tränke führt, hat nicht die geringste Ahnung von der großen Oper. Er lauscht nur dem Geglucker seines trinkenden Tieres und gibt folglich auch keine Antwort.

4.

Das große Tempelfest zu Ehren der Göttin der Vielen Kinder* wird ebenfalls für die Geister und Seelen und nicht für die Menschen begangen. Man nennt es hier »zum Tempel schlendern«, und jung und alt, Männer wie Frauen, beteiligen sich daran, obgleich die Frauen dabei in der Mehrzahl sind.

Die jungen Frauen stehen an diesem Morgen schon zeitig auf, frühstücken und erledigen ihre Morgentoilette. Danach holen sie hier noch eine Nachbarin, dort eine Freundin ab, und man geht gemeinsam zum Tempel. Manche haben es so eilig, daß sie sich gleich nach dem Aufstehen waschen, kämmen und schminken, dann erst noch rasch frühstücken und sofort danach losgehen. Jedenfalls möchte sich niemand verspäten an dem Tag, wenn man »zum Tempel schlendert«, und es ist noch nicht einmal Mittag, da drängen sich schon die Massen vor dem Tempel, daß kaum noch Luft zum Atmen bleibt.

Kinder, die im Gewühl verlorengegangen sind, stehen hilflos heulend herum; andere können in der Menschenmenge die Mutter nicht finden und schreien, Zwei- bis Vierjährige und Einjährige, die gerade eben erst laufen gelernt haben.

Darum setzt man jedes Jahr zur Tempelfeier ein paar Polizisten ein, die diese Kinder einsammeln. Sie postieren die Kinder auf die Terrasse vor dem Tempeleingang, wo sie darauf warten, von ihren Angehörigen abgeholt zu werden. Jedoch sind gerade diese Kinder keine Helden, sie reißen die Mäuler auf und brüllen aus Leibeskräften; sie heulen ganz erbärmlich, und Kopf und Gesicht sind schweißnaß. Ein

* Wörtlich: »Die Mutter der Söhne und Enkel«, eine Göttin, die für Nachwuchs sorgen soll. Sie steht für weibliche Keuschheit, ist eine Schutzherrin der Ehe, und der Legende nach besitzt sie selbst die klassische Kinderzahl: fünf Söhne und zwei Töchter.

Elf- oder Zwölfjähriger geht auch schon mal verloren. Aber wenn man ihn fragt, wo er denn wohne, dann zeigt er mal nach links, mal nach rechts, und sagt dann, daß vor dem Haus seiner Familie ein kleiner Graben entlang führe, in dem es Krabben gäbe und der darum der »Krabbengraben« hieße. Vielleicht heißt aber auch nur der Wohnort des Kindes so, doch kann hier keiner mit dem Namen etwas anfangen.

Fragt man nun das Kind, wie weit denn dieser Krabbengraben von der Stadt entfernt sei, dann gibt es zur Antwort: Zu Pferde bräuchte man ungefähr so lange, wie der Verzehr einer Mahlzeit dauert, mit dem Wagen dauerte es ungefähr drei Mahlzeiten lang. Eine genaue Angabe über die Entfernung hat es also nicht machen können. Fragt man es nach seinem Namen, dann sagt es, der Großvater heiße Shi Er, der Vater Shi Cheng ... bis einem die Lust vergeht, weitere Fragen zu stellen. Denn fragte man es, ob es schon gegessen habe, würde es womöglich erwidern: »Ja, ich habe schon geschlafen.« Es hat alles keinen Sinn, und man läßt das Kind laufen und selbst sein Glück versuchen. So steht denn immer eine Schar großer und kleiner Kinder heulend und schreiend vor dem Tempeleingang wie eine Horde Vieh, und die Polizisten passen auf sie auf.

Der Tempel der Göttin der Vielen Kinder steht auf der Großen Nordstraße, nicht weit vom Tempel des Alten Herrn* entfernt. Die Menschen, die der Göttin ihre Aufwartung machen wollen, damit sich ihr Wunsch nach Nachkommen erfülle, müßten eigentlich geradewegs zum Tempel der Göttin gehen und dort Weihrauch entzünden. Sie glauben aber, daß auch im Jenseits Männer mehr gelten als Frauen, darum wagen sie nicht, gegen die Ordnung des Himmels zu verstoßen. So gehen sie zunächst einmal zum

* Gemeint ist möglicherweise Guan Di, der edle Kämpfer aus der Zeit der Drei Reiche (3. Jh.), der später zum Kriegsgott erhoben wurde, oder eine lokale Schutzgottheit.

Tempel des Alten Herrn, und erst wenn sie die Zeremonien des Glöckchenläutens und Kotaumachens vollzogen haben, als hätten sie sich sozusagen per Kniefall zur Stelle gemeldet, begeben sie sich zum Tempel der Göttin.

Im Tempel des Alten Herrn stehen mehr als zehn große Statuen, wobei man nicht weiß, welche ihn selbst darstellt. Sie wirken äußerst gebieterisch und ehrfurchteinflößend, und sie sind gewiß einmalig auf dieser Welt. Einigen dieser Statuen sind die Finger abgebrochen, und nun stehen sie da und strecken ihre fingerlosen Hände nach vorn. Anderen hat man die Augen ausgebohrt, sie wirken nun blind. Auf die Zehen einiger Statuen hat irgend jemand eine Unzahl von Schriftzeichen gekritzelt, deren Inhalt nicht sehr vornehm ist und der Würde eines Gottes nicht ganz entspricht. Da steht in etwa, diese Statue möge sich doch eine Frau suchen, sonst könnte sie angesichts der Dinge, die die Mönche mit den Nonnen trieben, noch eifersüchtig werden. Die Inschrift ist inzwischen entfernt worden, aber es wird überliefert, daß dies der ungefähre Wortlaut war.

Wegen dieser Sache hat der Distriktsmagistrat angeordnet, daß alle Tempel bis auf den Ersten und Fünfzehnten eines jeden Monats verschlossen zu halten seien, um dem Gesindel den Zutritt zu verwehren.

Der ortsansässige Magistrat führt gern die konfuzianischen Tugenden der Humanität und Gerechtigkeit im Munde. Man sagt, seine Fünfte Nebenfrau habe er sich aus einem buddhistischen Nonnenkloster geholt. Schon aus dem Grunde ist er fest davon überzeugt, daß eine Nonne nicht mit einem Mönch anbandeln würde. Seit uralten Zeiten hat man Nonnen und Mönche auf eine Stufe gestellt. Man darf ihnen nicht einfach Machenschaften unterstellen, die für gewöhnliche Menschen gelten. Und jene plappern einfach irgend etwas daher, ohne sich über die Folgen im klaren zu sein. So war zum Beispiel die Fünfte des Distriktmagistrats mal eine Nonne, aber wer würde behaupten, sie habe sich mit einem Mönch eingelassen? Das ist doch ein Ding der Unmöglichkeit!

Darum hat auch ihr Gatte befohlen, die Türen der Tempel zu verriegeln.

Im Tempel der Göttin herrscht etwas mehr Ruhe. Es gibt auch dort einige Statuen, überwiegend weibliche Figuren, die meistens nicht ganz so grimmig dreinschauen. Sie sehen fast wie normale Menschen aus. Wer die große Tempelhalle betritt, wird nicht gleich Angst bekommen. Es versteht sich von selbst, daß die Göttin der Vielen Kinder eine sanfte weibliche Ausstrahlung besitzt. Aber auch die übrigen weiblichen Götterstatuen haben so gar nichts Furchterregendes an sich, schlimmstenfalls ist ihr Haar ein bißchen zerzaust. Niemals stoßen ihnen Flammen aus den Augen, niemals sperren sie den Mund auf wie ein Tiger, der seine Beute anspringt, so wie das bei den Statuen im Tempel des Alten Herrn der Fall ist.

Nicht nur kleine Kinder fangen vor Angst zu heulen an, wenn sie den Tempel des Alten Herrn betreten, selbst ausgewachsene Männer erfaßt eine respektvolle Ehrfurcht, als würden sie denken, wenn es sich diese Gottheit in den Kopf setzt, einen Kampf vom Zaun zu brechen, dann würde sie mich ganz schön verprügeln. Wer also im Tempel des Alten Herrn seinen Kotau macht, der tut es mit mehr Inbrunst, denn die Statuen sind wirklich groß und stark. Im Tempel der Göttin verbeugt man sich zwar auch ehrerbietig, aber man findet die Statuen dort nicht besonders einschüchternd. Es war ein Mann, der diese Statuen modelliert hat. Er hat den Frauen ein sanftes Aussehen verliehen, als würde er die Frauen sehr verehren. Dagegen hat er die männlichen Figuren wild und böse dargestellt, als sei die männliche Natur besonders schlecht. Das stimmt so natürlich nicht, denn ganz gleich, wie böse sie auch sein mögen, es hat auf der ganzen Welt noch niemals einen Mann gegeben, dessen Augen Feuer sprühen. Obgleich man sagen könnte, daß die

Augen der Ausländer aus dem Westen anders als die der Chinesen sind, besteht der Unterschied doch allenfalls darin, daß sie stahlblaue Augen haben, die ein bißchen denen von Katzen gleichen. Aber Feueraugen haben selbst sie nicht. Eine Menschenrasse mit feuerspeienden Augen hat diese Welt noch nicht gesehen. Man muß sich also fragen, warum die Hersteller von Götterstatuen sie dann mit diesem Attribut ausstatten? Nun, damit sie einem Angst einflößen, damit man seinen Kotau nicht halbherzig macht, sondern mit Überzeugung. Erhebt man sich dann und schaut sich noch einmal um, wird man es nicht bereuen, man wird nicht mit dem unbefriedigten Gefühl zurückgelassen, man habe seine Kotau ganz umsonst vor einem durchschnittlichen Menschen ohne besondere Eigenschaften verrichtet. Und umgekehrt kann man so weit gehen zu behaupten, daß der Hersteller von weiblichen Statuen, indem er ihnen ein sanftmütiges Wesen verlieh, gleichzeitig deren Gutgläubigkeit hervorheben wollte. Gutmütigkeit aber fordert den Betrug heraus; er will uns folglich nahelegen, diese Göttin zu betrügen.

Gutmütigkeit wird nicht nur vom anderen Geschlecht ausgenutzt, auch den Geschlechtsgenossinnen geht da jedes Mitgefühl ab. Begibt sich zum Beispiel eine junge Frau zur Göttin der Vielen Kinder, dann betet sie nur um Söhne und Enkel. Nachdem das Gebet gesprochen ist, geht sie gleich wieder hinaus, denn sie hat nicht die Absicht, weitere Ehrerweisungen vorzubringen. Sie findet, daß die Göttin nichts weiter ist als eine einfache Frau, und damit hat es sich – höchstens, daß sie ein paar Kinder mehr besitzt.

Und so wird ein Mann auch sagen, wenn er seine Frau verprügelt: »Lebt nicht selbst die Göttin in ständiger Angst, vom Alten Herrn geschlagen zu werden? Dann hast du alte Klatschbase es erst recht verdient!« Daran sieht man, daß es eine gottgewollte Sache ist, wenn Männer ihre Frauen schlagen, und für Götter und Geister gilt genau dasselbe. Kein Wunder, daß die Frauenstatuen im Tempel der Göttin so sanft und unterwürfig aussehen, das kommt daher, daß sie so oft geschlagen werden. Ferner erkennt man bei der Gelegenheit auch, daß Sanftmut mitnichten eine hervorragende Charaktereigenschaft ist, sondern nur das Ergebnis vieler Schläge, mehr noch, sie lädt sogar zur Mißhandlung ein.

Die Menschen haben inzwischen in beiden Tempeln ihre Gebete gesprochen, sind wieder herausgetreten und drängen sich auf der Straße. Hier wird vielerlei Spielzeug verkauft, hauptsächlich für die ganz Kleinen. Hähne aus Ton gibt es, in deren Schwänzen zwei Hühnerfedern stecken, was nicht ganz ihrer Anatomie entspricht. Dafür ziehen sie die Aufmerksamkeit der Leute auf sich, und jeder findet so einen Hahn viel schöner als einen lebendigen. Wer ein kleines Kind bei sich hat, kommt nicht umhin, einen zu kaufen. Zumal der Hahn gleichzeitig als Pfeife fungiert, wenn man ihn an die Lippen setzt und hineinbläst. Hat man einen tönernen Hahn erstanden, fällt der Blick sogleich auf eine andere kleine Tonfigur, die am Rücken ebenfalls ein Loch hat, in dem ein Schilfrohr steckt. Auch dieser Figur kann man einen Ton entlocken, wenn man hineinbläst, allerdings hört es sich ein bißchen kläglich und nicht eben schön an. Die Kinder aber lieben die kleinen Tonfiguren, und die Mütter müssen ihnen eine kaufen. Außerdem werden noch Pfeifen und kleine Bambusflöten angeboten, Stoffschmetterlinge und Stehaufmännchen. Letztere sind mit Abstand die größte Attraktion und am begehrtesten. Jede Familie kauft ein Stehaufmännchen, die Reichen ein großes, die Armen ein kleines. Die großen sind 30 bis 60 Zentimeter hoch, unter den kleinen gibt es ganz winzige von der Größe eines Enteneis. Egal ob groß oder klein, sie sind alle gleich munter. Stößt man sie um, so richten sie sich im Handumdrehen wieder auf. Man muß sie an Ort und Stelle ausprobieren, denn wenn sie von einem Anfänger gefertigt wurden, kann es passieren, daß das Hinterteil zu groß geraten ist und sie nicht umkippen, oder aber sie kippen um und stehen nicht mehr auf. Weil die möglichen Käufer jedes einzelne Stehaufmännchen ausprobieren und alle antippen, um zu sehen, welches sich am schnellsten wieder aufrichtet, herrscht am Stand ein reges Auf- und Abgewippe, umringt von einer lachenden Kinderschar. Die Stehaufmännchen sind außerdem sehr hübsch, weiß und dick, und gleichen überhaupt nicht einem alten Opa, obwohl sie ja »Opa, der nicht umfällt« heißen. Eigentlich sehen sie wie ein pummeliges Kind aus. Die ein bißchen liebevoller gearbeitet sind, haben am Kopf noch ein Büschel undefinierbarer Haare zu kleben und kosten zweihundert Käsch mehr als die Glatzköpfigen. Einige Kinder bestehen energisch darauf, die mit Haaren zu bekommen, während die Mutter nicht zweihundert Käsch mehr bezahlen will. Sie verspricht, der Puppe daheim ein paar Hundehaare anzukleben. Das Kind aber will nur ein Stehaufmännchen mit Haaren haben, es sucht sich eins aus, umklammert es innig und läßt es nicht mehr los. Der Mutter bleibt nichts anderes übrig, als dieses zu kaufen. Beglückt trägt das Kind sein Stehaufmännchen nach Hause, wo man dann feststellt, daß das Haarbüschel irgendwo unterwegs verlorengegangen ist; nun ist das Geschrei groß. Obwohl die Mutter der Puppe ein paar Hundehaare anklebt, empfindet das Kind sie nicht als echt und lange nicht so schön wie die alten. Vielleicht waren die alten ja auch nichts anderes als Hundefell und nicht einmal so schön wie die neuen. Doch das Kind ist partout nicht zufriedenzustellen und bleibt bis zum Abend untröstlich.

Das Tempelfest löst sich am Nachmittag auf. Das Tor bleibt jedoch geöffnet, denn einige Menschen wollen noch Weihrauch anzünden und zu Buddha beten. Und wie in jedem Jahr treiben ein paar Frauen, die noch keine Söhne geboren haben, ihren Schabernack mit der Göttin der Vielen Kinder: Sie stecken ihr Knöpfe in den Rücken, wickeln ihr Bänder ums Bein, behängen sie mit Ohrringen und setzen ihr eine Brille auf. Oder sie stiebitzen ein Baby aus Ton, das die Göttin in den Armen hält, im Glauben, daß auch sie dann im nächsten Jahr einen Sohn zur Welt bringen.

Vor dem Eingang des Tempels stehen unzählige Händler, die Bänder anbieten, und die Frauen reißen sich darum, sie zu kaufen. Denn so ein Band kann vielleicht einen Sohn mit sich bringen. Ersteht ein unverheiratetes Mädchen versehentlich so ein Band, dann wird sie zur Zielscheibe heitersten Gespötts.

Wenn das Fest zu Ehren der Göttin vorbei ist, besitzt jede Familie ein Stehaufmännchen; bis zu einem Umkreis von 18 Meilen bringt jeder eins aus der Stadt mit. Zu Haus stellt man es dann in den Türeingang, damit jeder Vorbeigehende auf den ersten Blick erkennen kann, daß diese Familie auch wirklich ein Stehaufmännchen erstanden hat. Es ist ein klarer Beweis dafür, daß man es nicht versäumt hat, zum Tempel zu schlendern. Im Lied klingt das so:

»Große Schwester, jung und fein
Schlendert in die Stadt hinein.
Wiegt sich in den Hüften fein
Bringt ein Stehaufmännchen heim.«

5.

All diese Feste werden für die Geister veranstaltet, ganz gewiß nicht für die Menschen. Selbst die Opernaufführungen und die Tempelbesuche stellen lediglich angenehme Begleiterscheinungen dar, während man im Grunde großartigere Ziele verfolgt. Beim Tanz der Schamanin sind Geister anwesend, und die Oper wird eigentlich für den Drachenkönig aufgeführt. Die Flußlaternen setzt man am 15. des Siebten Monats für die toten Seelen aufs Wasser, damit sie mit ihrer Hilfe den Weg in eine neue Existenz finden mögen. Am 18. Tag des Vierten Monats verbrennt man Weihrauch und macht Kotau, um den Geistern seine Ehrerbietung zu bezeugen.

Allein der Yangge wird nur für die Lebenden getanzt. Das passiert am 15. Tag des Ersten Monats, wenn die Arbeit auf den Feldern ruht. Man nutzt die Neujahrsstimmung, um sich zu kostümieren und zu schminken; die Männer verkleiden sich als Frauen, was sehr drollig aussieht und größte Heiterkeit erregt.

Vom Löwentanz, den Drachenlaternen, den Landboot-Volkstänzen und allen anderen Festen, die ebenfalls zu Ehren der Geister veranstaltet werden, wären zu viele zu erwähnen, als daß sie hier ausführlich behandelt werden könnten.

Drittes Kapitel
Großvater

I.

In der kleinen Stadt Hulan lebte mein Großvater.

Als ich zur Welt kam, war Großvater schon weit über sechzig, und als ich fünf oder sechs wurde, näherte sich sein siebzigster Geburtstag.

Unsere Familie besaß einen Garten, den Bienen, Schmetterlinge, Libellen und Heuschrecken bevölkerten; alles kreuchte und fleuchte hier. Es gab gelbe und weiße Schmetterlinge, das waren die kleinsten, und nicht einmal die schönsten. Die schönen waren die leuchtendroten mit dem Goldstaub auf den Flügeln.

Die Libellen waren goldgelb, die Heuschrecken grün, und die Bienen summten auf Bienenart umher, am ganzen Körper mit weichem Flaumhaar bedeckt. Wenn sich eine auf einer Blüte niederließ, blieb sie reglos dort sitzen wie ein kleines Wollknäuel. Unser Garten schillerte von all den roten und grünen Farben, sie verliehen ihm eine strahlende Schönheit.

Dem Vernehmen nach soll der Garten eigentlich einmal ein Obstgarten gewesen sein. Großmutter, die gern Obst aß, hatte ihn anlegen lassen. Doch da sie genauso gern Schafe hielt, knabberten die Tiere die Obstbäume an, bis diese schließlich eingingen. Soweit ich zurückdenken kann, gab es bei uns nur einen Kirschbaum und einen Pflaumenbaum, da sie aber kaum Früchte trugen, nahm ich ihre Existenz seinerzeit nicht wahr. Als ich klein war, gab es für mich in unserem Garten nur die große Ulme.

Sie stand in einem Winkel im Nordwesten des Anwesens. Kam Wind auf, hörte man ihn zuerst durch das Geäst der

Ulme heulen. Nach dem Regen stieg der Dampf zuerst aus ihr empor. Sobald die Sonne aufging, glitzerten die Blätter der Ulme in ihrem Schein, sie schimmerten ebenso wie die Muscheln auf der Sandbank im Fluß.

Großvater verbrachte den ganzen Tag im Garten, und ich verbrachte dort meine Tage gemeinsam mit ihm. Großvater trug einen breiten Strohhut und ich einen kleinen. Pflanzte er Blumen, dann tat ich es auch. Jätete er Unkraut, dann jätete auch ich. Wenn Großvater Chinakohl säte, folgte ich hinterdrein und glättete den Boden. Allerdings machte ich meine Arbeit nicht sehr ordentlich, sondern schob nur, wie es mir gerade in den Sinn kam, mal mit dem linken, mal mit dem rechten Fuß, Erde in die Löcher, und vieles ging daneben. Nicht nur, daß ein großer Teil der Löcher gar nicht erst geschlossen wurde, ich stieß auch noch gegen die Samen, so daß sie davonflogen und ihr Ziel gar nicht erst erreichten.

So ein kleiner Chinakohl wächst ungeheuer schnell, schon nach ein paar Tagen zeigten sich die ersten Keimlinge. Und ehe man es sich versah, konnten wir ernten.

Wenn Großvater Erde umgrub, mußte ich auch umgraben, doch weil ich noch viel zu klein war, konnte ich die Hacke gar nicht heben. Großvater entfernte dann den Stiel, damit ich mit dem »Kopfende« graben konnte. Graben ist nicht ganz der richtige Ausdruck, denn es reduzierte sich meistens auf ein Buddeln hier, ein Herumstochern dort. Auch wußte ich nie zwischen einem Setzling und dem Unkraut zu unterscheiden, regelmäßig riß ich den Schnittlauch aus, während ich Borstenhirse für richtige Hirse hielt und stehenließ. Wenn Großvater die Borstenhirse sah, die noch überall mein umgegrabenes Beet bedeckte, fragte er mich: »Und was ist das da?«

»Das ist Hirse.«

Da mußte Großvater herzlich lachen, und als er fertig gelacht hatte, rupfte er ein Unkraut heraus und fragte erneut: »Das hier bekommst du also jeden Tag zum Essen?«

Da sagte ich: »Ja.« Als dann Großvater immer noch lachte, fügte ich hinzu: »Wenn du's mir nicht glaubst, hol ich dir welche aus dem Haus, dann kannst du ja sehen!« Ich lief hinein und nahm eine Hirseähre, die auf dem Vogelbauer lag. Schon von weitem warf ich sie Großvater zu und rief:

»Ist das nicht dasselbe?«

Langsam und geduldig erklärte mir Großvater, daß man Hirse an der Granne erkenne. Die grüne Borstenhirse habe keine Granne, sondern nur ein Büschelschwänzchen, weshalb man sie ja auch Hundeschwanzkraut nenne. Obgleich mir Großvater den Unterschied genau erläuterte, schaute ich nicht richtig hin und hörte auch nur halb zu; mein Blick fiel nämlich gerade auf eine dicke Gurke, die eben herangereift war, und ich lief hinüber, um sie zu pflücken und auf der Stelle zu kosten. Die Gurke war noch nicht aufgegessen, als ich eine große Libelle vorbeifliegen sah. Da ließ ich die Gurke fallen und lief der Libelle nach. Doch die flog so schnell, wie hätte ich sie jemals einholen können? Von Anfang an war klar, daß ich sie niemals fangen würde, sondern ihr nur ein paar Schritte nachlaufen wollte, um mich dann einer anderen Sache zuzuwenden.

Hier pflückte ich eine Kürbisblüte, dort fing ich eine große dunkelgrüne Heuschrecke, der ich eine Schnur ans Bein band. Nach einer Weile baumelte das abgeschnürte Bein an der Strippe, während die Heuschrecke verschwunden war.

Des Spielens überdrüssig geworden, lief ich zu Großvater, um dort weiter Unfug zu treiben. Goß er zum Beispiel die Pflanzen, dann erbot ich mich eifrig, ihm dabei zu helfen, nur traf ich dabei merkwürdigerweise nie die Blumen, sondern verspritzte mit aller Kraft das Wasser aus der Kürbisschöpfkelle gen Himmel, und ich schrie: »Es regnet, es regnet!«

Die Sonne schien so stark von dem gewaltig hohen Himmel in den Garten herein, ihre Strahlen beleuchteten jeden Winkel. Sie blendeten so, daß man die Augen schließen mußte, daß die Regenwürmer sich nicht aus der Erde hervorwagten und Fledermäuse in ihren dunklen Verstecken blieben. Alles, was von der Sonne beschienen wurde, wirkte gesund und schön, und wenn ich meine Hände gegen den Stamm der großen Ulme klatschte, dann machte es ein herrliches Geräusch, und wenn ich laut rief, dann war mir, als würde mir die Mauer, vor der ich stand, Antwort geben.

Blüten öffneten sich wie aus tiefem Schlaf erwacht. Vögel flogen umher, als wollten sie bis in den Himmel aufsteigen. Insekten zirpten, als unterhielten sie sich. Alles lebte, und jedes Lebewesen besaß unbegrenzte Fähigkeiten; was es erreichen wollte, würde ihm gelingen, und zwar genauso, wie es ihm beliebte. Alles war frei. Wenn sich die Melone am Gerüst emporranken wollte, dann tat sie es, wollte sie aber lieber am Haus hochklettern, dann tat sie eben das. Hatte die Gurke Lust, eine wilde Blüte zu treiben, dann trieb sie eine wilde Blüte, wollte sie eine Frucht reifen lassen, dann geschah es so. Was nicht blühen und Früchte tragen wollte, blieb karg, und niemand fragte danach. Wenn der Mais hoch hinaus schießen wollte, dann tat er es, und wenn er vorgehabt hätte, bis in den Himmel zu wachsen, niemand hätte ihn daran gehindert. Schmetterlinge flogen nach Lust und Laune hin und her. Bald kam ein gelbes Schmetterlingspärchen über die Mauer geflogen, bald flog ein weißer Schmetterling über die Mauer davon. Von welchem Hof kamen sie, zu welchem Haus flogen sie? Nicht einmal die Sonne wußte es.

Der Himmel war endlos blau; er erstreckte sich in weite Höhen und tiefe Fernen. Doch kamen weiße Wolken angesegelt, so flogen sie als dichte silbergestreifte Ballen über Großvaters Kopf hinweg, ganz als wollten sie seinen Strohhut nach unten drücken.

Vom Spielen müde geworden, suchte ich mir am Fuße der Hausmauer ein schattiges kühles Plätzchen zum Schlafen. Ich brauchte kein Kissen, ich brauchte kein Sonnendach; ich schob mir nur meinen Strohhut tief ins Gesicht und schlief sofort ein.

2.

In Großvaters Augen lag immer ein freundliches Lächeln, und wenn er lachte, dann lachte er wie ein kleines Kind. Großvater war ein hochgewachsener, kräftiger Mann, der gern einen Spazierstock bei sich führte und immer und ewig an seiner langstieligen Tabakpfeife zog. Wenn er einem kleinen Kind begegnete, mußte er sich unweigerlich einen Spaß mit ihm erlauben, indem er sagte: »Schau, da oben am Himmel fliegt ein Spätzchen.« Wenn das Kind dann hinaufblickte, nahm er ihm die Mütze weg und versteckte sie unter seiner Weste, manchmal auch im Ärmel. Dann sagte er: »Der Spatz hat deine Mütze gestohlen.«

Alle Kinder kannten Großvaters Trick, und keines glaubte an den Spatzen. Sie umklammerten sogleich sein Bein und fühlten in seinen Ärmeln herum, oder sie zerrten am Vorderteil seines Gewandes, bis sie die Mütze gefunden hatten.

Großvater spielte das Spiel immer wieder, und immer versteckte er die Mütze an derselben Stelle, entweder im Ärmel oder unter seiner Weste. Nie geschah es, daß ein Kind seine Mütze nicht fand, ganz als hätten beide Parteien sich abgesprochen: »Ich tu sie hierher, und da mußt du sie auch suchen!«

Dieses Spiel trieb er unermüdlich, ganz wie alte Omas den Kindern immer wieder die Geschichte von der »Tigerjagd im Gebirge« erzählen. Und wenn die Kinder sie zum hundertsten Male hören, sie werden immer noch begeistert in die Hände klatschen und Schreie des Entzückens ausstoßen.

Jedesmal, wenn Großvater sich mit einem Kind diesen

Scherz machte, lachten beide, bis sie nicht mehr konnten, so als würden sie dieses Theater zum erstenmal aufführen. Leute, die ihnen dabei zusahen, mußten gewöhnlich auch lachen, weniger über Großvaters Trick, sondern darüber, daß er immer wieder darauf verfiel, dem Kind die Mütze wegzunehmen; das fanden sie weitaus komischer.

Großvater verstand sich nicht sonderlich auf finanzielle Dinge, und alles, was den Haushalt betraf, wurde von meiner Großmutter geregelt. Großvater tat nichts anderes, als seine Tage in völliger Freiheit und Sorglosigkeit müßig zu vertändeln. Zum Glück war ich schon groß, fast vier Jahre alt, sonst wäre er sich ja schrecklich einsam vorgekommen. Ich konnte laufen, ich konnte rennen. Und wenn ich zum Laufen zu müde war, trug Großvater mich auf dem Arm, wenn ich dann wieder laufen konnte, nahm er mich an der Hand. Vom Morgen bis zum Abend, im Haus und im Hof, wich ich nicht von Großvaters Seite, und weil er die meiste Zeit im Garten verbrachte, war auch ich fast immer dort anzutreffen.

Als ich noch klein war, hatte ich keine Spielkameraden, denn ich war das erste Kind meiner Mutter.

Meine Erinnerung reicht sehr weit zurück, bis zu der Zeit, als ich erst zwei oder drei Jahre alt war. Ich entsinne mich, wie mich meine Großmutter damals mit einer Nadel in den Finger stach. Darum mochte ich sie nicht. Die Fenstergitter unseres Hauses bestanden innen aus einer eingefaßten Glasstruktur, an den Rändern waren die Fensterspalten jedoch mit Papierstreifen zugeklebt. Großmutter hatte einen Sauberkeitsfimmel, und folglich leuchteten ihre Papierfenster stets weißer als alle anderen im Haus. Sobald man mich in ihr Zimmer trug und auf dem Kang absetzte, lief ich zum Fenster hinüber und begann, ohne mir viel dabei zu denken, ein paar Löcher in das schöne weiße Scherenschnittmuster des papiernen Fensterteils zu bohren. Solange mich niemand daran hinderte, stach ich geradezu zwanghaft eine Menge

Löcher in das Fenster, hatte man mich aber ertappt und ermahnt, dann sah ich mich genötigt, um so schneller noch möglichst viele Löcher zu bohren. Wenn mein Finger das Fensterpapier berührte, fühlte es sich wie eine kleine Trommel an, und »peng, peng« machte es dann auch, wenn es aufplatzte. Je mehr Löcher ich schaffte, desto zufriedener war ich mit mir, und wenn es Großmutter schließlich gelungen war, mich einzufangen, dann war ich voller Stolz auf mein Werk, klatschte in die Hände und hüpfte vor Freude.

Eines Tages ging Großmutter, als sie mich kommen sah, mit einer großen Nadel ums Haus herum und wartete, bis ich mich wieder an ihrem Fenster zu schaffen machte. Als sich mein Finger durch das Papier bohrte, verspürte ich einen höllischen Schmerz, und ich schrie laut auf. Das war, weil Großmutter mich mit der Nadel gestochen hatte. Von da an, das weiß ich noch genau, mochte ich sie nicht mehr.

Obgleich sie mir Süßigkeiten schenkte, obgleich sie mir von ihrer Hustenmedizin, die aus einem Absud aus Schweinenieren und Schachblumenknolle bestand, ein paar Fleischstückchen abgab – ich aß das Fleisch, aber ich mochte sie nicht.

Kurz vor ihrem Tod, als sie schon schwer krank war, gelang es mir noch einmal, sie zu erschrecken. Sie saß gerade ganz allein auf ihrem Kang und war dabei, Heilkräuter auszukochen. Die Medizin schmurgelte in einem Topf vor sich hin, der über einem Holzkohlebecken stand. Weil im Zimmer absolute Stille herrschte, konnte man die Brühe im Topf brodeln hören. Großmutter bewohnte zwei Räume, einen inneren und einen vorgelagerten Eingangsraum, und wie es der Zufall wollte, war außer mir gerade niemand im vorderen Zimmer. Großmutter bemerkte mich überhaupt nicht, als ich zur Tür hineinschaute, und darum klopfte ich vom Vorderzimmer zweimal kräftig gegen die Holzwand. Ich hörte, wie Großmutter einen Schreckensschrei ausstieß und die Kohlenzange zu Boden fiel. Als ich meinen Kopf das nächste Mal durch die Tür steckte, beschimpfte mich Großmutter nach Strich und Faden. Sie machte sogar Anstalten, mich einzufangen. Da lachte ich und lief davon.

Ich wollte mich mit diesem Streich keineswegs an ihr rächen. Ich war damals gerade erst vier, was verstand ich schon von diesen Dingen. Wahrscheinlich dachte ich nur, es sei ein netter Spaß.

Großvater arbeitete den lieben langen Tag überhaupt nichts, und Großmutter gab ihm nie etwas zu tun. Die einzige Aufgabe, die sie ihm übertrug, war das Polieren der Zinnfiguren, die auf ihrem Sarg* standen. Dabei weiß ich nicht genau, ob Großmutter ihn damit beauftragt hatte, oder ob er diese Aufgabe nicht freiwillig übernahm. Jedenfalls gefiel es mir nicht, wenn er die Zinnfiguren polierte, denn einerseits hatte er dann keine Zeit, mit mir in den Garten zu gehen, andererseits wurde er regelmäßig von ihr gescholten. Großmutter schimpfte ihn einen Faulpelz und behauptete, er habe seine Arbeit nicht ordentlich gemacht. Und immer, wenn Großmutter auf Großvater schimpfte, bekam ich – ich weiß gar nicht, wie es geschah – auch etwas davon ab. Sobald sie so mit ihm herumzeterte, zog ich Großvater an der Hand und sagte: »Laß uns in den Garten gehen.« Vielleicht war das der Grund, warum Großmutter auch auf mich böse wurde.

Sie nannte ihn einen »nichtsnutzigen alten Dickschädel« und mich einen »kleinen, nichtsnutzigen Dickkopf«.

Sobald ich Großvater in unseren Garten hinter dem Haus geführt hatte, betraten wir eine andere Welt. Nicht die beengende Welt des Hauses, sondern eine Welt, in der viel Raum war, in der der Mensch mit Himmel und Erde eins war. Dieses Universum war so groß, so weit; man konnte den

* Früher war es in China üblich, im Alter seinen Sarg im Haus zu haben und ihn sorgsam zu pflegen.

Himmel nicht mit der Hand berühren und die Pracht, die aus der Erde wuchs, mit dem Auge nicht erfassen, man sah nur eine einzige weite Fläche frischen Grüns.

Kaum hatten wir den Garten betreten, rannte ich wie wild davon, als hätte ich ein bestimmtes Ziel im Auge, auf das ich direkt losschießen müßte, als gäbe es dort etwas, das auf mich wartete. In Wirklichkeit gab es nichts dergleichen, ich glaubte nur, daß alles in diesem Garten, ganz gleich was es war, lebendig sei, und meine Beine fingen von ganz allein an zu hüpfen. Großvater fürchtete dann, ich würde mich zu sehr verausgaben, und rief mich zu sich, aber solange ich mich noch nicht richtig ausgetobt hatte, war das ein Ding der Unmöglichkeit. Im Gegenteil, je mehr er mich rief, desto weniger hörte ich auf ihn. Erst wenn ich selbst keinen Schritt mehr laufen konnte, setzte ich mich hin, um auszuruhen. Aber so eine Ruhepause bestand hauptsächlich darin, daß ich mich in ein Gemüsebeet verkroch und mir eine Gurke pflückte. Hatte ich sie aufgegessen, rannte ich schon wieder los.

Obwohl ich wußte, daß der Kirschbaum keine Früchte mehr trug, mußte ich zu ihm hinlaufen und nachschauen, ob nicht doch ein paar Kirschen zu sehen waren. Auch war mir klar, daß an unserem halbtoten Pflaumenbaum keine Pflaumen mehr wachsen konnten, trotzdem mußte ich danach suchen. Dabei rief ich Großvater zu: »Opa, wieso wachsen keine Kirschen mehr am Kirschbaum?« Und Großvater antwortete von weitem: »Weil er nicht geblüht hat, kann er auch keine Früchte mehr tragen.«

»Und wieso hat er nicht geblüht?«

»Weil du so ein Leckermäulchen bist, darum hat er nicht geblüht!« Ich merkte nun, daß Großvater sich über mich lustig machte, und rannte wie wild auf ihn los, als sei ich furchtbar wütend. Doch als Großvater mich dann mit seinen gütigen Augen anschaute, in denen nicht die Spur von

Bosheit lag, mußte ich plötzlich lachen. Ich lachte und lachte und konnte nicht mehr aufhören, ich weiß gar nicht, woher soviel Fröhlichkeit kam. Eine Zeitlang verwandelte sie den Garten in einen lärmenden Ort, denn mein Gelächter war so laut, daß ich meinte, mir müsse das Trommelfell platzen.

In der Mitte des Gartens wuchs ein Rosenstrauch. Im späten Juni fing er an zu blühen und blühte bis in den August hinein. Seine Blütenblätter, die üppig über den ganzen Busch wucherten, waren groß wie Sojasaucenteller. Summend machten sich, von den Blüten angelockt, unzählige Bienen daran zu schaffen.

Wenn ich aller anderen Spiele überdrüssig geworden war, fiel mir ein, daß ich ja Rosen pflücken könnte. Dann füllte ich meinen Strohhut, der mir als Behälter diente, mit den Blüten. Beim Pflücken hatte ich vor zwei Dingen Angst, daß mich die Bienen oder die Dornen stechen könnten. Es war gar nicht so einfach, einen großen Strauß zusammenzubekommen, und als ich damit fertig war, fiel mir zuerst nicht einmal ein, was ich damit anfangen sollte. Plötzlich kam mir ein ganz verwegener Gedanke: Großvater mit einem Hut aus Rosen, das wäre doch hübsch!

Großvater hockte am Boden und jätete Unkraut, während ich ihm seinen Blumenhut verpaßte. Er merkte nur, daß ich irgendwie an seinem Strohhut herumstocherte, aber nicht, was ich genau damit vorhatte. Ich steckte einen Kranz aus Rosen daran fest, zwanzig oder dreißig leuchtendrote Rosen. Dabei kicherte ich vergnügt, und dann hörte ich, wie Großvater sagte:

»Das waren wirklich heftige Regenschauer in diesem Frühjahr; wie die Blüten unseres Rosenstrauches duften! Man kann sie ja bestimmt noch in zwei Meilen Entfernung riechen.«

Da mußte ich so lachen, daß es mich schüttelte und ich kaum noch die Kraft hatte, mit dem Rosenstecken weiterzumachen. Als ich fertig war, hatte Großvater immer noch nichts gemerkt, er rupfte nach wie vor das Unkraut aus den Saathügeln. Ich lief fort und blieb erst stehen, als ich einen sicheren Abstand erreicht hatte, getraute mich aber immer noch nicht, zu ihm hinüberzuschauen, weil ich sonst gleich wieder losgelacht hätte. Also nutzte ich die Gelegenheit, ins Haus zu gehen und nach etwas Eßbarem Ausschau zu halten. Ich war noch nicht wieder hinausgegangen, als Großvater das Zimmer betrat. Sein Kopf mit leuchtendroten Rosen bedeckt, lenkte er sogleich Großmutters Aufmerksamkeit auf sich, und sie brach in lautes Gelächter aus. Auch Vater und Mutter fingen an zu lachen. Aber ich, ich lachte am schlimmsten von allen, ich kugelte mich vor Lachen auf dem Kang.

Großvater nahm seinen Hut ab und sah, daß der Rosenduft nicht auf die heftigen Regengüsse im Frühjahr, sondern auf die Blütenpracht auf seinem Kopf zurückzuführen war. Da legte er den Hut zur Seite und lachte zehn geschlagene Minuten, und nachdem er endlich aufgehört hatte, fing er wenig später wieder an. Immer wenn Großvater die Sache gerade ein bißchen vergessen hatte, warf ich von der Seite ein: »Opa, die heftigen Regenschauer dieses Frühjahr...«, und sofort fing er wieder zu lachen an. Und ich schlug vor Vergnügen einen Purzelbaum auf dem Kang.

So ging es Tag für Tag. Großvater, der Garten und ich, wir drei gehörten untrennbar zusammen.

Ich weiß nicht, wie es für Großvater war; mich stimmten Regentage jedenfalls sehr einsam. Nirgendwo konnte ich hingehen, und ich wußte nicht, was ich spielen sollte. Ein solcher Tag wurde mir unendlich lang – so lang wie eine ganze Reihe von Tagen.

3.

Ich mußte mich aber damit abfinden, daß mir der Garten einmal im Jahr verschlossen blieb. Nach den Herbstregen begann alles Leben dort zu verwelken und zu verwehen; die gelben, verdorrten Blumen sahen jetzt aus, als würden sie gleich ihre Köpfe fallen lassen und schließlich sterben, fast als würden sie von Menschenhand zerstört. Vorbei war es mit der Frische von ehedem, die Pflanzen wirkten erschöpft und gedachten nun auszuruhen, ganz als wollten sie ihre Dinge ordnen und nach Hause gehen.

Auch die große Ulme verlor ihre Blätter. Wenn Großvater und ich uns in ihren Schatten setzten, berührten die herabfallenden Blätter mein Gesicht, sie fielen zu Boden und bedeckten den ganzen Garten.

Es war nur noch eine Frage der Zeit, daß dichter Schnee den Garten unter sich begraben würde. Auch die Hintertür zum Garten versperrte nun eine dicke Dreckschicht, den ganzen Winter über war die Tür mit weißem Reif und Eiszapfen verhangen.

Das Wohngebäude in unserem Anwesen bestand aus fünf Räumen, von denen Großmutter und Großvater und Mutter und Vater jeweils zwei bewohnten. Großmutter gehörten die beiden nach Westen gelegenen Zimmer, Mutter die Zimmer des östlichen Teils. Die fünf Räume lagen in einer Reihe nebeneinander, wobei die Küche in der Mitte war. Alle Zimmer waren mit Glasfenstern ausgestattet, hatten Wände aus soliden grünen Ziegeln und waren mit grauen Dachziegeln gedeckt.

Großmutter bewohnte ein inneres und ein äußeres Zimmer. In ihrem Empfangszimmer standen eine große Truhe, ein Tisch und antike Lehnstühle, auf denen rote Polster lagen. Auf der Truhe stand eine zinnoberrote Tonvase, auf dem Tisch eine Uhr. Rechts und links neben der Uhr waren zwei Hutständer postiert, jedoch wirkten sie insofern zweckentfremdet, als man ihnen ein paar Pfauenfedern aufgesteckt hatte. Als ich klein war, gefielen mir diese Pfauenfedern ungemein, doch Großmutter verbot mir, die goldenen Pfauenaugen, wie ich sie nannte, zu berühren. Sie hatte einen Sauberkeitstick.

Auf Großmutters Truhe gab es eine weitere Uhr, die etwas sehr Merkwürdiges an sich hatte, denn es bedeckte sie das Bild eines jungen Mädchens, das sehr altmodisch gekleidet war. Das Mädchen wirkte auf mich höchst lebendig, und jedesmal, wenn ich Großmutters Zimmer betrat und sonst niemand in der Nähe war, starrte mich das Mädchen an. Ich hatte Großvater mehrfach davon erzählt, aber er sagte immer: »Sie ist nur aufgemalt, sie kann dich gar nicht anstarren.« Doch für mich stand fest, daß das Mädchen sehr wohl in der Lage war, Leute anzuschauen, denn mir kam es vor, als verfolgten mich ihre Augen auf Schritt und Tritt.

Außerdem gab es noch die Figuren, die in Großmutters Truhe eingeschnitzt waren, kleine Menschen in altmodischen Kostümen mit weiten Ärmeln und Beamtenhüten, die Fächer in der Hand hielten. Die Truhe war rundum bedeckt von ihnen, es mochten an die zwanzig oder dreißig sein. Einige dieser Gestalten tranken gerade Wein und speisten, während andere sich in traditioneller Weise mit vor der Brust verschränkten Armen voreinander verbeugten. Ich hätte sie mir gern alle ganz genau angeschaut, aber Großmutter ließ mich die Truhe nicht berühren, und schon von weitem pflegte sie mir zuzurufen: »Faß da bloß nicht an mit deinen dreckigen Fingern!«

An der Wand im inneren Zimmer meiner Großmutter hing eine besonders seltsame Uhr. An ihrem unteren Ende waren zwei Eisenketten angebracht, die in zwei Maiskolben aus Eisen mündeten. Diese beiden eisernen Maiskolben waren viel größer als gewöhnliche, und sie sahen so schwer aus, daß man damit wohl einen Menschen hätte erschlagen können. Bei genauerem Hinsehen konnte man etwas noch

Merkwürdigeres entdecken, nämlich eine kleine Figur mit blauen Augen, die in der Uhr stand und bei jedem Ticken im Sekundentakt die Augen verdrehte. Diese kleine Figur mit den blauen Augen und den gelben Haaren sah so anders aus als alles, was mir vertraut war, und obgleich mir Großvater erklärte, es handele sich hier um eine von den Behaarten, konnte ich nicht einsehen, daß sie überhaupt nach einem Menschen aussah. So stand ich jedesmal leicht verwundert vor der Wanduhr und rätselte, ob diese Haarige wohl immer nur in der Uhr bleiben wollte. Hatte sie denn nie Lust, herauszukommen und zu spielen?

Im Dialekt von Hulan nennt man alle Ausländer »die Haarigen«. Da ich im Alter von vier Jahren noch nie einen Ausländer zu Gesicht bekommen hatte, glaubte ich, daß das Mädchen in der Uhr wegen seiner Lockenpracht so genannt wurde.

In Großmutters Räumen befanden sich außer diesen noch eine Reihe anderer Gegenstände. Weil sie mich aber damals nicht interessierten, habe ich mir nur die wenigen gemerkt, die ich eben beschrieben habe.

Die Gemächer meiner Mutter boten nicht einmal derlei Kunstgegenstände. Dort standen nur ganz normale Schränke mit Goldverzierung herum, auch ein paar Hutständer, Vasen und allerlei mehr oder weniger praktische Gegenstände, die weder schön waren noch einen bleibenden Eindruck bei mir hinterließen.

Unser Haus war so gebaut, daß es außer den vier Wohnräumen noch über zwei weitere, winzige dunkle Hinterzimmer verfügte, von denen eines meiner Großmutter und eines meiner Mutter gehörte. Es handelte sich um Speicherräume, und darin waren die verschiedensten Dinge verstaut. Sie waren mit Tontöpfen, Büchsen, Koffern und Schränken vollgestellt, mit großen und kleinen Körben.

Außer unseren eigenen Sachen gab es auch noch Dinge, die andere Leute bei uns untergestellt hatten.

Es war dort so dunkel, daß man eine Lampe mitbringen mußte, um etwas erkennen zu können. Ratten und Mäuse trieben ihr Unwesen, und Spinnennetze gab es in Hülle und Fülle. Die Luft war auch nicht besonders gut, ständig stach einem der Geruch von Heilkräutern in die Nase.

Mir waren die Rumpelkammern eine Quelle größten Vergnügens. Immer wenn ich aufs Geratewohl eine der Truhen öffnete, förderte ich garantiert irgend etwas Schönes zutage, hier ein buntes Seidengarn, dort Seidenbänder in jeder erdenklichen Farbe; Duftbeutel, Stoffgürtel, Hosenbeine, hufeisenförmige Manschettenknöpfe und bestickte Hemdkragen. Diese altmodischen Dinge ergänzten sich herrlich in den Farben und waren so hübsch anzuschauen. Häufig bargen die alten Koffer auch jadegrüne Ohrringe und Fingerringe, mit denen ich unbedingt spielen wollte, woraufhin mir Mutter meistens wahllos einen von ihnen zuwarf.

Außerdem standen hier auch einige Kommoden herum, deren Schubladen viele noch interessantere Dinge enthielten – Messingringe, ein Messer mit Holzgriff, ein Bambuslineal und Guanyinpulver*, Dinge, wie ich sie anderswo nie gesehen hatte. Die Schubladen waren stets unverschlossen, so daß ich sie jederzeit nach Herzenslust öffnen und darin herumstöbern konnte. Mein Vorgehen war daher nicht allzu systematisch; ich griff mir irgend etwas heraus, das mir ins Auge fiel, hielt in der Linken noch das Messerchen, während die Rechte schon nach dem Guanyinpulver griff, schnitt mit dem Messer Ritzen ins Holz und malte gleichzeitig mit dem Pulver Striche auf die Möbel. Zum Schluß fiel mir noch eine kleine Säge in die Hand, mit der ich sogleich mein zerstörerisches Werk fortsetzte, indem ich probeweise am Stuhl und dann am Rand des Kang herumsägte. Selbst der Griff mei-

* Guanyin ist die chinesische Göttin der Barmherzigkeit (ursprünglich der buddhistische Avalokiteshvara); das Pulver diente vermutlich Tischlern zum Linienzeichnen.

nes kleinen Messers blieb nicht von meinem Eifer verschont. Ganz gleich, ob ich gerade beim Essen war oder schlafen ging, ich führte meine Funde immer bei mir. Beim Essen sägte ich meinen Mantou durch, und noch im Traum rief ich nachts: »Wo ist meine kleine Säge?«

Die Rumpelkammern wurden zum Reich abenteuerlicher Entdeckungsreisen. Oft nutzte ich die Gelegenheit, wenn Mutter gerade nicht im Zimmer war, stieß die Tür auf und ging in die kleine Kammer. Es gab dort auch ein Fenster, das nach hinten hinausging und durch das am Nachmittag ein paar Sonnenstrahlen hereinfielen. Im Schein dieses Lichts öffnete ich die Schubladen, die ich schon unzählige Male durchwühlt hatte und in denen ich nichts Neues mehr fand. Ich kehrte alles von unten zuoberst und ging dann, weil nichts Interessantes dabei war, wieder hinaus. Zum Schluß gab es kein Stückchen Klebstoff, keinen Rest Schnur, der nicht durch meine Hände gegangen war; fünf Schubladen hatte ich auf diese Weise leer geräumt.

Außer den Schubladen waren da noch Körbe und Kisten, jedoch wagte ich nicht, sie anzurühren, sie sahen so pechschwarz aus. Eine dicke Staubschicht und unzählige Spinnen hatten sich im Laufe der Zeit auf sie gelegt, daher kam ich nicht einmal auf die Idee, diese Gegenstände auch nur anzufassen. Ich entsinne mich noch, wie ich einmal in die tiefste und entfernteste Ecke einer der dunklen Kammern vordrang, als mein Fuß gegen etwas stieß. Nachdem ich das Ding vorsichtig ans Tageslicht befördert hatte, stellte sich heraus, daß es sich um eine kleine Laterne handelte, und als ich dann ein bißchen von dem Staub fortwischte, kam rotes Glas zum Vorschein. Vielleicht hatte ich mit zwei Jahren schon einmal eine Laterne gesehen, aber jetzt war ich vier und konnte mich nicht daran erinnern. Ich wußte nicht, was ich vor mir hatte, und trug meinen Fund zu Großvater. Der wischte mir die Laterne sauber und zündete eine Kerze darin an. Ich war darüber so beglückt, daß ich immer nur mit meiner Laterne durchs Haus rannte. Das ging ein paar Tage so, bis sie mir schließlich herunterfiel und zerbrach.

Einmal fand ich im Dunkel der Rumpelkammer auch ein Stück Holz, auf dem ein Muster eingraviert war. Als ich mit der Hand darüberfuhr, fühlte sich die Oberfläche ganz rauh an. Daraufhin holte ich meine kleine Säge aus der Tasche und begann, mich an dem Holz zu schaffen zu machen. Großvater, der zusah, sagte: »Das ist ein Holzblock zum Drucken von Zertifikaten.« Ich hatte keine Ahnung, was Zertifikate waren, und darum führte mir Großvater unter Zuhilfenahme von Tinte den Druckvorgang vor. Doch ich sah nur, wie auf dem Papier ein paar kleine Männchen auftauchten. Außerdem kamen noch ein paar Muster und Schriftzeichen zum Vorschein. Da erklärte mir Großvater: »Als wir noch die Schnapsbrennerei betrieben, haben wir solche Karten gedruckt; sie dienten als Zahlungsmittel, dies hier ist eine über hundert Schnüre Käsch. Wir hatten auch noch Zertifikate über fünfzig und zehn Schnüre Käsch ...« Großvater druckte mir eine Menge solcher Karten und mit Anilinfarbe auch ein paar rote.

Einmal fand ich einen Beamtenhut mit einer Troddel aus der letzten Dynastie*, den ich mir gleich aufsetzen mußte. Dazu nahm ich mir einen alten Fächer aus Gänsefedern, der wer weiß wie lange schon hier lagerte, und fächelte mir kühle Luft zu. Einmal fand ich ein Fläschchen mit einer Zypergraslösung, einer Medizin gegen Magenbeschwerden, von der Mutter sofort etwas einnahm, und ich folgte ihrem Beispiel.

Bald hatte ich alle diese uralten Dinge hervorgeholt und ausprobiert. Einige gehörten Großmutter, andere hatten meine Tanten hinterlassen, die schon vor vielen Jahren geheiratet und das Haus verlassen hatten. All die kleinen und großen Besitztümer waren hier vor langer Zeit abgestellt

* Die Qing- oder Mandschudynastie löste im Jahre 1644 die Mingdynastie ab und endete im Geburtsjahr Xiao Hongs, 1911.

und seitdem nicht mehr berührt worden. Einiges befand sich schon im Zustand des Verfalls, an anderem nagte der Wurm, und weil man sie so schnell, wie man sie abgestellt, auch wieder vergessen hatte, war es fast so, als existierten sie gar nicht mehr. Indem ich sie nun wieder ans Tageslicht beförderte, riefen sie, fast schreckhaft, alte Erinnerungen wach.

Jedesmal, wenn ich einen neuen Fund vorzeigte, rief meine Großmutter: »Wie lange ist das nun schon wieder her! Damit hat deine älteste Tante gespielt, als sie noch bei uns wohnte...« Oder Großvater sagte, in Betrachtung irgendeines Gegenstandes: »Das hat deine Zweite Tante benutzt, bevor sie fortzog...« Hier der Fächer der ältesten Tante, dort die bestickten Stoffschuhe der Dritten... alles hatte seine Geschichte. Dabei wußte ich gar nicht, wer meine Dritte, wer meine ältere Tante war. Vielleicht hatte ich sie als Ein- oder Zweijährige einmal gesehen, aber mit meinen vier Jahren konnte ich mich nicht mehr an sie erinnern.

Großmutter hatte drei Töchter, doch als ich groß genug war, um sie richtig wahrzunehmen, waren sie längst aus dem Haus gegangen. Darum gab es bei uns zwanzig, dreißig Jahre lang keine Kinder, bis ich dann kam. Eigentlich war da noch mein kleiner Bruder, aber damals war er noch nicht einmal ein Jahr alt, und darum zählte er nicht.

Vor ewigen Zeiten hatten Menschen diese Dinge fortgeräumt und nie wieder angerührt. Sie blickten weder zurück noch nach vorn, was einmal war, vergaßen sie. Für die Zukunft hegten sie keine großartigen Hoffnungen, sie führten ihr Leben im täglichen farblosen Trott, leidenschaftslos existierten sie auf der Basis der Güter, mit denen ihre Vorfahren sie versorgt hatten.

Meine Geburt bedeutete für Großvater eine unermeßliche Freude, und als ich heranwuchs, liebte er mich mehr als alles andere. Für mich war er das einzige, was ich auf dieser Welt brauchte, was hatte ich zu befürchten, solange er an meiner

Seite war? Mir konnten die kühle Gleichgültigkeit meines Vaters, das harte Wesen und die bösen Worte meiner Mutter nichts anhaben, nicht einmal die Fingerstecherei meiner Großmutter. Zumal ich ja außer Großvater noch den Garten hinter dem Haus hatte! Und selbst wenn er mir wie jetzt verschlossen blieb, gab es ja noch meine Neuentdeckung, die Rumpelkammern. Hier war eine unerschöpfliche Zahl der verschiedensten Gegenstände versammelt, hier waren Schätze verborgen, die meine Vorstellungskraft weit überstiegen, und die mich erahnen ließen, wie viele Dinge es auf dieser Welt überhaupt gab. Und alle machten sie mir Spaß, alle waren sie neu und interessant.

Zum Beispiel fand ich ein Päckchen Farbpulver, chinesisches leuchtendes Grün. Das Pulver selbst schimmerte in einer goldenen Tönung, wenn man es betrachtete. Trug man es jedoch leicht auf den Fingernagel auf, färbte der sich grün, und setzte man sich einen leichten Tupfer davon auf den Arm, erschien dort ein grünes Blatt. So schön das aussah, so rätselhaft war es auch, und darum glaubte ich mit heimlicher Freude, ob ich nicht vielleicht einen Zauberschatz gefunden hätte? Auch ein Stück Guanyinfarbe fiel mir in die Hände. Wenn man damit einen Strich auf die Tür malte, wurde der Strich weiß, das gleiche geschah, als ich es am Fenster ausprobierte. Das war nun wirklich merkwürdig; ich erklärte es mir so, daß Großvater ja schwarze Tinte zum Schreiben benutzte, und das hier war vielleicht weiße.

Dann förderte ich ein rundes Glas zutage, das Großvater »Lupe« nannte. Er zeigte mir, wie er damit die Sonnenstrahlen bündeln und seine gestopfte Pfeife anzünden konnte.

All das bereitete mir die größte Freude, ich war entzückt darüber, wie sich jedes Ding verändern konnte. Zuerst denkt man, was ist das für ein wertloses Zeugs, und weiß gar nicht, wozu es gut sein soll. Zum Beispiel entdeckte ich ein viereckiges Stück Eisen, das oben ein kleines Loch hatte.

Großvater legte eine Haselnuß in das Loch, die Schale zerbrach, und ich konnte die Nuß essen. In dem kleinen Loch da ging also die Schale viel schneller kaputt, als wenn man sie mit den Zähnen zu knacken versuchte. Zumal ja Großvater schon alt war, und seine Zähne zum größten Teil nicht mehr die besten waren.

Jeden Tag schleppte ich neue Sachen aus den dunklen Kammern an und spielte mit ihnen, bis ich ihrer überdrüssig geworden war oder sie kaputtgemacht hatte. Dann ging ich wieder hinein und hielt nach etwas Neuem Ausschau. Alles, was ich ausgrub, entlockte meinen Großeltern tiefe Seufzer. Wie weit das schon alles zurückläge, sagten sie; meine Dritte Tante war noch nicht einmal geboren, da hätte es all diese Sachen schon gegeben. So viele Jahre seien nun schon vergangen, dieses oder jenes stamme noch aus der Zeit, bevor die Familie sich gespalten hatte, und käme noch aus dem Besitz meines Urgroßvaters; ein anderes Relikt sei ein Geschenk von jemandem, dessen Familie sich längst in alle Winde zerstreut hatte. Nur die Sachen, die gab es immer noch.

Als ich einmal mit einem Armreif aus Rebenholz spielte, erzählte Großmutter, wie sie einst im Sommer mit meiner ältesten Tante auf dem Arm zu einem Besuch bei ihrer Mutter unterwegs war. Plötzlich tauchten Räuber vor ihrem kleinen Wagen auf, man nahm ihr die goldenen Ohrringe weg – den Armreif jedoch nicht. Wäre er auch aus Gold oder Silber gewesen, dann hätte es gefährlich werden können, dann hätten die Diebe ihn bestimmt auch mitgehen lassen. Ich fragte dazwischen: »Wo ist denn meine älteste Tante?« Großvater lachte, und Großmutter erwiderte: »Dummchen, die Kinder deiner Tante sind inzwischen größer als du!«

Woher sollte ich wissen, daß sich die Geschichte vor vierzig Jahren ereignet hatte?

Doch jetzt hielt ich diesen Armreif in meiner Hand, ließ

ihn um meinen Finger kreisen, daß er sich wie eine kleine Windmühle zu drehen begann und an meinem Arm herabglitt. Als Armreif war er für meine kleinen Handgelenke viel zu groß.

Wenn Großmutter mit ansah, wie ich all die Gegenstände aus der Vergangenheit aus ihrer Rumpelkammer hervorholte, schimpfte sie: »Was bist du bloß für ein Kind, mit allem willst du nur spielen, wie soll aus dir einmal ein vernünftiger Mensch werden?« Obgleich sie so sprach, war ihr aber die Zufriedenheit anzumerken, die sie angesichts der alten Erinnerungsstücke, die sie bei Tageslicht erneut betrachten durfte, verspürte. Darum war ihr Ton auch nicht ganz so streng, und natürlich hörte ich auch nicht auf sie, sondern kramte weiter alles hervor, was ich finden konnte.

So geschah es, daß Dinge, die jahrelang ins Dunkel verbannt worden waren, durch mich wieder das Licht der Sonne erblickten ... und schließlich unter meinen Händen zu Bruch gingen oder wieder in eine Ecke geworfen wurden, wo sie wieder dem Vergessenwerden anheimfielen.

Auf diese Weise verbrachte ich den ersten Winter, an den ich mich erinnern kann. Ich empfand keine Einsamkeit, trotzdem waren diese Tage nur halb so schön wie jene, die ich im Garten verbrachte. Kinder vergessen jedoch schnell, und es gelingt ihnen immer wieder, sich ihrer Umgebung anzupassen.

4.

Im Sommer des folgenden Jahres hatten wir im Garten ziemlich viel Schnittlauch gesät, denn Großmutter aß gern Jiaozi* mit Schnittlauchfüllung. Der Schnittlauch wuchs, aber Großmutter erkrankte schwer, sie konnte ihn nicht

* Jiaozi sind mit kleingewiegtem Fleisch oder Gemüse gefüllte Teigtaschen.

mehr essen. Es gab aber sonst niemand bei uns, der gern Schnittlauch aß, so daß er allmählich verwilderte.

Weil Großmutter so krank war, herrschte bei uns zu Hause reges Treiben; meine älteste Tante kam angereist, und meine Zweite Tante ebenfalls. Zweite Tante war mit ihrem eigenen kleinen Wagen gekommen, der von einem glöckchenbehangenen Muli gezogen wurde. Zart tönten und klirrten die Glöckchen, als der Wagen vor unserem Fenster zum Stehen kam. Als erstes entsprang ihm ein Kind. Es war etwas größer als ich und der Sohn meiner Zweiten Tante. Sein Kosename war »Kleine Orchidee«. Großvater hieß mich, ihn Bruder Orchidee zu nennen.*

An alles andere kann ich mich nicht mehr entsinnen, nur daß ich ihn nach kürzester Zeit in den Garten führte. Ich erzählte ihm, dies sei ein Rosenstrauch, jenes Hundeschwanzkraut und das da ein Kirschbaum. Auch daß er keine Kirschen mehr trage, erzählte ich ihm. Ich wußte nicht, ob er mich schon einmal gesehen hatte, ich hatte ihn vorher jedenfalls noch nie zu Gesicht bekommen. Deshalb war ich ziemlich erstaunt, als er, während ich ihn in den südöstlichen Teil unseres Gartens führte, um ihm den Pflaumenbaum zu zeigen, noch bevor wir ihn überhaupt sehen konnten, sagte: »Der Baum war schon im vorletzten Jahr tot.« Wie konnte er das wissen? dachte ich erschrocken. Ein Gefühl von Neid stieg in mir auf; ich wollte, daß dieser Garten ganz allein mir und Großvater gehörte, und niemand sonst sollte etwas davon wissen. Ich fragte: »Bist du denn schon einmal bei uns gewesen?« Er bejahte. Das machte mich noch wütender – wie konnte er dagewesen sein, ohne daß ich es wußte? »Wann warst du denn das letztemal hier?« fragte ich daher. Vorletztes Jahr, sagte er, da habe er mir einen Stoffaffen mitgebracht. »Weißt du das denn nicht mehr? Du bist

* Auch ein Cousin ist so etwas wie ein Bruder; im übrigen erstrecken sich verwandtschaftliche Anreden auch auf entfernte Verwandte, Freunde und Bekannte.

mit dem Affen im Arm losgerannt, gleich hingefallen, und hast ganz schön geheult!«

Ich konnte mich beim besten Willen nicht erinnern. Aber daß er mir einen Spielzeugaffen geschenkt hatte, war doch eigentlich sehr nett, und darum war ich auch nicht mehr böse auf ihn. Von da an spielten wir jeden Tag zusammen.

Er war drei Jahre älter als ich, schon sieben, und erzählte mir, daß er zur Schule ging und lesen lernte. Er hatte ein paar Fibeln mitgebracht, die er mir abends im Schein der Petroleumlampe zeigte. Auf den Seiten waren kleine Menschen, Scheren und Häuser zu sehen, und weil das Buch bebildert war, glaubte ich, alles lesen zu können, und sagte: »Das hier heißt Scherchen, das da Häuschen.«

»Falsch«, sagte er, »hier steht ›Schere‹, und dort steht ›Haus‹.« Als ich daraufhin genauer hinschaute, mußte ich tatsächlich feststellen, daß dort immer nur ein Schriftzeichen stand, und nicht zwei für jedes Wort. Ich hatte mich nur an die Bilder gehalten.

Ich besaß einen Kasten mit Holztäfelchen, die auf der Vorderseite ein Bild, auf der Rückseite das Schriftzeichen trugen. Die holte ich jetzt hervor, um sie ihm zu zeigen.

Den ganzen Tag spielten wir zusammen. Daß es währenddessen um Großmutter immer schlechter stand, wußte ich nicht. Gleichwohl kleidete man sie einige Tage vor ihrem Tod vollständig neu an, als wollte sie jemanden besuchen. Man tat das, weil man befürchtete, sie nicht mehr rechtzeitig vor ihrem Tod umziehen zu können.

Weil Großmutter im Sterben lag, herrschte reges Treiben im Hause, viele Verwandte kamen angereist, die allesamt fürchterlich beschäftigt waren, ich weiß nicht, womit. Eine war immer nur dabei, weiße Stoffetzen* herzustellen, Stück für Stück riß sie Tücher auseinander, daß es regelrecht krachte. Neben ihr saß eine andere mit einer Nadel in der

* Weiß ist die Farbe der Trauer und des Todes und wird in China auf Beerdigungen getragen.

Hand, die diese weißen Stoffetzen säumte. Eine weitere Frau füllte Reis in einen kleinen Krug, den sie mit einem roten Tuch bedeckte. Und wieder eine andere schichtete Brennholz an der Pforte zum Garten auf, um ein Feuer zu entzünden; darüber briet sie dann in einer kleinen Pfanne Getreideplätzchen. »Wofür soll das sein?« fragte ich sie.

»Das ist Hundekuchen.« Sie erklärte mir, daß man zur Unterwelt achtzehn Pforten passieren müsse, und am Hundetor könne man gebissen werden. Mit diesen Hundekuchen gäben sich aber die Hunde zufrieden und würden vom Menschen ablassen. Sie leierte ihre Ausführungen genauso gleichgültig herunter, wie ich sie aufnahm, es ging zum einen Ohr herein und war schon wieder zum anderen hinaus.

Je mehr Leute sich im Haus zu schaffen machten, desto einsamer kam ich mir vor. Ich fragte mal diesen, ich fragte mal jenen, denn ich verstand nichts von alledem, was hier vorging. Sogar Großvater schien mich vergessen zu haben. Als ich einmal mit einer besonders großen Heuschrecke ankam, die ich im Garten gefangen hatte, schaute er nicht einmal hin und sagte nur: »Schön, schön, geh jetzt wieder in den Garten spielen!«

Wenn der Neue, Bruder Orchidee, mich nicht begleiten wollte, ging ich allein zum Spielen in den Garten.

5.

Großmutter war gestorben, die Familie war zum Beten in den Tempel des Drachengottes gegangen und wieder zurückgekehrt. Nur ich spielte immer noch im Garten.

Es begann jetzt leicht zu regnen, darum wollte ich ins Haus gehen und mir meinen Strohhut holen. Auf dem Weg dorthin kam ich an unserem Pökelfaß vorbei (unseres stand immer im Garten), und dabei sah ich, wie die Regentropfen auf den Deckel klatschten. Ich dachte mir, so ein Tonnendeckel sei ja viel größer und könne mich bestimmt viel besser vor dem Regen schützen als mein Strohhut. Also stieß ich den Deckel vom Faß herunter; er rollte noch ein Weilchen auf dem Boden. Der Regen fiel nun dichter. Mit viel Mühe gelang es mir, mich unter den Deckel zu zwängen, denn das Faß war viel zu groß, ungefähr genauso groß wie ich.

Ich ging ein paar Schritte mit meinem Deckel auf dem Kopf, alles um mich her war in tiefe Dunkelheit getaucht. Der Deckel war so schwer, daß er mir die letzten Kräfte raubte. Außerdem wußte ich gar nicht, wo ich langgegangen war, ich fühlte nur, wie die Regentropfen auf den Faßdeckel trommelten. Das einzige, was ich erkennen konnte, waren meine Füße, die sich durch Hundeschwanzkraut und Schnittlauch vorwärts bewegten. Schließlich fand ich ein mit Schnittlauch dicht bewachsenes Plätzchen, wo ich mich auf den Boden setzte. Der Tonnendeckel schuf mir dabei ein schützendes Dach. Das war viel besser als zu stehen, und ich brauchte den schweren Deckel nicht zu tragen, außerdem schirmte er mich auf dem Schnittlauchbeet gut ab. Nur war es hier stockfinster, und ich konnte nichts sehen.

Die Geräusche, die ich hörte, schienen von sehr weit her zu kommen. Der Sturm peitschte heulend durch die Äste der Ulme, aber es klang, als wäre der große Baum in einen anderen Garten umgezogen. Der Schnittlauch wuchs am Fuße der Nordmauer, wo auch ich saß. Von hier aus war es sehr weit bis zum Haus, und der Lärm, der dort gemacht wurde, schien aus noch weiterer Ferne zu mir zu dringen. Ich spitzte die Ohren, konnte aber nichts Genaues hören, darum blieb ich in meinem kleinen Häuschen sitzen. Ich hatte es darin so gemütlich, und weder Regen noch Wind konnten mir etwas anhaben.

Als ich wieder aufstand und mir mein Dach auf den Kopf setzte, trug es sich viel leichter. In Wahrheit war der Deckel immer noch sehr schwer, und es kostete mich einige Kraft, ihn hochzuheben. Mit dem Tonnendeckel auf dem Kopf tastete ich mich zur Hintertür zurück, denn ich wollte ihn meinem Großvater vorführen.

Die Schwelle an unserem Hintereingang war fürchterlich hoch, es wollte mir nicht gelingen, hinüberzusteigen. Der Deckel war einfach zu groß, ich konnte kein Bein anheben. Mit beiden Händen half ich nach, meine Füße über die Schwelle zu hieven, und es dauerte eine halbe Ewigkeit, bis ich es endlich geschafft hatte. Zwar stand ich nun im Zimmer, wußte aber immer noch nicht, wo Großvater abgeblieben war, so begann ich, laut nach ihm zu rufen. Mitten in mein Geschrei hinein versetzte mir Vater einen Fußtritt, der mich beinahe ins Herdfeuer befördert hätte. Der Deckel fiel auch zu Boden und rollte noch einen Moment, bis er stillstand.

Irgend jemand hob mich auf; nun sah ich, daß das Zimmer voller Menschen war. Etwas stimmte aber nicht: Sie trugen alle weiße Kleider. Ich schaute mich noch einmal um und erblickte Großmutter, die auf dem Kang lag und schlief, nur lag sie auf einem langen Brett.

Von da an war Großmutter tot.

6.

Sobald Großmutter gestorben war, strömten die Verwandten in unser Haus, entzündeten Weihrauch und Papier* vor der Toten, weinten sich einmal aus und verließen uns wieder. Andere reisten mit großen und kleinen Bündeln an, um eine Zeitlang bei uns zu wohnen. Vor dem Haupttor ertönten Trompetenklänge**, im Hof wurde ein Trauerzelt er-

* Meistens handelt es sich um Papiergeld, das den Toten für die Erleichterung ihres Aufenthaltes in der Unterwelt mitgegeben wird, aber auch Kleidung und andere Gegenstände aus Papier sind darunter (vgl. Kap. I).

** In China werden bei Beerdigungen Gongs geschlagen, und Trompeter begleiten üblicherweise die Trauerprozessionen.

richtet. Den ganzen Tag über hörte das Wehklagen nicht auf; das ging eine geraume Zeit so. Buddhistische Mönche und daoistische Priester wurden geladen, um Gebete zu sprechen, und auch sie blieben bis in die tiefe Nacht. Alle, die kamen, aßen, tranken, schwatzten und lachten, der Lärm wollte kein Ende nehmen.

Mir machte dieses bunte Treiben großen Spaß, es stimmte mich glücklich, zumal ich ja sonst keine Spielkameraden hatte – jetzt waren welche gekommen, ältere und auch jüngere Kinder, vier oder fünf an der Zahl. Wir kletterten auf Bäume und Mauern und wollten am liebsten bis aufs Dach hinauf.

Die anderen Kinder nahmen mich mit auf die kleinen Torbögen, wo wir versuchten, Tauben zu fangen. Sie rückten eine Leiter ans Haus, um unter dem Dachvorsprung nach Sperlingen zu jagen. Obgleich der Garten hinter dem Haus so groß war, schien er uns mit all unserem Tatendrang nicht mehr fassen zu können.

Ich folgte den anderen zum Brunnen und mußte feststellen, wie tief er doch war, so weit hatte ich noch nie hinunter geschaut. Und wenn man etwas hineinrief, erscholl von unten eine Antwort. Ich warf einen Kieselstein in den Brunnen; nach geraumer Zeit erst platschte es in weiter Tiefe.

Die Kinder nahmen mich zum Kornspeicher mit, zur Getreidemühle, und manchmal führten sie mich auch auf die Straße hinaus. Damit hatten wir unser Anwesen bereits verlassen und uns außerhalb der Fürsorge seiner Bewohner begeben – so weit hatte ich mich noch nie von beidem entfernt.

Nie hätte ich erwartet, einen Ort anzutreffen, der größer sein könnte als unser Garten. Ich stand mitten im regen Treiben der Straße und schenkte weder den Fußgängern noch den Pferdewagen Beachtung, sondern dachte immer nur: Ob ich später einmal ganz allein so weit hinausgehen werde?

Eines Tages führten mich die anderen Kinder zum Südufer des Flusses. Eigentlich ist der Fluß nicht weit von unserem Haus entfernt, vielleicht etwas mehr als eine halbe Meile. Weil ich aber den Weg zum erstenmal in meinem Leben ging, kam er mir unendlich lang vor, und mir trat bald der Schweiß auf die Stirn. Wir kamen an einer Schlammgrube vorbei und an der großen Südkaserne, vor deren Eingang Wachsoldaten postiert waren. Für meinen Geschmack war der Hof, der die Kaserne umgab, ein bißchen zu groß, übertrieben groß. Denn unser Hof war ja schon groß genug, wie konnte da ein anderer größer sein, das war schon fast nicht mehr schön. Im Gehen drehte ich mich noch lange nach diesem Hof um.

Ein Wohnhaus, auf dessen Hofmauer Blumentöpfe aufgestellt worden waren, gefiel mir auch nicht besonders. Was nun, wenn jemand sie einfach in einem unbeobachteten Augenblick stehlen würde!

Wir kamen auch an einem kleinen ausländischen Haus vorbei, das um so vieles besser war als unseres. Wenn man mich aber gefragt hätte, was denn nun daran besser sei, ich hätte keine Antwort gewußt. Ich fand nur, daß an diesem Haus einfach alles neu war, ganz im Gegensatz zu unserem altmodischen Kasten.

So vieles hatte ich auf dem kurzen Weg von einer halben Meile schon gesehen, und darum glaubte ich, daß das Flußufer endlos weit weg sei. »Wann sind wir denn da?« fragte ich die anderen Kinder.

»Gleich, wir sind schon angekommen«, sagten sie.

Und tatsächlich, als wir hinter der Mauer der großen Kaserne um die Ecke bogen, lag der Fluß vor uns. Ich sah ihn an jenem Tag zum erstenmal und konnte mir nicht vorstellen, wo all das viele Wasser herkam, bestimmt hatte es Jahre gebraucht, um hierher zu fließen.

Es war ein riesiger Strom. Als ich zum Ufer hinunterlief und eine Handvoll Sand hineinwarf, wurde er davon kein bißchen schmutzig. Boote trieben auf ihm dahin, allerdings nur ein paar, die einen nach Osten, die anderen nach Westen. Auch gab es Fähren, die zum anderen Ufer hinübersetzten. Doch waren dort drüben kaum Menschen zu sehen, nur Weidenwälder, die dicht das Ufer säumten. Schaute man noch weiter, konnte man sich noch weniger vorstellen, was das für eine Gegend sein mochte, denn keine Menschen, keine Häuser und Straßen boten sich als Anhaltspunkte, und nicht der kleinste Laut drang zu uns herüber.

Ob ich mir wohl eines Tages diese menschenverlassene Gegend aus der Nähe anschauen würde?

Außer dem Garten hinter unserem Haus gab es noch die Straße, außer der Straße den großen Fluß. Und jenseits des Flusses standen die Weidenwälder. Was dahinter lag, war ein Ort, an dem es nichts mehr gab, wo nichts zu sehen und kein Geräusch zu hören war.

Was es außer alledem noch geben könnte, das überstieg vollkommen meine Vorstellungskraft.

Dabei ging es nicht darum, daß ich diese Dinge nicht kannte. Blumentöpfe und einen Hof, das hatten wir auch zu Hause. Nur war der Kasernenhof größer als unserer, und wir stellten unsere Blumentöpfe in den Garten anstatt auf die Mauer.

Man kann wohl mit Fug und Recht behaupten, daß es noch ein paar Dinge gab, von denen ich nichts wußte.

Großmutter starb, und ich wurde klüger.

7.

Nach Großmutters Tod begann ich, bei Großvater Gedichte zu lernen. Da sein Zimmer jetzt leer war, quengelte ich so lange, bis er mir erlaubte, bei ihm zu schlafen.

Am frühen Morgen rezitierten wir Gedichte und ebenso am Abend; auch wenn ich mitten in der Nacht aufwachte, rezitierten wir Gedichte. Nach einem Weilchen machte es mich müde, und ich schlief wieder ein.

Großvater unterrichtete mich aus der Klassiker-Sammlung *Verse der tausend Dichter,* wobei er jedoch keine Textvorlage benötigte, sondern allein seinem Gedächtnis vertraute. Er pflegte eine Zeile vorzugeben, die ich dann nachsprach. Großvater sagte:

»Jung das Haus verlassen, alt kehr ich nun heim ...«, und ich wiederholte: »Jung das Haus verlassen, alt kehr ich nun heim ...« Den Inhalt der Worte verstand ich überhaupt nicht*, ich fand nur, daß es sich sehr schön anhörte, wenn man sie laut sprach. Darum rezitierte ich die Gedichte mit Begeisterung und lauter als Großvater. Wenn ich ein Gedicht aufsagte, konnte man das in allen fünf Zimmern unseres Hauses hören, und weil Großvater fürchtete, ich könnte mich dabei heiser schreien, sagte er mahnend: »Wenn du so weitermachst, drückst du noch das Dach vom Haus!« Über so einen Scherz konnte ich eine Zeitlang kichern, aber bald fing ich wieder an, die Stimme zu heben. Auch daß es mitunter nachts war, störte mich dabei überhaupt nicht, und Mutter drohte mir von nebenan mit Prügel, wenn ich nicht endlich mit dem Gezeter aufhöre, obwohl sie es wohl nicht ernst meinte. Großvater fand auch: »So rezitiert man keine Gedichte, was du machst, ist einfach nur ein Geschrei.« Doch ich wollte an meiner liebgewonnenen Gewohnheit nicht rütteln. Wenn ich nicht laut sein durfte, wozu sollte ich dann noch Gedichte rezitieren?

Außerdem sagte ich jedesmal, wenn mir ein Gedicht nicht auf Anhieb gefiel, zu Großvater: »Das will ich nicht lernen.«

* Die chinesische Sprache setzt sich aus einer relativ geringen Zahl gleichlautender Silben zusammen, was beim gesprochenen Gebrauch grundsätzlich Mißverständnisse erzeugen kann. Da das klassische Chinesisch weitgehend auf sinnerhellende Funktionswörter verzichtet, ist es einleuchtend, daß sich einem Kind in gesprochener bzw. gesungener Form der Sinn verschließen kann.

Dann begann Großvater, ein neues Gedicht vorzutragen, das mir aber auch nicht sofort gefiel und das ich auch nicht lernen wollte.

> Im Frühlingsschlaf das Morgengrauen nicht spürn
> Zwitschern und zirpen Vögel allerort.
> Die Nacht hat den Gesang von Wind gebracht
> Der blies ringsum die Blüten mit sich fort.

Dieses Gedicht fand ich wunderbar, vor allem das »zwitschern« und »zirpen« im zweiten Vers machten mir Spaß. Ein Gedicht mußte einfach gut sein, wenn so herrliche Laute wie »zwitschern« und »zirpen« darin vorkamen.

Ein anderes gefiel mir sogar noch besser:

So Schicht auf Schicht getürmt, bedecken sie die Stufen,
Die Diener schaffen sie nicht fort, obgleich sie oft gerufen.
Grad noch im Sonnenuntergang, da sah man sie gar nicht.
Im ersten Mondenstrahlenschein, da kommen sie ans Licht.

Die Stelle »die Diener schaffen sie nicht fort« verstand ich überhaupt nicht, denn ich deklamierte immer »die Schüler gaffen jedes Wort«. Je häufiger ich es rezitierte, desto schöner empfand ich den Klang der Worte, und desto interessanter schien es mir.

Wenn Besuch kam, forderte mich Großvater auf, ein Gedicht aufzusagen, und immer trug ich dieses vor. Ob der Gast den Inhalt verstand, kann ich nicht mit Sicherheit sagen, jedenfalls nickte er höflich und sagte, das hätte ich fein gemacht.

8.

Ohne jeden Sinn und Verstand zu rezitieren, war schließlich nicht das Ziel der Übung. Nachdem ich einige Dutzend Gedichte beherrschte, erklärte mir Großvater, was sie bedeuteten.

Jung das Haus verlassen, alt kehr ich nun heim,
Der Tonfall ist geblieben, doch schütter ward mein Haar.

»Das heißt«, erklärte Großvater, »daß er noch jung war, als er sein Elternhaus verließ, und als alter Mann kehrte er zurück. Der zweite Teil bedeutet, daß sein Heimatdialekt noch genauso wie früher gesprochen wurde, aber sein Bart inzwischen ganz weiß geworden war.«

»Wieso ist er denn, als er noch jung war, von Zuhause fortgegangen? Und wo ist er hingegangen?« fragte ich.

»Nun, stell dir vor, dein Großvater hätte das Haus verlassen, als er etwa so alt war, wie du jetzt bist. Wenn er jetzt zurückkäme, wer würde ihn da noch erkennen? ›Die Kinder mustern mich, denken, wer mag das wohl sein? / Freundlich lachend fragen sie, Fremder, wo kommst du her?‹ Die kleinen Kinder bitten ihn herein, als sie ihn sehen, sie sagen: Du, Alter mit dem weißen Bart, wo kommst du denn her?«

Irgendwie gefiel mir das nicht, und schnell fragte ich Großvater: »Werde ich auch mal mein Elternhaus verlassen? Und wenn ich dann mit einem weißen Bart zurückkehre, wirst du mich dann auch nicht erkennen?« Diese Möglichkeit fand ich sehr beängstigend. Nachdem Großvater lange genug gelacht hatte, merkte er, daß ich immer noch ein wenig besorgt war, und beeilte sich zu sagen: »Du gehst nicht fort von hier, warum solltest du dein Elternhaus verlassen ... Komm, laß uns schnell noch ein Gedicht lesen! ›Im Frühlingsschlaf das Morgengrauen nicht spürn ...‹«

Sobald ich aus voller Kehle in mein geliebtes »Frühlingsschlaf«-Gedicht einstimmte, war ich schon wieder beruhigt, und in meiner Begeisterung hatte ich das andere schon vergessen. Doch von nun an bestand ich darauf, mir die Bedeutung eines jeden Gedichts erläutern zu lassen, bevor ich es rezitierte, und die bereits gelernten ließ ich mir noch einmal neu erklären. Allmählich verlor ich den Geschmack daran, die Verse so hemmungslos herauszuschreien.

Zwei goldene Pirole singen im zarten Grün der Weide,
Ein langes Band von Reihern schwingt sich zum blauen
  Himmel auf.

Zuerst gefiel mir dieses Gedicht ungemein, denn ich aß gern gelbe Pflaumen.* Als ich es Großvater erzählte, erklärte er mir, daß es sich um zwei gelbe Pirole und nicht um zwei gelbe Pflaumen handelte. Danach mochte ich das Gedicht nicht mehr.

An diesem Tag an jenem Tor sah ich sie vor einem Jahr,
Vom Pfirsichblütenrot beschienen waren ihr Gesicht und
  Haar.
Verschwunden ist das Antlitz jetzt, wo ist das schöne Kind?
Wie eh und je die Pfirsiche lächeln im Frühlingswind.

Auch den Inhalt dieses Gedichts verstand ich nicht, als Großvater es mir zum erstenmal vortrug. Trotzdem fand ich es schön, weil darin Pfirsichblüten vorkamen. War es nicht so, daß der Pfirsichbaum Früchte trug, wenn er erst einmal geblüht hatte? Und schmeckten Pfirsiche nicht köstlich? Jedesmal, wenn wir das Gedicht gemeinsam rezitiert hatten, fragte ich Großvater: »Ob unser Kirschbaum dieses Jahr wohl blühen wird?«

* Pirol *(li)* und Pflaume *(li)* sind Homonyme.

9.

Meine zweitliebste Beschäftigung neben dem Rezitieren von Gedichten war das Essen.

Ich weiß noch, daß die Leute, die östlich vom Haupttor wohnten, Schweine züchteten. Eine fette Sau lief dort umher, immer gefolgt von einer Ferkelschar. Eines Tages fiel so ein Ferkel in den Brunnen, und man fischte es mit dem Korbende einer Tragestange wieder heraus. Das Tier war aber schon tot. Eine Menge Schaulustiger umringte den Brunnen; auch Großvater und ich standen ein wenig abseits und verfolgten das Geschehen. Als man das Schweinchen nach oben befördert hatte, sagte Großvater, daß er es haben wolle. Er trug es ins Haus, wo er es mit einer Tonschicht bedeckte und dann im Herdfeuer für mich buk.

Als es gar war, stand ich neben dem Kang und sah zu, wie Großvater das ganze Ferkel vor mir aufbaute und dann zerteilte. Sofort verbreitete sich der köstliche Duft des triefenden Fettes im Raum, noch nie hatte ich etwas so Herrliches gerochen, noch nie etwas so Herrliches gegessen.

Das nächstemal fiel eine Ente in den Brunnen; auch sie legte Großvater in Ton ein und kochte sie mir. Ich half auch dabei, rührte mit ihm den Ton an und schrie und kommandierte hin und her, als wollte ich eine ganze Kompanie bei Laune halten. Die Ente schmeckte noch besser als das Ferkel, denn ihr Fleisch war nicht so fett. Darum erklärte ich jetzt Ente zu meiner Lieblingsspeise.

Ich aß, und Großvater sah mir zu. Er selbst aß nicht, er wartete, bis ich fertig war, denn er meinte, meine Zähne seien noch zu klein und ich könne nicht anständig beißen, darum ließ er mich zuerst die zarten Stücke essen. Erst wenn ich mich satt gegessen hatte, begann er seine Mahlzeit.

Jedesmal, wenn ich einen Happen hinunterschlang, nickte er zustimmend und sagte zufrieden: »Du kleines Ding bist vielleicht ein Leckermäulchen« oder »schau an, wie schnell so ein kleines Ding essen kann.« Meine Hände troffen vor Fett, und ich wischte sie mir an meinem Hemd ab, doch Großvater war darüber kein bißchen böse, er sagte nur: »Komm, iß noch etwas Salz dazu, streu noch ein paar Lauchzwiebeln darauf. Man soll nicht nur eine Speise essen, du verdirbst dir sonst den Magen ...« Und schon krümelte er ein wenig Salz über das Entenstück, das ich in meiner Hand hielt und dann sofort, ohne zu kauen, herunterschluckte.

Großvaters Lob über meinen guten Appetit ermunterte mich, noch mehr zu essen. Schließlich fand er aber, daß es zu viel würde, und gebot mir Einhalt. Ich wußte zwar ganz genau, daß ich nicht einen einzigen Bissen mehr herunterbekommen würde, trotzdem mußte ich sagen: »Eine Ente reicht mir noch lange nicht!«

Dieses Entenessen hatte einen tiefen Eindruck bei mir hinterlassen. Ich wartete Ewigkeiten, daß wieder einmal eine Ente in den Brunnen fallen würde. Jedesmal, wenn ich eine Entenschar sich am Brunnenrand versammeln sah, versuchte ich, sie mit einem Getreidestengel hineinzutreiben, sie taten aber nichts dergleichen, sondern drehten unter lautem Geschnatter vorzeitig ab. Ich rief den anderen Kindern zu, die dastanden und mir zusahen: »Helft mir doch, sie hineinzutreiben!« Während ich noch so herumzeterte, kam Großvater angerannt.

»Was machst du denn da?« fragte er.

»Ich treibe die Enten in den Brunnen, damit wir sie herausangeln und kochen können.«

»Das brauchst du doch nicht«, sagte Großvater da, »Opa fängt dir eine und kocht sie dann für dich.«

Aber ich hörte nicht auf ihn und rannte weiter den Enten nach. Da stellte Großvater sich vor mich und verstellte mir den Weg, dann nahm er mich auf den Arm und sagte, während er mir den Schweiß von der Stirn wischte: »Komm mit Opa nach Haus, Opa fängt dir eine Ente.«

Ich aber dachte: Eine Ente, die nicht in den Brunnen gefallen ist, kann man doch gar nicht fangen, wie aber soll man sie sonst ordentlich in Ton einlegen und anständig kochen? Und ich zappelte, um mich Großvaters Armen zu entwinden.

»Ich will eine, die in den Brunnen gefallen ist!« schrie ich, »ich will eine, die in den Brunnen gefallen ist!«

Großvater konnte mich kaum halten.

Viertes Kapitel
Unser Wohnhof

Sobald der Sommer kam, wuchs der Beifuß im Hof so hoch, daß er den Erwachsenen bis zur Hüfte und mir über den Kopf reichte. Begab sich dort ein Hund hinein, war bald keine Spur mehr von ihm zu sehen. Nachts rauschte der Wind heulend durch das dichte Gestrüpp. Fiel Regen, stieg Dampf aus den Spitzen der Büsche und Stauden hervor. Der Regen mochte nicht einmal sehr stark gewesen sein, schaute man aber auf unser dampfendes Dikkicht, mußte man meinen, es habe einen Wolkenbruch gegeben. Schon ein kleiner Nieselregen legte sich geheimnisvoll über die wild wuchernden Pflanzen und tauchte sie in ein trübes Chaos, als sei bereits die Zeit der großen Nebel gekommen oder als würde gleich das Wetter umschlagen. Es sah dann undurchsichtig und verschwommen aus wie ein frostiges Morgengrauen, aus dem weißer Dunst emporsteigt.

Bei Sturm und Regen lag unser Dickicht öde und verlassen da. Selbst bei klarem Wetter, wenn eine riesige Sonne am Himmel erstrahlte, wirkte es noch trübe. Nichts Schmückendes, was einem ins Auge stach, keine Spur davon, daß Menschenhand verschönernd eingegriffen hatte, alles blieb sich und seinem natürlichen Trieb überlassen. Was sich nach Osten sehnte, wuchs nach Osten, was gen Westen drängte, gelangte dorthin. Da sich alles derart unbehindert entfalten durfte, hätte eigentlich die ursprüngliche landschaftliche Szenerie bewahrt werden müssen. Aber wenn man genauer hinschaute, sah man, daß es nicht so war. Auf der einen Seite häuften sich ein paar verfaulte Baumstämme, auf der anderen türmte sich ein Durcheinander von Brennholz. Links neben der Tür war ein großer Stapel aus

Lehmziegeln aufgeschichtet, rechts davon vertrocknete ein Berg Mörtel. Mit dem Mörtel hatte unser Koch den Herd ausgebessert und anschließend das, was übrig war, vor die Tür gekippt. Wenn man ihn gefragt hätte, wozu der Rest Mörtel noch taugen sollte, hätte er wahrscheinlich keine vernünftige Antwort geben können; bald hatte man ihn ganz vergessen. Von den Ziegeln wußte auch niemand, was sie dort zu tun hatten; seit ewigen Zeiten lagen sie schon da, vom Wind umweht, von der Sonne ausgeblichen und vom Regen begossen. Allerdings brauchten sie den Regen nicht zu fürchten, auch durchnäßt hielten sie allen Unbilden stand. Und schließlich war es auch ganz gleichgültig, ob sie naß wurden oder nicht, denn es kümmerte sich ohnehin niemand um sie. Das war gar nicht nötig. Würden der Küchenherd oder die Heizstelle unter einem Kang mal eine defekte Stelle aufweisen, dann hätte man die Ziegel schon gebrauchen können. Sie lagen einem ja direkt vor der Nase, man brauchte nur zuzugreifen, das war natürlich praktisch. Aber der Herd wollte einfach nicht kaputtgehen, und auch die Heizung unter dem Kang war sehr stabil gebaut. Wer weiß, woher man so ausgezeichnete Handwerker geholt hatte, die im September des einen Jahres eine Heizung unter dem Kang reparierten, die bis zum Herbst des nächsten Jahres hielt. Dann kamen Maurer und Ofensetzer, die die Heizungsziegel unter dem Kang Stück für Stück mit einem Messer auseinandernahmen und wieder zusammensetzten, so daß der Stapel Ziegel ein Jahr lang neben der Tür lag, ohne sonderlich nützlich gewesen zu sein. Im zweiten und dritten Jahr war es nicht anders, nur wurde der Stapel trotzdem immer kleiner, weil sich hier einmal jemand einen Ziegel griff, um ihn als Unterlage für seinen Blumentopf zu verwenden, und dort mal jemand einen mitgehen ließ, der ihn wer weiß wofür brauchte. Es hätte nur geschadet, wenn es statt dessen immer mehr Ziegel geworden wären; hätten sie da nicht nach und nach den Türeingang versperrt? Aber in Wirklichkeit wurden sie ja immer weniger. Ohne den Eingriff von Menschenhand, sich selbst und dem Wirken der Natur überlassen, würden sie in einigen Jahren gänzlich verschwunden sein.

Nur, im Moment gab es sie ja noch. Und auch der Haufen Mörtel lag brach unter der Sonne, und einer leistete dem anderen Gesellschaft.

Dann war da noch ein großes kaputtes Faß, das man an den Fuß der Mauer geworfen hatte. Ihm zur Seite kauerte ein dickbäuchiges Tongefäß, von dessen Tülle ein Stück herausgebrochen war. Der Krug enthielt nichts außer Regenwasser, mit dem er zur Hälfte angefüllt war. Wenn man ihn beim Henkel ergriff und kurz schüttelte, tauchten darin unzählige Lebewesen auf, die eifrig herumzukrabbeln begannen. Sie sahen aus wie Fische, waren aber keine, sie glichen Insekten, ohne Insekten zu sein, und ich wußte nicht, mit was für Tieren ich es hier zu tun hatte. Wandte ich mich dann dem mit Mühe und Not aufrecht stehenden, wackligen und vollkommen lädierten Fuß zu, mußte ich feststellen, daß sich nichts darin befand. Eigentlich war in diesem Zusammenhang das Wort »darin« ganz unangebracht, denn der Bauch des Fasses war schon längst auseinandergebrochen, so daß von »innen« und »außen« keine Rede mehr sein konnte. Man konnte höchstens noch von einem »Faßsockel« reden. Auf diesem Sockel tat sich gar nichts; er war aber sehr schön glatt, und wenn man mit der Hand darauf klatschte, gab es einen Knall. Als ich klein war, machte es mir die größte Freude, diesen Faßsockel umzudrehen, denn dann kamen darunter unglaubliche Mengen von Kellerasseln zum Vorschein, die mich in Angst und Schrecken versetzten, so daß ich schleunigst davonlief. In sicherer Entfernung blieb ich dann stehen und konnte von dort aus beobachten, wie dieses Glibbervieh, nachdem es einen Augenblick lang in zielloser Panik umhergewimmelt war, allmählich wieder unter das Faß zurückkehrte. Warum kam niemand, um den Faßsockel fortzuwerfen? Wahrscheinlich, um den Kellerasseln ihre Brutstätte zu erhalten.

Gegenüber von diesem Faß lag, wer weiß, wie viele Jahre schon, ein umgekippter morscher Schweinetrog. Auf seinem Boden wuchs eine beträchtliche Anzahl schwarzer Pilze. Es waren etwas kleinere Pilze, die allem Anschein nach nicht für den Verzehr bestimmt waren, so daß ich mich fragte, wozu sie dort wuchsen. Neben dem Trog ruhte das rostige Messer einer Pflugschar. Es ist schon merkwürdig: Die Gegenstände bei uns zu Hause traten immer paarweise auf, immer nur zu zweit. Einzelwesen gab es nicht.

Zu den Ziegeln, die in der Sonne bleichten, gesellte sich der Mörtelhaufen. Der Partner des zerbrochenen Kruges war das lädierte Faß, und zum Schweinetrog gehörte das Pflugscharmesser. Als hätten sie alle als Paare zusammengefunden und geheiratet und müßten auch noch eigene Nachkommenschaft in die Welt setzen, wie zum Beispiel die fischähnlichen Wesen im Krug oder die Kellerasseln unter dem Faß, die Pilze auf dem Schweinetrog und so weiter.

Warum auf der Pflugscharklinge kein neues Leben entstand, weiß niemand zu sagen. Sie rostete einfach nur vor sich hin, nichts gebärend, nichts wachsen lassend. Sie war einfach nichts als gelb. Strich man mit der Hand über ihre Oberfläche, die schließlich aus Eisen war, dann schien sie in ihrem jetzigen Stadium der Verrottung ganz aus gelbem Lehm zu bestehen und bei der Berührung auseinanderzubröckeln. Im Vergleich zu ihrem Lebensgefährten, dem Schweinetrog, schnitt sie sehr jämmerlich ab, und hätte sie sprechen können, hätte sie bestimmt geklagt: »Früher einmal war ich aus viel besserem Material als du beschaffen, wie konnte ich so verkommen?«

Nicht nur, daß die Pflugscharklinge verkam. Sie hatte auch so viel Rost angesetzt, daß die gelbe Farbe bei den ersten Regentropfen an ihr herablief und sich mit anderen

Dingen vermischte. Der halbe Schweinetrog war schon gelb verfärbt.

Diese gelben Ströme flossen weit fort und tauchten alle Erde, die sie kreuzten, in rostbraune Farbe ein.

2.

Mein Heim war einsam und trostlos.

Trat man durch das große Eingangstor, lehnte gleich an der nach Osten führenden Hofmauer ein verfallener Gebäudekomplex, der aus drei Zimmern bestand; nach Westen gingen drei gleichermaßen heruntergekommene Räume ab. Zusammen mit dem großen Torbogen entstand von außen der Eindruck, es handele sich um eine imposante Residenz mit sieben angrenzenden Gemächern. Und in der Tat ragten die Häuser hoch hinauf und waren aus sehr solidem, starkem Holz errichtet. So stämmig waren die Trägerbalken, daß ein Kind sie nicht umfassen konnte. Sämtliche Gebäude waren ziegelgedeckt, am Dachfirst außerdem glasierte Blumenverzierungen eingelegt, die in der Sonne hübsch glänzten. Auf beiden Enden der Dachvorsprünge saß jeweils eine Taube, die anscheinend auch aus glasiertem Ziegel gefertigt waren: Das ganze Jahr hindurch rührten sie sich nicht von der Stelle. Ihrer äußeren Erscheinung nach wirkten diese Häuser recht anschnlich.

Doch drinnen fand ich sie leer und langweilig.

In den drei nach Osten gelegenen Gebäuden speicherte unsere Familie ihr Getreide, aber nicht so viel, daß es der Rede wert gewesen wäre. Dafür gab es dort um so mehr Ratten. Die hatten sich von unten in den Kornspeicher hineingefressen, und nun konnten hier ganze Rattenfamilien existieren. Am Boden nagten Ratten und Mäuse, oben pickten Spatzen das Korn. Und überall herrschte ein faulig-erdiger Gestank vor. Die Fenster waren kaputt und mit Brettern vernagelt worden, die Tür klemmte ebenfalls und bebte knarrend, wenn man sie aufstieß.

Die drei an der westlichen Hofmauer gelegenen Gebäude waren an eine Familie vermietet, die Schweine züchtete. Drinnen und draußen gab es dort außer Schweinen nichts zu sehen: große Schweine, Ferkel, Schweinetröge, Schweinefutter. Auch die Leute, die dort ein und aus gingen, waren ausnahmslos Schweinehändler, und Haus wie Menschen verströmten einen äußerst üblen Geruch. Man kann nicht gerade behaupten, daß die Schweinezucht dieser Leute besonders umfangreich war; sie besaßen nie mehr als acht oder zehn Stück. Zur Abenddämmerung konnte man in der ganzen Umgebung die Lockrufe hören, die den Schweinen galten, da wurde auf den Trog geschlagen und an die Verschläge geklopft, die den Tieren als Stall dienten. Nachdem die Rufe ein paarmal erschollen waren, verstummten sie wieder. Mal war es eine hohe, mal eine tiefe Stimme, die in der feierlichen Abendstimmung zu verkünden schien, wie einsam das Leben dieser Familie wohl sei.

Neben dieser Wohnanlage mit sieben aneinandergrenzenden Zimmern gab es auf unserem Hof zwei weitere, ziemlich verfallene Gebäudekomplexe, drei heruntergekommene strohgedeckte Hütten und eine aus drei Räumen bestehende Mühle in sehr schlechtem Zustand.

Alle drei Räume der Mühle hatten wir an die Schweinezüchter vermietet, weil sie an deren Häuser grenzten.

Die drei Strohhütten befanden sich im südwestlichen Teil unseres Anwesens; sie hatten sich ganz von selbst in diesen abgelegenen Winkel davongemacht, wo sie einsam und verlassen, schief und krumm dastanden und langsam verkamen.

Auf dem Strohdach dieses dreiteiligen Gebäudes wuchs Moos, das von weitem den schönen Anblick einer dichten grünen Fläche bot. Überdies wuchsen bei Regen Pilze aus dem Dach. Die Bewohner des Hauses stiegen dann hinauf, um die Pilze einzusammeln, genau, wie man normalerweise zum Pilzesammeln ins Gebirge klettert, denn hier war eine große Anzahl zu holen. So ein strohgedecktes Dach mit Bergpilzen bot nicht jedes Haus. Zu unserem Anwesen gehörten alles in allem mehr als dreißig Gebäude, doch nirgendwo sonst wuchsen Pilze. Das erklärt, warum die Leute, die hier lebten, von sämtlichen Bewohnern unseres Hofes beneidet wurden, sobald sie mit ihrem Korb zum Pilzesammeln aufs Dach stiegen. Man konnte dann Bemerkungen hören wie: »So frische Pilze, das ist ja kein Vergleich mit getrockneten. Wenn man dazu noch ein Hühnchen schlachtet, dann schmeckt das ganz phantastisch!«

Oder: »Pilze mit Tofu gebraten, das ist überhaupt das Köstlichste!«

»Pilze nach einem Regen sind noch zarter als das Fleisch eines jungen Hühnchens.«

»Pilze mit Huhn – das ist ein Pilzgericht, kein Hühnergericht!«

»Pilze mit Nudeln – da läßt man die Nudeln stehen und schlürft nur noch die Pilzsauce.«

»Wer sich beim Essen dieser Pilze nicht vergißt, mit dem stimmt was nicht.«

»Gedämpfte Pilze mit Ingwerstreifen – dazu kann man mühelos acht Schalen Hirse essen.«

»Solche Pilze sind nicht zu verachten, das ist unverhoffter Reichtum!«

Die neiderfüllten Mitbewohner unseres Anwesens konnten sich nur dafür hassen, daß sie nicht selbst in diesem Strohhüttenkomplex lebten. Hätten sie eher gewußt, daß die Miete für jene Häuser auch das Recht auf Pilze einschloß, dann wäre für sie keine andere Unterkunft mehr in Frage gekommen. Wo gab es auf der Welt so ein herrliches Arrangement, daß man die Pilze gleich mitmieten konnte? Da konnte man nur tief ergriffen seufzen, und das Gejammer und die Selbstvorwürfe wollten kein Ende nehmen.

Nach alledem ist es verständlich, daß derjenige, der sich in diesem Augenblick, von zahlreichen Augenpaaren bewundert, auf dem Dach befand, seine Arbeit als rühmlich ansah und sich folglich viel Zeit damit ließ. Eigentlich dauerte das Pilzesammeln nur etwa so lange, wie man braucht, um ein Tabakpfeifchen zu rauchen, doch nun wurde der Vorgang auf eine halbe Mahlzeitlänge ausgedehnt. Gleichzeitig wählte der Pilzesammler mit Bedacht ein paar besonders große Exemplare heraus, die er gönnerhaft vom Dach herunterwarf und mit den Worten begleitete: »Guckt euch mal die hier an, habt ihr schon mal so makellose Pilze gesehen? Wo gibt's denn noch ein Dach, auf dem so gute Pilze wachsen?«

Die Zuschauer konnten zwar von ihrem Standort aus nicht genau erkennen, ob alle Pilze solche Prachtstücke wären, glaubten aber, daß alle so groß seien, was allseits die Bewunderung noch steigerte. Schnell bückte man sich, um die heruntergeworfenen aufzulesen und nach Hause zu tragen. Zur Abendbrotzeit, wenn der Tofuhändler käme, würde man sich dann in größte Unkosten stürzen und sich für 200 Käsch ein kleines Stück auswählen, um es dann mit den Pilzen aufzubraten.

Inzwischen hat der Mann auf dem Dach vor lauter Großspurigkeit vergessen, daß es hier oben eine Reihe von unsicheren Stellen gibt, und schon tut sich ein Loch auf, in das er mit seinem Fuß einbricht. Als er ihn wieder herauszieht, fehlt der Schuh. Der Schuh ist durch das Dach gefallen, geradewegs in einen Topf hinein, in dem siedendheißes Wasser brodelt, und nun wird er langsam gar gekocht. Die Leute, die vor dem Topf stehen und Nudeln durch ein Sieb pressen, finden die Sache immer interessanter und spaßiger, je länger sie zusehen. Der Schuh wirbelt im kochenden Wasser umher, während sich von seiner Sohle der Dreck löst und die abgeseihten Nudeln allmählich braungelb werden läßt. Doch niemand fischt den Schuh aus dem Wasser. Die

Nudeln sind eh zum Verkauf bestimmt und nicht für den eigenen Verzehr gedacht, finden die Leute.

Das Dach dieses Hauses brachte zwar Pilze hervor, hielt aber dem Regen nicht stand. Sobald es zu regnen begann, füllte sich das ganze Gebäude mit Wasser wie ein kleiner Krug. Was man auch berührte, es war feucht oder durchnäßt.

Zum Glück wohnten hier die etwas robusteren Leute. Es gab unter ihnen ein Kind mit einer schiefen Nase und Glubschaugen, das sie den »Eisenjungen« nannten. Den lieben langen Tag sah man es mit einem eisernen Spaten in einem länglichen Trog herumhacken. Was es da hackte? Wer den Raum betrat, konnte das nicht gleich erkennen, denn die stehende Luft war hier durch Kochdämpfe vernebelt. Schaute man aber näher hin, dann wurde klar, daß der Junge Kartoffeln zerkleinerte. Der Trog war voller Kartoffeln.

Die Strohhütten wurden von einer Familie gemietet, die aus Kartoffel- und Bohnenmehl Glasnudeln herstellte. Diese Menschen waren alle etwas grobschlächtige Charaktere, besaßen keine anständigen Schuhe und Strümpfe und kein ordentliches Bettzeug. Jeder von ihnen führte ein Dasein, das dem der Schweine ähnelte, und die verfallenen Hütten waren genau das richtige für sie – hätte man ihnen ein gutes Haus gegeben, sie hätten es vermutlich im Nu verkommen lassen. Ganz abgesehen davon, daß sie Pilze essen konnten, wann immer es regnete.

Wenn sich die Leute hier ein Pilzgericht zubereiteten, dann gab es dazu immer Nudeln, Pilze mit Nudeln gebraten, Pilze mit Nudeln gedünstet, Pilze mit Nudeln gekocht. War keine Brühe zur Hand, dann wurde »gebraten«, gab es Brühe, dann hieß es »gekocht«, und wenn nur noch ein bißchen Brühe übrig war, dann wurde darin »gedünstet«.

Von so einer Pilzmahlzeit zweigten sie regelmäßig eine große Schale für Großvater ab, die der schiefmäulige, glotzäugige Junge vorbeibrachte. Sobald er wieder gegangen war, sagte Großvater: »Das kann man doch nicht essen, wenn nun giftige Pilze darunter sind, davon kann man ja sterben.«

Doch bei den Nudelherstellern starb niemals jemand an einer Pilzvergiftung. Tag für Tag hörte man diese Leute singen, Tag für Tag stellten sie ihre Nudeln her.

Vor dem Nudelhaus stand ein mehrere Meter hohes Gestell, von dem weiße Nudeln herabhingen und wie ein Wasserfall glitzerten. Auch beim Nudelaufhängen wurde gesungen. Waren die Nudeln getrocknet, sang man, wenn man sie vom Gestell abnahm. Der Gesang war nicht aus der Freude an der Arbeit geboren, er ähnelte vielmehr den Tränen, die sich unter das Lachen mischen.

Der Mensch muß geduldig sein Schicksal tragen. Du glaubst, das Los von unsereinem sei bedauernswert, doch hörst du uns klagen? Du findest es sogar gefährlich, doch wir sind damit zufrieden. Was bleibt uns auch anderes übrig? Das Leben ist voller Leid und bietet nur wenige Glücksmomente.

Das Lied, das aus der Nudelküche erklingt, ist wie eine rote Blume, die auf einer Mauer erblüht. Je prächtiger sie sich entfaltet, desto deutlicher hebt sie sich von ihrer kärglichen Umgebung ab.

Im Ersten Monat, genau am fünfzehnten Tag
hängen rote Laternen vor jedem Haus.
Gemeinsam begehen Ehemann und Eheweib das Fest
Nur Meng Jiangnüs Mann muß zur Großen Mauer hinaus.*

An jedem beliebigen klaren Tag wurden die Nudelbänder über die Gestelle gehängt, und sogleich erklang auch dieses

* Das Laternenfest beschließt am 15. Tag des Ersten Monats die Neujahrsfeiertage. Die Geschichte der Meng Jiangnü erzählt, wie der Kaiser Qinshihuang deren Ehemann Jiliang beim Bau der Großen Mauer als Opfer für die Götter töten ließ.

Lied. Da die zerfallenen Strohhütten etwas abseits in der südwestlichen Ecke unserer Anlage standen, drang die Stimme aus ziemlich weiter Ferne zu uns herüber. Hin und wieder hörte man auch jemanden in Nachahmung eines Frauenfalsetts die Arie »Zur Morgendämmerung« intonieren.

Der Strohhüttenkomplex war im Grunde nicht mehr bewohnbar. Nach jedem Regenschauer mußte am nördlichen Ende ein neuer Stützpfeiler angebracht werden, mittlerweile waren es schon sieben oder acht. Trotzdem neigte sich das Gebäude täglich ein Stück weiter nach Norden. Je schiefer es wurde, desto gefährlicher sah es aus; ich bekam es bei seinem Anblick mit der Angst zu tun und fürchtete mich, daran vorbeizugehen, denn vielleicht würde es ja gerade in diesem Moment zusammenbrechen und mich unter sich begraben. Das Haus war in keiner Weise vorzeigbar.

Die ehemals rechteckigen Fenster hatten sich mittlerweile rautenförmig verzogen, und auch die Tür war so schief, daß sie nicht mehr schloß. Die auf den Hauswänden ruhenden Dachbalken sahen aus, als würden sie jeden Augenblick herunterfallen beziehungsweise auf der einen Seite herausspringen. Der Firstbalken des Dachstuhls schob sich jeden Tag ein Stückchen weiter nach Norden, weil sich seine Zapfen bereits aus ihrer Verankerung gelöst hatten, und da ihn nun nichts mehr daran hinderte, begab er sich frei und eigenmächtig auf die Wanderschaft. In seinem Gefolge befanden sich einige Dachsparren, die am First des Hauses festgenagelt waren und die willig mit ihm gen Norden zogen. Die sich nicht gleich anschließen konnten, rüttelten und zerrten so lange, bis sie die Nägel herausgerissen hatten. Nun hingen die Sparren lose herab und baumelten über die Köpfe der Nudelköche hinweg. Weil sie am anderen Ende noch durch den Dachvorsprung herausragten, konnten sie nicht ganz herabfallen und schaukelten darum nur knirschend hin und her.

Einmal betrat ich dieses Haus, denn ich wollte wissen, wie die Nudeln hergestellt wurden. Doch ganz genau konnte ich gar nicht hinschauen, ich hatte zu sehr Angst, von den Dachsparren am Kopf getroffen zu werden.

Sobald ein Wind blies, begann das Haus gewaltig zu klagen und zu jammern; die Trägerbalken stöhnten, der Firstbalken ächzte, der Türrahmen knarrte und die Fenster quietschten.

Begann es zu regnen, ging das Gestöhne von neuem los. In der Nacht konnte das Haus auch ohne Wind und Regen Geräusche machen. Denn wie soll ein Gebäude, das Töne erzeugen kann, ausgerechnet in tiefer Nacht schweigen, wenn die Menschen verstummt sind und unzählige Nachtwesen ihren Gesang anstimmen? Gerade dann fabrizierte es den fürchterlichsten Lärm, der alle anderen Geräusche übertönte.

Gleichwohl gab es auch die, und man spitzte die Ohren, um herauszubekommen, woher sie kamen. Sie klangen aus dunkler, undefinierbarer Ferne herüber, es gelang einem nicht, ihren Ursprung genau festzustellen. Vielleicht waren sie auch nur eine durch Ohrensausen hervorgerufene Sinnestäuschung, trotzdem bildete man sich ein, sie deutlicher zu hören als das Miauen einer Katze, das Bellen eines Hundes oder das Gezirpe irgendeines Insekts, Laute von Lebewesen, die einem vertraut waren.

Aber wer hat schon jemals ein Haus gehört, das nachts stöhnen kann? Wer wohnt schon in einem Haus, das in der Nacht Geräusche macht wie ein lebendiges Geschöpf und jammert? – So etwas war doch etwas ganz anderes als die gewöhnlichen Laute der Nacht. Häufig ließ das Haus die Menschen, die unter seinem Dach ruhten, aus dem Schlaf schrecken. Doch diese drehten sich gleich wieder um und murmelten: »Das Haus geht wieder auf Wanderschaft.«

Es klang durchaus so, als handele es sich um ein Wesen aus Fleisch und Blut, wenn man die Leute so reden hörte, als sei das Haus jemand, das an einen anderen Ort umziehen wolle. Und wenn das Haus wirklich die Absicht hatte umzuziehen, warum sprang dann der, der eben noch geschlafen hatte, nicht aus seinem Bett? Nichts dergleichen geschah, man rollte sich auf die andere Seite und schlief wieder ein. Daß das Haus zusammenbrechen könnte, beeindruckte seine Bewohner nicht im geringsten. Sie vertrauten ihrem Heim, wie man einem nahen Verwandten vertraut. Und sollte es eines Tages wirklich einstürzen, dann würde es sie auch nicht gleich unter sich begraben, von Todesgefahr konnte also nicht die Rede sein. Woher diese Leute ihr unerschütterliches Selbstvertrauen nahmen, vermag ich nicht zu sagen, vielleicht waren sie ja alle aus Eisen gegossen und keine Wesen aus Fleisch und Blut. Oder aber sie gehörten alle einem Himmelfahrtskommando an und scherten sich keinen Deut um ihr Leben.

Warum wären sie wohl sonst so tapfer? Sie fürchteten weder Leben noch Tod. Obwohl auch das nicht ganz stimmt. Zum Beispiel kann es geschehen, daß sich beim Abnehmen der Nudeln eine Stange aus dem Trockengestell löst und herabfällt und dabei den Menschen, der soeben diese Aufgabe verrichtet, so erschreckt, daß er schlottert. Die Nudeln brechen entzwei, doch ihm ist nichts passiert. Der Mann sammelt seine Nudeln zusammen und betrachtet nachdenklich die Stange: »Komisch ...« Je mehr er darüber ins Grübeln kommt, desto merkwürdiger erscheint ihm, daß es die Nudeln und nicht ihn getroffen hat. Er legt die Stange wieder an ihren Platz. Dann begibt er sich in eine sichere Entfernung zur Unglücksstelle, wo er stehenbleibt und sich die ganze Situation noch einmal kritisch vor Augen führt. Je mehr er die Lage erfaßt, desto fürchterlicher kommt sie ihm vor. »Oje! Wenn die mir nun auf den Kopf gefallen wäre!« Nicht auszudenken. Schließlich betastet er seine Schädeldecke und beglückwünscht sich zu seiner Rettung. Das nächstemal muß er besser aufpassen. Dabei ist die

Stange aus dem Trockengestell nicht einmal so dick wie ein Dachsparren, doch wenn er sie sieht, bekommt er es mit der Angst. Von nun an meidet er sie nach Möglichkeit, und selbst wenn er Nudeln trocknen muß, macht er einen großen Bogen um sie. Immer wieder gleitet sein Blick zu dieser einen Stange hin, und erst nach einer Reihe von Tagen hat er die Sache vergessen.

Derselbe Mann löscht zum Beispiel schnell die Lampe bei einem Gewitter, denn bei ihm zu Hause ist man der Überzeugung, das Feuer zöge den Blitz an, und der könne einschlagen. Müssen sie einen Fluß überqueren, werfen sie zwei Kupfermünzen ins Wasser; der Überlieferung nach ist der Fluß nämlich sehr gefräßig, und häufig ertrinken in ihm Menschen. Zwei Kupfermünzen erfreuen jedoch den Gott des Flusses, und er verschont sie daraufhin.

Dies alles beweist, daß die Bewohner der ächzenden Strohhütte sehr wohl Angsthasen sind und genau wie andere Menschen auch voller Furcht durchs Leben gehen. Wie erklärte es sich dann, daß ihnen die ständige Einsturzgefahr ihres Hauses nichts ausmachte? Die Meinung des Mantouverkäufers lautete dazu: »Die wollen doch nur eins, und zwar genau diese Bruchhütte!« Während das Kind mit der schiefen Nase und dem durchdringenden Blick geltend machte: »Schließlich ist es nur ein Haus und keine Braut, bei der alles perfekt sein muß!« Die beiden jungen Herren aus der Gentry-Familie Zhou, die auch auf unserem Anwesen lebten, waren der Ansicht: »Eine bessere Behausung für derart niederes Volk gibt es doch gar nicht.« Mein Zweiter Onkel You sagte dazu: »Denen geht es doch nur um die billige Miete, es gibt genug Häuser in Hulan, warum haben sie sich nicht etwas Besseres gesucht? Weil sie dann nämlich bar bezahlen müßten, anders als hier, wo sie einmal jährlich zehn oder zwanzig Pfund Nudelteig bei uns abliefern, und damit hat sich der Fall. Das kommt ja praktisch einem mietfreien Wohnen gleich. Wenn dein Zweiter Onkel keine Verwandten hätte, müßte er sich wahrscheinlich auch so eine kaputte Hütte suchen.« Darin schien ein Körnchen Wahrheit zu liegen.

Großvater hätte das Haus schon längst abreißen lassen, wenn sie nicht alle gebettelt hätten, er möge es nicht tun. So ließ er sie weiter darin wohnen.

Im Grunde war es doch so: Ob das Haus nun einstürzte oder nicht, ob es den Bewohnern Glück oder Unglück brachte, wir lebten ja alle viel zu weit davon entfernt, als daß wir uns darum hätten kümmern müssen.

3.

Unser Wohnhof war verlassen und eintönig. Am einen Ende lebten die Nudelmacher, am anderen die Schweinezüchter. In deren Seitenflügel lebte außerdem ein Mann, der die Getreidemühle bediente. Der schlug die ganze Nacht hindurch seine Bangzi-Hölzer*.

Bei den Schweinezüchtern gab es ein paar Müßiggänger, die regelmäßig zusammensaßen und die Shaanxi-Oper sangen und Huqin** spielten. Darum erklang auch so häufig das Lied vom »Einsamen Seufzer in der Morgendämmerung« aus der südwestlichen Ecke unseres Anwesens.

Doch alles Zusammenspiel von Geigen, Klappern und Opernarien hatte so gar nichts Belebendes, so gar nichts Mitreißendes an sich. Man hätte nicht behaupten können, diese Musikanten seien in irgendeiner Weise erleuchtet oder strebten nach dem Licht. Für sie war kein Licht weit und breit zu sehen; nicht einmal, wenn es sich ihnen gezeigt hätte, hätten sie sich einen Vers darauf machen können. Sie nahmen solche Dinge wahr wie der Blinde, dem die Sonne

* Bangzi ist ein Schlaginstrument, das aus zwei Holz- oder Bambusschlegeln unterschiedlicher Länge besteht.

** Die Huqin ist eine kleine zweisaitige Kniegeige.

auf den Kopf scheint; er kann sie zwar nicht sehen, aber er fühlt doch stark die Wärme.

Sie gehörten eben zu jenen Menschen, die nicht wissen, wo das Licht ist, aber dafür sehr deutlich spüren, daß sie selbst nur die Kälte abbekommen haben. Sie versuchen, die Kälte abzuwehren, und erleiden dabei nur Tragisches. Als Kinder ihrer Eltern haben sie keine Hoffnung außer der, sich satt essen und warm kleiden zu können. Dabei werden sie nie satt, und nie wärmen die Kleider. Sie sind gewillt, ihr Schicksal anzunehmen, wie es kommt, sei es widrig oder günstig. Doch ist ihnen das Schicksal kein einziges Mal günstig.

Je heftiger der Mann in der Mühle seine Hölzer aneinanderschlug, als um so trübseliger empfanden die Leute das Klappern in der Nacht. Das lag wohl daran, daß er allein spielte und es keine Begleitmelodie gab.

4.

Unser Anwesen war öde und verlassen.

In dem kleinen Seitengebäude, das zum Haus der Nudelhersteller gehörte, wohnte eine Kutscherfamilie. Diese Leute ließen gern die Schamanin bei sich tanzen, und regelmäßig ertönten dort wilde Trommelrhythmen und schriller Gesang. Das Getrommel erstarb meistens erst spät in der Nacht, und die greifbare Anwesenheit von Unsterblichen und Geistern, die sich im Wechselgesang von Schamanin und ihrem Gehilfen offenbarte, beschwor eine entrückte, unheimliche Atmosphäre herauf, eine Welt, die nicht mehr zwischen Diesseits und Jenseits unterschied.

Die alte Dame jener Familie war das ganze Jahr hindurch krank, und die Schamanin führte eigens für sie ihre Tänze auf. Diese Familie war mit Abstand die erfolgreichste auf dem ganzen Anwesen, bestand sie doch aus drei Generationen. Bei ihnen herrschten Ordnung und Sauberkeit, man begegnete einander mit dem gebührenden Respekt; die Regeln, die den ehrerbietigen Umgang der Familienmitglieder untereinander seit alters her ordnen, wurden von ihnen vorbildlich eingehalten. Hier traf man bestimmt nicht auf Müßiggänger und Herumtreiber, hier ging es völlig anders zu als bei den Nudelleuten und dem Mühlenbewohner, deren Leben von Gesang und Wehklagen geprägt war. Hier war alles ruhig und friedlich – wenn man von der Schamanin einmal absah.

Die Dame des Hauses, die alte, ewig kranke Großmutter, besaß zwei Söhne. Der ältere war Kutscher und der jüngere ebenfalls. Jeder Sohn hatte außerdem eine Ehefrau. Die Frau des Ältesten war eine dicke Person um die fünfzig, die Frau des Jüngeren, ein dürres Klappergestell, hatte auch schon die vierzig erreicht. Darüber hinaus waren der alten Dame noch zwei Enkelsöhne beschert worden, wobei der älteste Enkel von der zweiten Schwiegertochter, der jüngere von der Frau des Älteren stammte.

Dieser Umstand stiftete ein ganz klein wenig Unfrieden im Haus*, da er zwischen den beiden Schwiegertöchtern der Alten einen Anflug von Unstimmigkeit auslöste, die allerdings nicht auf den ersten Blick zu erkennen war. Der Mißklang entstand lediglich im Verhältnis der beiden, und nur sie wußten davon. Die ältere Schwägerin empfand, daß die andere es ein wenig am nötigen Respekt fehlen ließ, was jene unverschämterweise aus der Tatsache ableitete, daß ihr Sohn der ältere war. Die andere fand, daß ihre Schwägerin bei allem und jedem das Sagen haben wollte, woher nahm

* Diese Konstellation kippt die konfuzianische Familienhierarchie, nach der dem erstgeborenen Sohn die größte Ehrerbietung gezollt wird. Der Frau des ältesten Sohnes stünde demnach unter den Schwiegertöchtern der höchste Rang zu, wenn nicht die jüngere Schwägerin den ältesten Sohn der nächsten Generation geboren hätte – so entsteht eine reibungsgeladene Pattsituation.

sie bloß das Recht dazu? Deren Sohn war schließlich der jüngere. Und weil er noch so klein war, hatte die Schwägerin auch noch keine eigene Schwiegertochter, die sie herumkommandieren konnte, und darauf war sie einfach nur neidisch.

Die alte Dame hatte also zwei Söhne und zwei Enkel, da konnte sie wirklich zufrieden sein. Arbeitskräfte waren in genügender Menge vorhanden, so daß dem Familiengeschäft eine blühende Zukunft gewiß war. Es genügt vollkommen zu sagen, daß sie die große Kutsche ganz allein bedienen konnten. Wo gab es schon eine Familie, die über vier männliche Mitglieder zweier Generationen verfügte; von dem, der vorn auf dem Kutschbock saß und die Peitsche schwang, bis zum Mann, der hinten im Wagen saß, trugen sie alle den einen Namen Hu – und kein einziger fremder Name war darunter. Daheim teilten sie ein Herdfeuer, nach außen standen sie zusammen wie ein Mann. So erklärt sich, warum die alte Dame, obgleich sie doch das ganze Jahr hindurch krank war, mit Optimismus in die Zukunft schaute. Und was ihr Gemüt vielleicht hätte belasten können, beseitigte die Schamanin mit ihrem Tanz. Sollte sie bald sterben, könnte sie es leichten Herzens tun, sollte sie noch ein Weilchen am Leben bleiben, dann hätte sie noch ein bißchen Zeit, die unermüdlichen Anstrengungen ihrer Söhne mit anzusehen.

Von ihren Schwiegertöchtern wurde sie ebenfalls sehr gut behandelt. Diese ließen es sich nicht nehmen, alle naselang Geld für die Schwiegermutter auszugeben, indem sie die Schamanin für sie tanzen ließen.

Bei jedem Besuch der Schamanin lehnte die alte Dame mit einem Kissen im Rücken gegen die Wand, wo ihr Kang stand. Umständlich bemüht, sich aufzurichten, sagte sie zu allen anwesenden schaulustigen Frauen: »Diesmal hat mir die Frau meines Ältesten die Schamanin spendiert.« Oder: »Heute hat meine jüngere Schwiegertochter bezahlt.« Während sie ihre Schwiegertöchter immer wieder mit unverhohlenem Stolz lobte, versuchte sie weiter angestrengt, eine sitzende Haltung einzunehmen. Sie litt nämlich an einer Lähmung, daher mußte sie schnell die Schwiegertöchter herbeirufen, damit diese sie wieder in eine Ruheposition brachten. Erschöpft schnappte die alte Dame eine Zeitlang nach Luft.

Die Frauen im Raum beteuerten einhellig, wie gütig die Großmutter mit ihren Schwiegertöchtern umginge, und jede einzelne pries die treue Kindespflicht der beiden gegenüber der Alten. Daher kamen jedesmal, wenn hier die Schamanin ihre Vorstellung gab, nicht nur aus allen Ecken und Winkeln unseres Anwesens die Leute angelaufen, auch von den umliegenden Straßen strömten Menschen herbei. Nur schade, daß man nicht im voraus einen Platz reservieren konnte; wer frühzeitig erschien, ergatterte sich einen Hokker oder einen Sitzplatz auf dem Rande des Kang. Wer zu spät kam, mußte stehen.

Eine Zeitlang war die Kindespietät, wie sie im Hause der Familie Hu praktiziert wurde, in aller Munde. Unter den Haushalten der Nachbarschaft nahmen sie unbestritten den ersten Rang ein und wurden zum Vorbild aller Frauen der Umgebung. Doch auch unter den Männern wurde folgendermaßen geurteilt: »Der Menschenreichtum im Hause Hu wird denen letztendlich auch finanziellen Reichtum bescheren.« Oder: »Von den drei Kriterien günstiges Wetter, ertragreicher Boden und menschliche Harmonie ist das letzte immer noch ausschlaggebend. Wenn die Menschen füreinander da sind, macht schlechtes Wetter nicht soviel aus, und auch der kärgste Boden wirft noch was ab.« Und ein anderer meinte: »Ihr werdet sehen, heute haben sie den einen großen Wagen, aber schon in fünf Jahren werden sie eine Familie dritten, wenn nicht sogar zweiten Ranges sein.« Und mein Zweiter Onkel You sagte dazu: »Denk an meine Worte, in ein paar Jahren besitzen sie eine ganze Herde von

Pferden und Maultieren. Daß sie im Moment nur die eine Kutsche haben, will gar nichts heißen.«

Obgleich sich der Konflikt zwischen den beiden Schwägerinnen nicht weiter zuspitzte, kam der Zwist auch nie ganz zum Erliegen. Der ältere Enkel hatte eine Frau mit gesunder roter Gesichtsfarbe geheiratet, die bei der Arbeit eifrig zulangte und obendrein ein sanftmütiges Wesen besaß. Sie war weder dick noch dünn, weder hochgeschossen noch untersetzt, und ihre Stimme war weder zu laut noch zu leise. Mit einem Wort, sie hätte gar nicht besser zu dieser Familie passen können. Kehrten die Männer mit ihrem Wagen von der Arbeit heim, führte sie flink das Pferd zum Brunnen; bevor sie morgens wieder hinausfuhren, fütterte sie das Tier mit Heu. Im Grunde war sie von ihrer Statur her gar nicht für harte Arbeit geschaffen, doch wirkte sie beim Anpacken nicht schwächer als die anderen und konnte es mit jedem Mann aufnehmen. Gab es draußen nichts mehr für sie zu tun, dann verrichtete sie im Haus jede erdenkliche Arbeit, sei es nun Zuschneiden, Nähen, Stopfen oder Ausbessern, und alles gelang ihr aufs vortrefflichste. Obwohl weder Samt noch Seide im Hause vorhanden waren, verarbeitete sie die einfachsten Tuche mit filigranen, sauberen Stichen. Wenn das neue Jahr näherrückte, knapste sie sich noch, ganz gleich, wie beschäftigt sie sein mochte, die Zeit ab, um der Großmutter, ihrer Schwiegermutter und der Frau des ältesten Sohnes ein Paar Stoffschuhe zu nähen. Obgleich ihr kein gutes Material, sondern nur grober blauer Wollstoff zur Verfügung stand, gelang es ihr, exquisite Schuhe anzufertigen, und obgleich sie keinen Seidenfaden zur Hand hatte und sich mit einem einfachen Baumwollfaden begnügen mußte, verstand sie es, ihn in seiner farblichen Frische allerliebst gegen das Blau des Materials abzusetzen. Die Großmutter bekam ein Paar, auf das kirschrote Lotusblüten mit großen Blütenblättern gestickt waren, die Frau des ältesten Sohnes ein Paar mit Päonien darauf. Die Stoffschuhe, die sie ihrer eigenen Schwiegermutter schenkte, zierten grünblättrige Orchideen von schlichter Eleganz.

Wenn die Frau des ältesten Enkels der Familie ihrer Mutter einen Besuch abstattete und man sie befragte, wie denn das Leben im Hause ihres Mannes so sei, gab sie stets zur Antwort, wie überaus gut es ihr dort ginge und wie sich in nächster Zukunft unweigerlich der Wohlstand einstellen würde. Der Onkel, ältester Sohn der Familie, sei ja so gewissenhaft und verantwortungsbewußt, ihr Schwiegervater so zäh und arbeitsam. Die alte Dame sei ebenfalls sehr gütig, die Frau des Ältesten, die Tante, ausgesprochen nett. In der gesamten Schwiegerfamilie gab es nichts, das in irgendeiner Weise zu bemängeln gewesen wäre, alles dort stellte sie in jeder Weise zufrieden. So eine Schwiegerfamilie war wirklich schwer zu finden.

Es stimmte zwar, daß ihr Mann sie schlug, aber, beeilte sie sich einzuwenden, wo gab es den Mann, der seine Frau nicht schlug? Dies täte ihrem großen Glück wirklich keinen Abbruch.

Als sie der alten Dame die Stoffschuhe schenkte, fühlte diese sich angesichts der kunstvollen Handarbeit unendlich beschämt. Daß eine junge Frau, die so geschickt mit Nadel und Faden umzugehen verstand, tagein, tagaus die Schweine füttern und den Hund prügeln mußte, war doch gewiß ein wenig ungerecht. Die Großmutter nahm die Schuhe in Empfang, ohne die rechten Dankesworte zu finden, darum drehte und wendete sie das Paar in einem fort, wobei ein herzliches Lachen in ihr kalkweißes Gesicht trat und sie immer wieder wohlwollend nickte.

So gut war die Frau des ältesten Enkels. Der zweite war auch schon verlobt, nur war er noch zu klein, um in absehbarer Zeit heiraten zu können. Die Reibereien der beiden Schwägerinnen entzündeten sich nämlich an der Braut dieses Enkels, die noch bei ihren Eltern lebte. Die eine, und zwar deren zukünftige Schwiegermutter, war dafür, daß man sie als Kindbraut* ins Haus holte, die andere war dagegen, wobei sie das Argument anführte, das Mädchen sei noch zu jung, um zu arbeiten, man würde sie nur durchfüttern müssen, ohne in irgendeiner Weise einen Vorteil an ihr zu haben. So wurde hin und her geredet, ob die Kleine kommen solle oder nicht, und vorerst verlief der Streit unentschieden. Wenn die alte Dame das nächstemal Besuch von der Schamanin bekäme, wollte man aber ganz beiläufig deren Rat einholen.

5.

Unser Anwesen war triste und verlassen.

Noch vor Morgengrauen begannen die Hähne zu krähen. Das Klappern der Hölzer in der Mühle hinter unserem Haus verklang auch dann noch nicht, wenn der Himmel sich schon heller färbte. Sobald der Tag anbrach, kamen Krähen in Schwärmen herbeigeflogen.

Ich pflegte an Großvaters Seite zu schlafen. Wenn er erwachte, bat ich ihn gleich, er solle ein Gedicht rezitieren. Und Großvater trug vor:

> Im Frühlingsschlaf das Morgengraun nicht spürn
> Zwitschern und Zirpen, Vögel allerort.
> Die Nacht hat den Gesang von Wind gebracht
> Der blies ringsum die Blüten mit sich fort.

»Im Frühling schläft der Dichter«, erklärte Großvater, »ohne zu wissen, was um ihn herum passiert. Er erwacht und

* Die Sitte, eine Kindbraut aufzunehmen, war im alten patrilokalen China weit verbreitet. Diese jungen Mädchen stellten eine zusätzliche Arbeitskraft dar und besaßen keinerlei Rechte, häufig wurden sie auch als Kindermädchen für ihre zukünftigen Ehemänner eingesetzt, die oft noch jünger waren als sie selbst. Vgl. Kap. V.

hört sogleich, daß überall die Vögel singen. Dann erinnert er sich an den Sturm der letzten Nacht, aber er kann nicht sagen, wie viele Blumen Regen und Wind mit sich fortgerissen haben.« Großvater mußte seine vorgetragenen Gedichte stets erläutern, das hatten wir im voraus vereinbart.

Während Großvater rezitierte, erhob sich unser Koch. Vernehmlich hustend machte er sich mit einer Schulterstange, an deren Enden zwei Eimer hingen, auf den Weg zum Brunnen, um Wasser zu holen. Der Brunnen war ziemlich weit von unserem Wohnhaus entfernt. Wie er die Leine in den Brunnen hinabsausen ließ, konnte man am Tage nicht hören, aber im frühen Morgengrauen entging uns das Gerassel nicht. Bald kehrte er mit den gefüllten Eimern zurück, bei uns war jedoch immer noch niemand aufgestanden. Dann hörte ich ihn mit viel Geschabe einen Topf auswaschen, in dem er dann das Wasser für unsere Gesichtswäsche erhitzte, und immer noch war niemand bei uns auf den Beinen.

Ich rezitierte mit Großvater Gedichte, bis die Sonne aufging. Dann sagte er: »Jetzt stehen wir auf.«

»Laß uns noch eins aufsagen«, bat ich.

»Na gut, aber dann stehen wir wirklich auf.« So rezitierten wir noch ein Gedicht, doch als wir damit fertig waren, hielt ich nicht Wort und behauptete, dieses zähle nicht, wir müßten noch eines aufsagen.

Jeder Morgen verlief immer wieder auf diese gleiche Art und Weise. Sobald das Tor geöffnet wurde, gingen wir in den Hof hinaus, der von tausend goldenen Sonnenstrahlen beschienen wurde. Die Sonne brannte uns auf den Schädel, sie stand schon ein paar Meter hoch.

Großvater ging zum Hühnerstall, um die Hühner herauszulassen; ich folgte ihm auf den Fersen. Als nächstes ließ er die Enten frei, und ich lief ihm wieder hinterher. Ich folgte Großvater, und der große gelbe Hund folgte mir. Wenn ich hüpfte, wedelte der Hund mit dem Schwanz. Sein Kopf war groß wie eine Waschschüssel, dick und rund, und immer wollte ich, daß er mein Pferd sei. Doch Großvater erlaubte mir nicht, auf ihm zu reiten. Trotzdem mochte mich der große gelbe Hund, und ich liebte ihn.

Die Hühner und Enten kamen aus ihren Verschlägen hervor und schüttelten ihr Gefieder, sie irrten schnatternd umher und machten einen Riesenradau. Großvater verstreute leuchtendrote Gaoliangkörner und goldgelbe Hirse. Da kamen die Hühner gackernd angelaufen und pickten die Körner vom Boden.

Nachdem die Hühner gefüttert waren, zeigte uns ein Blick zum Himmel, daß die Sonne schon wieder ein paar Meter weiter nach oben geklettert war.

Als wir ins Haus zurückkehrten, stand für uns ein kleiner gedeckter Tisch bereit. Großvater aß eine Schale Reissuppe mit Zucker, aber ich weigerte mich. Ich wollte gerösteten Mais, und darum ging Großvater mit mir in den Garten hinter unserem Haus, wo wir durch den Morgentau liefen und er mir in einer Maispflanzung einen Maiskolben schnitt. Danach waren unsere Schuhe und Strümpfe vollkommen durchnäßt.

Großvater trug dann dem Koch auf, den Maiskolben für mich zuzubereiten, doch als er fertig war, hatte ich schon mehr als zwei Schalen Reissuppe mit Zucker gegessen. Ich knabberte lustlos an ein, zwei Körnern herum und behauptete, daß mir der Mais nicht schmecke, in Wirklichkeit war ich nur satt. Dann nahm ich den Maiskolben mit in den Hof und gab ihn dem Großen Gelben zu fressen – so hieß unser Hund.

Auf der Straße außerhalb unserer Hofmauer erklangen nun die Schreie von allerlei Händlern, vom Tofuhändler, vom Mantouhändler und vom Gemüseverkäufer. »Auberginen, Gurken, junge Erbsen und Zwiebeln«, ertönte es. Gleich darauf folgte schon der nächste Händler, der lauthals »Sellerie, Schnittlauch und Petersilie« anpries.

Draußen hatte der lärmende Tag begonnen, nur bei uns verharrte alles in friedlicher Ruhe. Im dichten Gestrüpp des Hofes summten Insekten, und beschädigte Gegenstände, achtlos fortgeworfen, lagen wie eh und je in der Gegend herum.

Man hätte meinen können, Ursache für die beklemmende Stille sei die frühe Morgenstunde. Doch das war gar nicht der Grund. Es lag vielmehr daran, daß so viele Häuser über ein weitläufiges Anwesen verteilt waren, und daß nur sehr wenige Menschen darin lebten. Denn selbst wenn es schon auf Mittag zuging, blieb bei uns alles ruhig.

Mit dem Eintreffen des Herbstes erblühte mitten in unserem Beifußgestrüpp der Knöterich, der unzählige Libellen und Schmetterlinge anlockte. Ich fand aber, daß alles Umherschwirren und Gesumm die Atmosphäre nicht aufzulokkern vermochten – im Gegenteil: Sie unterstrichen nur noch die trostlose Einöde unseres Anwesens.

Fünftes Kapitel
Die Kindbraut

1.

Zum Spielen verbrachte ich die meiste Zeit mit Großvater im Garten hinter unserem Haus; im übrigen war ich mir selbst überlassen.

Ich hatte mir an der Dachtraufe ein kleines Sonnendach befestigt. Darunter pflegte ich mitten im Spiel einzuschlafen.

Die Fenster unseres Hauses konnte man herausnehmen; man lehnte sie einfach schräg gegen die Wand und ließ sie dort stehen. Auf diese Weise schufen sie ein Dach für mein »kleines Gemach«, unter das ich mich häufig zum Schlafen verkroch.

Unser Hof war ein einziges Dickicht von wucherndem Beifuß, Libellenschwärme sirrten darin umher, herbeigelockt von den roten Blüten des Knöterich. Mich wiederum lockten die Libellen, es machte mir großen Spaß, sie zu fangen, und wenn ich davon müde geworden war, legte ich mich ins Gras und schlief. Inmitten dieses Gestrüpps wuchsen dicke Büsche mit »Sternchenbeeren«, die ein bißchen den Trauben des wilden Weins ähnlich sehen und sehr gut schmecken. Hatte ich mich an ihnen satt gegessen, schlief ich auf der Stelle unter den Büschen ein. So dicht bewachsen war hier der Boden, daß ich dort wie auf einer weichen Matratze lag, und die hohen Stengel der Pflanzen boten mir einen kühlen Sonnenschutz.

Eines Tages lag ich wieder einmal in meinem Dickicht und träumte. Es war am späten Nachmittag, kurz vor dem Abendessen, die Sonne stand schon tief im Westen. Wahrscheinlich schlief ich nicht besonders fest, denn mir war, als hörte ich von irgendwoher ein Durcheinander von Stimmen und Gelächter, wobei es ziemlich hoch herging. Aber was dort eigentlich geschah, verstand ich nicht, nur glaubte ich zu erkennen, daß das Stimmengewirr aus südwestlicher Richtung zu mir drang – ob innerhalb oder außerhalb unseres Anwesens, vermochte ich nicht zu sagen. Gewiß war jedenfalls, daß da eine große Menschenansammlung einen gewaltigen Lärm veranstaltete. Ich lauschte noch ein Weilchen in meinem Dämmerzustand, dann hörte ich gar nichts mehr. Ich war wohl wieder eingeschlafen.

Als ich erwachte und ins Haus zurücklief, kam mir gleich der Koch entgegen:

»Weißt du denn nicht, daß heute bei der Familie des Alten Hu die Kindbraut angekommen ist? Iß schnell, damit du hinterher rüberlaufen kannst!«

Unser Koch war heute noch geschäftiger als sonst. Er war gerade mit einem Gurkengericht auf dem Weg in Großvaters Zimmer, weil er aber seine Worte an mich mit lebhaften Gesten unterstrich, hätte er um ein Haar den Teller fallen lassen, immerhin schwappten jetzt alle Gurkenscheiben über den Rand.

Großvater saß ganz allein an der Stirnseite des Tisches, als ich sein Zimmer betrat. Die Speisen waren längst aufgetragen, aber niemand war zum Essen erschienen, weder Mutter noch Vater; auch mein Zweiter Onkel You fehlte. Als Großvater mich sah, fragte er: »Na, wie gefällt dir die Kindbraut?« Er dachte wohl, daß ich gerade von dort zurückgekommen sei. Ich antwortete ihm, ich wüßte es nicht, ich hätte im Gras gelegen und Sternchenbeeren gegessen.

»Deine Mutter und die anderen sind hingegangen«, meinte Großvater, »sie sind jetzt beim Alten Hu, weißt du, dort, wo immer die Schamanin tanzt.« Er winkte dem Koch, sich mit dem Gurkengericht zu beeilen.

Die in Essig zubereiteten und mit einer Chilisauce besprenkelten Gurken boten in ihrem rot-grünen Farbenspiel einen prächtigen Anblick. Bestimmt hatte unser Koch diesen Gang neu zubereiten müssen, den Inhalt des ersten Tellers hatte ich ja gerade vor meinen Augen zu Boden gleiten sehen. Sobald Großvater alle Speisen beisammen sah, sagte er: »Beeil dich mit dem Essen, danach kannst du dir die Kindbraut ansehen.«

Der Koch blieb neben dem Tisch stehen und rieb sich mit der Schürze die Schweißperlen aus dem Gesicht. Heftiges Augenzwinkern und ein endloser Strahl sprühenden Speichels begleiteten seine Worte. »Bei der neuen Kindbraut ist vielleicht was los! Die Zweite Alte vom Getreideladen ist da, mitsamt den Kindern. Der Kleine Pockennarbige, der hinter unserem Anwesen wohnt, ist auch hingegangen, und von der Familie des Alten Yang im Westen sind ständig Leute unterwegs, die einfach über die Mauer klettern und so zu den Hus gelangen.« Dies, fügte er hinzu, habe er alles beim Wasserholen am Brunnen beobachten können.

Der überschäumende Bericht des Kochs hatte seine Wirkung auf mich nicht verfehlt. »Großvater, ich kann jetzt nichts essen, ich will gleich zur Kindbraut gehen!« Aber Großvater bestand darauf, daß ich erst aufessen müsse. Dafür versprach er mir, mich anschließend zu begleiten.

Ich war so aufgeregt, daß ich kaum einen Bissen herunterbekam. Noch nie im Leben hatte ich eine Kindbraut gesehen und stellte sie mir als etwas Wunderschönes vor. Mit wachsender Ungeduld wuchs auch meine Überzeugung, daß diese Kindbraut eine einfach atemberaubende Schönheit sein müsse. Warum waren wohl sonst alle gegangen, um sie anzuschauen? Warum war nicht einmal Mutter zum Abendessen nach Hause gekommen? Immer nervöser wurde ich bei dem Gedanken, daß der beste Teil der Vorstellung wahrscheinlich schon vorbei war. Wenn wir jetzt gleich losgingen, würden wir vielleicht noch ein kleines bißchen davon mitbekommen, wenn wir aber weiter so trödelten, kämen wir gewiß zu spät. Darum fing ich an zu drängen: »Mach schneller, mach schneller, bitte beeil dich doch mit dem Essen, Großvater!«

Unser Koch stand immer noch am Tisch und schwatzte in einem fort, während Großvater hin und wieder ein Wort oder eine Frage einwarf. Mir wurde klar, daß er dabei Großvater am Essen hinderte, und ich sagte ihm, er solle still sein. Doch er hörte gar nicht auf mich, sondern erzählte, mit einem breiten Grinsen im Gesicht, eifrig weiter. Da stand ich auf und schob ihn mit Gewalt zur Tür hinaus.

Großvater hatte immer noch nicht aufgegessen, als Dritte Oma Zhou vorbeikam, um ihren Hahn zu holen. Er käme ständig zu uns herübergelaufen, meinte sie. Sie hatte den Hahn längst eingefangen, machte aber keine Anstalten zu gehen. Statt dessen lehnte sie sich zum Fenster herein und begann ein Gespräch mit Großvater.

»Beim Alten Hu ist die kleine Kindbraut angekommen; haben Sie sie schon gesehen, Gnädiger Herr? Es sollen ja Gott und die Welt dort versammelt sein. Ich war noch nicht drüben, aber das hole ich gleich nach, wenn ich gegessen habe.«

Großvater sagte, daß auch er nach dem Abendessen hinüberschauen wolle, aber er wurde und wurde mit dem Essen nicht fertig. Einmal ließ er sich Chiliöl geben, ein anderes Mal verlangte er nach Salz. Nicht nur ich wurde immer ungeduldiger, auch der Koch hielt es vor Aufregung bald nicht mehr aus. Auf seiner Stirn glänzte neuer Schweiß, und die Augen blinzelten unentwegt.

Als Großvater endlich seine Reisschale absetzte, gewährte ich ihm nicht einmal mehr die Zeit für ein kleines Pfeifchen. Mit aller Kraft zog ich ihn aus dem Haus, und wir liefen los, in Richtung der westlichen Ecke der Mauer, die unser Anwesen umgab. Unterwegs machte ich mir bald die heftigsten Vorwürfe, denn wir begegneten einigen Leuten, die das Schauspiel bereits gesehen hatten und schon wieder nach Hause gingen. Warum hatte ich auch unbedingt auf Großvater warten müssen! Hätte ich nicht genausogut allein, viel eher, loslaufen können? Ganz zu schweigen davon, daß ich schon vorhin, als ich im Gebüsch lag und döste, einiges von dem Tumult mitbekommen hatte. Hier hatten sich den halben Nachmittag lang die tollsten Dinge ereignet, und nun würde alles vorbei sein, bestimmt waren wir viel zu spät dran oder ganz umsonst gekommen: Gar nichts würde es mehr zu sehen geben! Warum war ich bloß nicht gleich losgelaufen, als ich im Gras lag und Stimmen und Gelächter gehört hatte? Je mehr ich darüber nachdachte, desto weniger konnte ich es mir verzeihen. Als wir dann vor dem Haus des Alten Hu standen und wirklich nicht der kleinste Laut aus dem Fenster drang, war ich so wütend auf mich selbst, daß ich vor lauter Verzweiflung beinahe losheulte.

Wir betraten das Zimmer, aber alles war ganz anders, als ich es mir vorgestellt hatte. Mutter war zwar da, auch die Dritte Oma Zhou und noch ein paar Leute, die ich nicht kannte, aber etwas Besonderes gab es nicht anzuschauen. Wo war die Kindbraut? Ich konnte sie nirgends entdecken, man mußte sie mir erst zeigen. Aber das war doch keine Braut! Da saß ja nur ein kleines Mädchen.

Im Nu war mein Interesse erloschen, ich zog Großvater zur Tür. »Komm, Großvater, laß uns nach Hause gehen.«

Früh am nächsten Morgen sah ich die Kindbraut wieder, als sie Wasser für die Morgenwäsche vom Brunnen holte. Sie hatte langes schwarzes Haar, das zu einem dicken Zopf geflochten war. Gewöhnlich reicht das Haar eines jungen Mädchens immerhin bis zu den Hüften, doch ihres hing fast bis zu den Kniekehlen hinab. Ihr Gesicht war auffällig dunkel, und sie hatte ein offenes, herzliches Lachen.

Nachdem die Leute unseres Anwesens die Kindbraut der Familie Hu in Augenschein genommen hatte, fanden sie nichts an ihr auszusetzen. Nur waren sich alle einig, daß ihr Benehmen zu ungezwungen sei, und daß sie überhaupt nicht einer Kindbraut gliche.

»In der Gegenwart von Fremden zeigt sie nicht die geringste Scheu!« bemängelte die Dritte Oma Zhou. Vom Nachbargrundstück her bestätigte Frau Yang: »Schüchtern ist sie weiß Gott nicht! Gleich am ersten Tag im Haus ihrer Schwiegermutter hat sie drei Schalen Reis gegessen!«

»Kaum zu glauben«, sagte Dritte Oma Zhou, »so was habe ich noch nicht erlebt. Mal von einer Kindbraut ganz abgesehen, selbst eine frisch Vermählte, die schon den Namen ihrer neuen Familie tragen darf, muß sich doch an den ersten zwei Tagen zurückhalten und sich die neuen Gesichter angucken. Kaum zu glauben ... und so ein großes Mädchen ist sie auch. Sie wird wohl schon weit über zehn sein?«

»Ich habe gehört, daß sie dreizehn Jahre alt sein soll.«

»Na, mit dreizehn schon so groß, wahrscheinlich schummelt sie ein bißchen mit ihrem Alter.«

»Sagen Sie das nicht. Manche sind auch frühreif.«

»Aber wie richten die es dann mit dem Schlafen ein?«

»Das ist allerdings die Frage. Drei Generationen bei den Hus und nur drei kleine Kangs ...«

Diese letzten Worte richtete Frau Yang, auf die Mauer gelehnt, an die Dritte Oma Zhou.

Selbst meine Mutter meinte, daß die Kindbraut sich nicht wie eine Kindbraut benehme. Und der Koch bemerkte: »So was habe ich noch nicht gesehen, so ein anmaßendes Auftreten, und wie sie die Augen verdreht ...« Der Kommentar meines Zweiten Onkels You war: »Was sind das für ›jenne‹ Zeiten, wo eine Kindbraut sich nicht mehr wie eine Kindbraut benimmt.« Nur Großvater sagte gar nichts, darum fragte ich ihn: »Wie findest du denn die kleine Kindbraut?«

»Sie ist ganz in Ordnung.« Und so fand ich sie auch in Ordnung. Da sie täglich das Pferd am Brunnen tränkte, bekam ich sie oft zu Gesicht. Es hatte uns niemand vorgestellt, darum musterten wir uns bei der ersten Begegnung schweigend. Dann lachte sie mich an, und ich lachte zurück. Ich fragte sie, wie alt sie sei. »Elf«, antwortete sie.

»Das stimmt nicht – du bist dreizehn! Alle sagen, daß du dreizehn bist.« Aber die Kindbraut sagte: »Als die sahen, wie groß ich bin, bekamen sie Angst, daß man ein so großes Mädchen auslachen würde. Also soll ich immer sagen, daß ich dreizehn bin.« Ich hatte keine Ahnung, warum die Leute über einen lachen, wenn man groß gewachsen ist. Ich sagte: »Kommst du mit mir in unseren Hof? In dem Dickicht da können wir ein bißchen spielen.« Doch sie schüttelte den Kopf. »Das geht nicht«, sagte sie, »das erlauben die mir nicht.«

2.

Es waren nur wenige Tage vergangen, da begann man in der Familie die Kindbraut zu schlagen. Man verprügelte sie so heftig, daß man ihr Geschrei noch in weiter Ferne hören konnte.

Auf unserem ganzen Anwesen gab es keine einzige Familie mit kleinen Kindern, Heulen und Gebrüll hatte man bisher noch nicht vernommen.

Die neuen Ereignisse brachten die Diskussion über die Kindbraut in der Nachbarschaft wieder in Schwung. Man hätte sie schon viel eher schlagen sollen, war die gängige Meinung, denn wo gab's denn sonst eine Kindbraut, die sich stocksteif gerade hielt, wenn sie sich setzte, und wie der Wind umherrannte, anstatt gemessenen Schrittes zu gehen.

Ihre Schwiegermutter sagte, während sie das Pferd am Brunnen tränkte, zur Dritten Oma Zhou: »Man muß ihr von Anfang an zeigen, wer hier der Herr im Hause ist. Achten Sie mal drauf, gleich werde ich ihr wieder eine ordentliche Abreibung verpassen müssen, so schlimm ist sie. So eine Aufsässigkeit ist mir noch nicht begegnet, kneift man sie mal in den Schenkel, fängt sie gleich zu beißen an oder will nach Hause gehen.«

Von nun an hörte man auf unserem Hof Tag für Tag Geschrei, ein Geschrei, das halb aus Weinen, halb aus Brüllen bestand. Großvater ging mehrmals zur Familie des Alten Hu und forderte sie auf, das Schlagen zu unterlassen; die Kindbraut sei doch nichts weiter als ein kleines Mädchen, das noch nichts von der Welt verstünde. Mit ein wenig erzieherischer Anleitung würden sich ihre kleinen Fehler schon geben.

Doch sie wurde immer brutaler geschlagen, Tag und Nacht. Manchmal, wenn ich mitten in der Nacht erwachte und mit Großvater Gedichte rezitierte, kam es vor, daß wir beim Lesen von einem jämmerlichen Geschrei unterbrochen wurden, das aus der südwestlichen Ecke unseres Anwesens herüberdrang.

»Ist das nicht die kleine Kindbraut, die da weint?« fragte ich Großvater. Um mich nicht zu beunruhigen, antwortete er: »Nein, das ist irgend jemand außerhalb unseres Hofes.«

»Aber wer schreit denn da mitten in der Nacht?«

»Kümmre dich nicht darum, sag dein Gedicht auf.«

Der Morgen brach heran, und wir rezitierten gerade »Im Frühlingsschlaf das Morgengrauen nicht spürn«, als von neuem laut das Geschrei ertönte.

Das Weinen sollte noch sehr, sehr lange andauern. Erst im Winter hörte es endlich auf.

3.

Obwohl das Weinen nun verklungen war, führte Nacht für Nacht die Schamanin ihren Tanz in der südwestlichen Ecke unseres Anwesens auf. Trommelwirbel begleiteten den Wechselgesang der Schamanin und ihres Gehilfen. In der nächtlichen Stille konnte ich alles besonders deutlich hören und mir halbe und ganze Sätze einprägen. »Kleine Geisterblüte« konnte ich da ausmachen, und »Die Hu-Fee befiehlt dir, dich zu regen ...« Derlei Verse sang die Schamanin immer wieder. Morgens beim Aufstehen imitierte ich den Gesang: »Kleine Geisterblüte, die Füchsin befiehlt dir, dich zu regen!« Und auch den Klang der Trommel machte ich nach, »ding ding dang, ding ding dang«, sang ich.

»Kleine Geisterblüte«, das war das kleine Mädchen, »Hu-Fee« bezeichnete einen Fuchsgeist*, »sich regen« hieß nichts anderes, als selbst Schamanin zu werden.

Die Schamanin tanzte fast einen ganzen Winter, bis es ihr schließlich gelungen war, die ersten Anzeichen einer Krankheit bei der kleinen Kindbraut hervorzurufen. Sie bekam eine etwas blasse Gesichtsfarbe und sah nicht mehr so dunkel und gesund aus wie im Frühjahr, als sie angekommen war. Ihr herzliches Lachen hatte sie sich jedoch erhalten. Wenn Großvater mich zu den Hus mitnahm, kam sie wie eh und je herbeigeeilt, um Großvater ein Pfeifchen zu stopfen. Wenn sie mich sah, lächelte sie mir verstohlen zu, ganz als fürchte sie, ihre Schwiegermutter könne sie dabei ertappen, und darum sprach sie auch nicht mit mir. Ihr Zopf war immer noch dick und lang. Doch ihre Schwiegermutter erzählte, daß sie krank sei, und daß die Schamanin ihr die Teufel austreiben solle. Als wir uns verabschiedeten, trat die Schwiegermutter der Kindbraut noch mit uns vors Haus und flüsterte Großvater zu: »Mit der wird's noch ein schlimmes Ende nehmen, es ist ein Fuchsgeist in der Nähe, der will, daß sie sich regt ...«

Großvater wollte sie eigentlich auffordern auszuziehen. Aber in der Gegend von Hulan existiert ein ungeschriebenes

* Fuchsgeister sind vor allem in Nordchina fest in der Volksmythologie verankert, wobei ihre Charaktereigenschaften – verschlagen und verführerisch – im wesentlichen mit denen übereinstimmen, wie man sie ihnen auch bei uns nachsagt. Fuchs, chin. »huli«, ist zudem ein Homonym des Familiennamens Hu.

Gesetz, wonach man nur im Zweiten Monat des Frühlings, im Herbst nur im Achten Monat umziehen darf; sobald der Achte Monat vergangen war, hatte man den Umzugstermin schon verpaßt.

Jedesmal, wenn wir nachts vom Tanz der Schamanin aus dem Schlaf schreckten, sagte Großvater: »Im Zweiten Monat, im Frühling, sollen sie ausziehen.« Sehr oft hörte ich Großvater dies sagen. Auch wenn ich die Schamanin mit schriller Stimme nachahmte und »Kleine Geisterblüte« sang, murmelte Großvater, daß sie im nächsten Frühjahr woanders hinziehen müßten.

4.

Unterdessen wurde das Treiben in der südwestlichen Ecke unseres Anwesens immer ärger. Der Schamanin standen gleich mehrere Gehilfen zur Seite, so daß der Klang der Trommeln nicht mehr verstummte. Inzwischen hieß es nämlich, daß das Leben der kleinen Kindbraut in Gefahr sei, wenn man sie weiterhin dazu bringen wolle, »sich zu regen«. Aus diesem Grunde hatte man die vielen Gehilfen hergebeten: Sie sollten einen Weg finden, die kleine Kindbraut dem Einfluß der Schamanin wieder zu entreißen.

Daraufhin eilte die gesamte Nachbarschaft herbei, um der Familie Hu mit Rat und Tat zur Seite zu stehen. Wer konnte schon tatenlos mit anschauen, wie ein Mensch in Todesgefahr schwebte? Jeder, der ein Herz besaß, bot seine Hilfe an, dieser hatte ein altes Hausmittel parat, jene wußte ein Rezept, das Übel auszumerzen. Einige machten den Vorschlag, eine Strohpuppe in der großen Grube südlich der Stadt für sie zu verbrennen. Andere waren der Meinung, man sollte am besten im Girlandenladen eine Papierfigur anfertigen lassen, die man dann als »Sündenbock« den Flammen überlassen könne. Und wieder andere plädierten dafür, ihr das Gesicht auf entstellende Weise zu schminken. Dann würde man die Schamanin ins Haus bitten, die vielleicht beim abstoßenden Anblick der Kindbraut doch davon ablassen würde, sie zu ihrer Schülerin machen zu wollen. So würde es ihr erspart bleiben, »sich regen« zu müssen.

Die Dritte Oma Zhou vertrat folgende Ansicht: Man sollte ihr einen Hahn, mit allem Drum und Dran, also mit Federn, Haut und Knochen, zu essen geben und für diesen Anlaß eine sternklare Nacht wählen. Sodann müsse man sie in eine Decke wickeln, damit sie tüchtig schwitze. Bis zum ersten Hahnenschrei im Morgengrauen müsse sie so eingewickelt bleiben, dann könne man sie wieder auspacken. Der Verzehr des Hahns und das Schwitzen bewirke nämlich, daß dann in ihrer Seele für alle Zeiten ein Hahn existiere, und weder ein Fuchsgeist noch sonst ein überirdisches Wesen könne jemals wieder von ihr Besitz ergreifen. Bekanntlich fürchten sich ja Geister vor Hähnen. Dritte Oma Zhou erzählte, daß ihre eigene Urgroßmutter einmal von einer Fuchsfee besessen war, die drei volle Jahre in ihr gewütet habe. Fast wäre sie gestorben, hätte man sie nicht mit dieser Methode geheilt, und nie wieder sei sie von einer anderen Krankheit befallen worden. Und wenn sie des Nachts ein böser Traum quälte, kam ihr der Hahn in ihrer Seele zu Hilfe, der sie mit einem kurzen Krähen sofort von ihrem Alpdruck befreite. Ihr Leben lang habe sie unter keiner Krankheit mehr gelitten. Merkwürdig war auch, berichtete Dritte Oma Zhou, wie es mit ihrer Urgroßmutter zu Ende gegangen sei, ihr Tod sei kein gewöhnlicher Tod gewesen. In dem Jahr, als sie starb, hatte sie schon die Zweiundachtzig überschritten und war doch trotz ihres hohen Alters noch in der Lage, Stickereien anzufertigen. Gerade war sie dabei gewesen, ein Schürzchen für ihren kleinen Enkelsohn zu besticken, als sie ein wenig müde wurde und auf ihrem Holzschemel, den Rücken gegen einen Türflügel gelehnt, einschlummerte. Aus diesem Nickerchen erwachte sie nicht mehr.

»Hast du das mit eigenen Augen gesehen?« unterbrach sie jemand.

»Selbstverständlich...«, erwiderte Dritte Oma Zhou. »Hör lieber zu, was dann geschah: Drei Tage und drei Nächte saß sie so da, ohne umzukippen. Man hatte schließlich keine andere Wahl, als einen speziellen Sarg für sie zu zimmern, in den sie sitzend hineingehoben wurde. Ihr Gesicht war noch ganz durchblutet, so als ob sie noch am Leben wäre.«

»Warst du dabei?« wollte ein anderer wissen.

»Du meine Güte, du kannst Fragen stellen! Das wird eben so überliefert, wer kann in einem Menschenleben alles selber sehen – weiß man nicht im Grunde alles nur aus Erzählungen?« entgegnete die Dritte Oma Zhou ein wenig pikiert.

Frau Yang vom Westteil des Hofes wußte auch ein Rezept beizusteuern: Man benötigte dafür hundert Gramm Goldwurz sowie ein halbes Pfund Schweinefleisch. Beides schneide man in kleine Stückchen und lasse diese auf heißen Tonziegeln gut durchgaren. Alsdann müsse man das Gemisch fein zerstampfen und in fünf Portionen aufteilen, die einzeln in Päckchen von rotem Papier einzuwickeln seien.

Bei jeder Einnahme kuriere man Krämpfe oder Schwachsinn, bis bei der letzten das Übel schließlich ganz verschwunden sei.

Diese Kur war nun wirklich sehr einfach. Die Kindbraut litt zwar weder an Krämpfen noch an Schwachsinn, so daß die Medizin nicht ganz zur Krankheit paßte, doch es könnte andererseits auch nichts schaden, das Rezept einmal auszuprobieren, zumal man dafür ja nur hundert Gramm Goldwurz und ein halbes Pfund Schweinefleisch benötigte. Ganz abgesehen davon, daß es in Hulan häufig billiges Schweinefleisch zu kaufen gab – obwohl man munkelte, daß es sich dabei um verseuchtes Fleisch handelte, dem nicht ganz zu trauen sei. Doch in diesem Fall war es ja als Arznei, nicht als Speise gedacht, daher spielten Zweifel in diesem Zusammenhang wirklich keine Rolle.

»Gut, besorgen wir ein halbes Pfund, wollen doch mal sehen, ob sie davon nicht geheilt wird.« Und von der Seite kam die beipflichtende Bemerkung: »Wenn's nicht hilft, wird's auf jeden Fall nicht schaden!« Auch die Schwiegermutter der Kindbraut meinte: »Wir wollen jedenfalls nichts unversucht lassen.« So kam es, daß man der Kindbraut zunächst hundert Gramm Goldwurz und ein halbes Pfund Schweinefleisch verabreichte. Die Medizin wurde von ihrer Schwiegermutter eigenhändig zubereitet. Nur das Schweinefleisch überließ sie der Frau des älteren Enkels zum Kleinschneiden. Das Fleisch war überall schon blau und lila angelaufen, doch in der Mitte befand sich noch ein relativ gut erhaltenes rotes Stück, das die Frau des älteren Enkels entfernte und heimlich zurückbehielt. Sie dachte nämlich daran, daß die Großmutter schon vier, fünf Monate weder Fisch noch Fleisch gekostet hatte, und darum kochte sie ihr, ohne daß jemand davon erfuhr, eine Klößchenbrühe.

»Wo hast du denn das Fleisch her?« fragte die alte Dame erstaunt, als sie ihre Schale in Empfang nahm.

»Iß mal tüchtig, Oma, das hat deine Enkeltochter extra für dich zubereitet, das ist doch die Hauptsache.«

In der Zwischenzeit hatte die Schwiegermutter der Kindbraut Ziegel über der Feuerstelle aufgeschichtet und ließ darauf die Medizin dämpfen. »Genau ein halbes Pfund Schweinefleisch, da fehlt kein Fitzelchen«, ging es ihr durch den Kopf.

Mit dem Dämpfen entfaltete sich allmählich der Geruch des Fleisches, und es dauerte nicht lange, bis er eine kleine Katze herbeilockte. Sie versuchte gerade, ein Stück von dem schon durchgegarten, trockenen Fleisch mit ihrer Pfote zu erhaschen, als ihr die Schwiegermutter einen Klaps versetzte und losschimpfte: »Mußt du denn überall rangehen, du Vielfraß! Das ist Medizin, ein halbes Pfund Schweinefleisch, und du willst dir natürlich einen Happen ergattern. Und dann? Dann kann das Mädchen nicht gesund werden. Daß deinetwegen ein Mensch sterben muß, ist dir wohl ganz egal, was, du Unhold! Das hier ist genau ein halbes Pfund Schweinefleisch, nicht mehr und auch nicht weniger.«

Mittlerweile waren das Fleisch und die Kräuter richtig durchgezogen. Nun wurden sie zu Pulver zerstampft, das man in Wasser auflöste und der Kindbraut zu trinken gab.

Zweimal täglich sollte die Medizin verabreicht werden. Am ersten Tag hatte sie sie bereits eingenommen, doch am Morgen des zweiten – die drei Päckchen lagen noch vor dem Schrein des Küchengottes über dem Herd – kamen abermals die Nachbarn, um gute Ratschläge zu erteilen. Einige äußerten sogleich ihr Erstaunen darüber, wie man Goldwurz verwenden könne, wo man doch allgemein wüßte, daß es ein »kühles« Mittel sei. Wer wie die Kindbraut ohnehin schon an abnormen Hitzeausbrüchen leide, der würde doch bei der Einnahme von Goldwurz seine letzte Lebensenergie herausschwitzen – wie wäre dann noch etwas zu retten?

»Das wäre wirklich das falscheste, was man machen könnte!« pflichtete ein anderer bei. »Da würde sie sich spätestens in zwei Tagen im Reich der Toten wiederfinden.«

»Ja, was kann man denn bloß tun?« fragte die Schwiegermutter der Kindbraut.

»Hat sie denn schon etwas davon eingenommen?« war die besorgte Gegenfrage. Die Schwiegermutter wollte gerade antworten, als ihr die kluge Frau des ältesten Enkels zuvorkam: »Nein, nein, noch nichts.«

»Na, da könnt ihr beruhigt sein. Ihr Hus habt doch wirklich einen Schutzengel, und euer Glücksstern muß wohl auch ganz weit oben am Himmel stehen, denn um ein Haar hättet ihr ein Menschenleben aufs Spiel gesetzt.«

Der diese Worte gesprochen hatte, rückte nun mit seinem eigenen Hausmittel heraus. Seiner Meinung nach könne man es schon nicht mehr als ein Hausmittel bezeichnen, handelte es sich doch um ein Rezept, das die Apotheke »Li Yongchun« in der Zweiten Oststraße sehr häufig verschrieb. Es führe überdies gleich bei der ersten Anwendung zum Erfolg und habe noch nie versagt. Egal ob Mann, Frau, jung oder alt – es mache jeden auf einen Schlag gesund. Genausowenig spiele es eine Rolle, um welche Krankheit es sich drehe, ob um Kopfschmerzen, Gicht oder Bauchweh, um Brüche, Beulen oder Schnittwunden, um Krampfadern, Furunkel oder Kratzer ... diese Medizin heile einfach alles.

Was das wohl für ein Wundermittel war? Je mehr die Anwesenden von seiner erstaunlichen Wirkung erfuhren, desto neugieriger wurden sie auf seine Zusammensetzung. Doch der Mann fuhr unbeirrt fort: »Wenn alte Menschen es einnehmen, stellt sich ihre schwindende Sehkraft wieder ein. Ein junger Mann wird davon so stark, daß er den Taishan* versetzen kann. Eine Frau bekommt davon ein Gesicht, schön wie eine Pfirsichblüte, ohne daß sie Rouge auflegen muß. Und ein kleiner Junge kann dann schon mit acht Jahren einen Bogen spannen, mit neun Pfeile abschießen und mit zwölf als Bester aus der Kaiserlichen Prüfung hervorgehen.«

Die gesamte Familie Hu hatte zunächst aufgehorcht, doch allmählich schenkte sie dem Erzähler immer weniger Aufmerksamkeit. Schließlich waren sie, solange man denken konnte, eine Familie von Fuhrleuten gewesen, und noch nie hatte jemand bei ihnen die Laufbahn eines Staatsbeamten angestrebt. Die Frau des älteren Enkels forderte nun den Kreis der Gaffer auf, den Weg freizumachen, ging dann zu ihrem Schminkkästchen und entnahm ihm einen Augenbrauenstift. Sie sagte zu dem Mann: »Bitte gib uns schnell das Rezept, damit wir gleich zur Apotheke gehen und die Medizin herstellen lassen können.«

* Der Taishan ist der wichtigste der fünf heiligen Berge Chinas und steht als Symbol für bedeutende und gewichtige Dinge.

Der Mann hatte eine Zeitlang als Koch in der Apotheke »Li Yongchun« gearbeitet und war vor drei Jahren von dort fortgegangen, nachdem die Frau, mit der er damals ein Verhältnis hatte, ihm mit all seinen erbärmlichen Ersparnissen durchgebrannt war. Diese Geschichte hatte ihm einen solchen Schlag versetzt, daß er seitdem nicht mehr ganz richtig im Kopf war, aber die Namen der Kräuter, die er bei »Li Yongchun« gelernt hatte, waren ihm noch nicht vollständig entfallen. Da er nicht schreiben konnte, diktierte er wie folgt:

»Zehn Gramm Wegerich, zehn Gramm Brustwurz, zehn Gramm Braunwurz, zehn Gramm Safran. Zehn Gramm Knollen der Schachbrettblume, zehn Gramm Färberdistel, zehn Gramm Kreuzblumenwurz, zehn Gramm getrocknete menschliche Plazenta ...« An dieser Stelle seiner Aufzählung angelangt, sah es so aus, als würde ihn sein Gedächtnis im Stich lassen. Die Anstrengung des Nachdenkens trieb dem Mann den Schweiß auf die Stirn, er brachte eben noch »und zwei Pfund braunen Zucker« heraus, dann verließen ihn seine Kräfte. Kaum war er fertig, mußte er alle Anwesenden um Belohnung anbetteln:

»Habt ihr ein bißchen Schnaps da? Ein, zwei Becherchen genügen mir schon.«

Jeder in Hulan wußte, wie es um diesen Halbirren stand, nur die Familie des Alten Hu, die aus einer anderen Gegend hergezogen war, hatte keine Ahnung und schluckte seine Lügen. Da kein Schnaps im Hause war, gab man dem Mann zwei Schnüre Käsch, damit er sich selbst welchen besorgen könne. Sein Rezept war völlig unbrauchbar und von Anfang bis Ende frei erfunden.

Unterdessen verschlimmerte sich der Zustand der Kindbraut von Tag zu Tag. Ihre Angehörigen berichteten, daß sie sich nachts im Schlaf plötzlich aufsetzte, und daß sie beim Anblick von Menschen Angst bekäme. Ständig stünden ihr Tränen in den Augen, so daß es sich kaum noch verhindern lassen würde, daß sie »sich regte«. Wenn man es aber nicht zuließe, daß sie »sich regte«, würde sie wahrscheinlich nie wieder gesund werden.

Sobald sich diese Nachricht verbreitet hatte, kamen abermals die Nachbarn von allen Seiten herbeigeströmt, um der Familie mit gutem Rat zur Seite zu stehen. Denn wer wird schon seine Hilfe verweigern, wenn ein Mitmensch mit dem Tode ringt? Die einen meinten, man solle es ihr ermöglichen, »sich zu regen«, damit wäre die Sache ausgestanden. Die anderen fanden, es sei besser, sie daran zu hindern. Wer sich in so früher Jugend schon »regte«, der könne niemals mehr ein normales Leben führen. Daraufhin schloß sich auch die Schwiegermutter derjenigen Fraktion an, die strikt dagegen war, daß die Kindbraut »sich rege«. Sie sagte: »Versteht mich nicht falsch, glaubt bloß nicht, daß es mir um das Geld leid tut, das ich bei der Verlobung für sie ausgegeben habe. Ich denke ja auch nur, so ein kleines Wesen, das soll sein Leben lang nicht mehr zur Ruhe kommen?« Jetzt waren alle der einhelligen Meinung, man solle sie daran hindern, »sich zu regen«, und man sann nach neuen Heilmitteln, bat die Schamanin herbei, und alle möglichen Leute fanden sich ein, um in dieser Angelegenheit zu beratschlagen. Einer meinte dieses, ein anderer jenes. Während die Diskussion noch wogte, kam ein »Kartenzieher« daher.

Der sagte, er habe den langen Weg nicht gescheut und sei gleich vom Lande herbeigeeilt, als ihn die Kunde erreicht habe, daß die neue Kindbraut beim Alten Hu bald nach ihrer Ankunft erkrankt sei. Als er zudem noch erfahren mußte, daß eine ganze Schar berühmter Ärzte und Hexenmeister sich vergeblich bemüht hätte, sie zu heilen, sei er eigens gekommen, um zu sehen, ob er nicht vielleicht irgendwie von Nutzen sein könne. Wenn es ihm gelänge, ein Menschenleben zu retten, sei er schon zufrieden.

Seine Rede ging den Leuten sehr ans Herz. Man bat ihn einzutreten und auf dem Kang der Großmutter Platz zu nehmen, dann wurde ihm ein Becher Wasser gereicht und ein Pfeifchen gestopft. Die Frau des älteren Enkels kam nun herbei und sagte: »Meine kleine Schwägerin ist eigentlich erst elf, aber weil sie ziemlich groß geraten ist, gibt sie sich für dreizehn aus. Bisher war sie immer fröhlich und geschwätzig, und noch nie ist sie krank gewesen. Erst seitdem sie bei uns lebt, geht es von Tag zu Tag mit ihrer Gesundheit bergab. Inzwischen mag sie weder essen noch trinken, und nachts schreckt sie voller Angst aus dem Schlaf. Wir haben ihr sämtliche Mittel verabreicht, die es nur gibt, alle möglichen Räucherstäbchen für sie abgebrannt, doch nichts hat bisher genutzt...« Die Frau des älteren Enkels war noch lange nicht mit ihrer Rede am Ende, als die Schwiegermutter der Kindbraut sie unterbrach:

»Als sie bei uns ankam, hab ich sie bestimmt nicht schlecht behandelt. Doch wo gibt's schon die Familie, deren Kindbraut nicht gedemütigt wird? Kein Tag vergeht, ohne daß man sie nicht mehrmals verprügelt und verflucht. Ich hab sie auch schon mal geschlagen, aber nur, um ihr eine Lektion zu erteilen. Und außerdem ging das bloß knapp über einen Monat so. Natürlich habe ich ab und zu auch etwas kräftiger zuschlagen müssen, wie hätte ich ihr sonst auch Ordnung beibringen und einen anständigen Menschen aus ihr machen können. Gern habe ich das auch nicht gemacht, sie heulte und brüllte ja unablässig dabei, aber ich tat's ja in ihrem Interesse. Hätte ich sie nicht ein bißchen härter angepackt, dann hätte das auch zu nichts geführt bei ihr. Ein paarmal habe ich sie am Dachbalken festgebunden, da hat ihr dann ihr Onkel gründlich eins übergezogen mit der Peitsche. Vielleicht hat er auch ein bißchen übertrieben, denn sie ist jedesmal ohnmächtig geworden dabei. Doch das dauerte nur eine Pfeifchenlänge; mit kaltem Wasser übergossen kam sie immer wieder zu sich. Wenn er etwas härter zuschlug, wurde sie überall ganz grün und blau, und bluten tat sie auch schon mal. Wir haben dann immer gleich ein paar Eier aufgeschlagen und die Stellen mit Eiweiß eingerieben. So schlimm waren die Schwellungen nun auch wieder nicht, nach zehn Tagen, spätestens zwei Wochen, war schon gar nichts mehr zu sehen. Und die Kleine ist ganz besonders aufsässig. Ich brauche sie nur zu schlagen, schon sagt sie, daß sie nach Hause will. Wenn ich sie dann frage: ›Wo ist denn dein Zuhause? Ist das hier etwa nicht dein Zuhause?‹, dann bleibt sie trotzdem stur dabei, daß sie zu ihrer eigenen Familie zurück möchte. Je länger ich mir das mit anhören mußte, desto wütender wurde ich. Und im Zorn schaut man nicht nach links oder nach rechts, darum habe ich ihr auch einmal mit einem glühendheißen Eisen die Fußsohlen verbrannt. Wer weiß, was letztendlich ausschlaggebend war, ob ich ihr nun die Seele aus dem Leib geprügelt habe oder ob ihr vor Angst die Seele aus dem Leib gefahren ist, jedenfalls, sobald sie jetzt den Wunsch äußert, nach Hause zu gehen, brauche ich nur zu sagen, wollen doch mal sehen, ob du nach Hause gehst, jetzt hol ich erst mal den Strick und bind dich fest. Da schreit sie gleich los vor Schreck. Die große Unsterbliche meint auch, so was hätte sie noch nie gesehen; sie meint, sie solle ›sich regen‹. Die Ausgaben, die man für so eine Kindbraut aufbringen muß, sind ja auch nicht gerade wenig. Allein als sie mit sieben Jahren an uns verlobt wurde, mußte ich gleich acht Unzen Silber für sie hinlegen, und Jahr für Jahr kam immer irgend etwas dazu, sei es Geld für Haarbänder oder Obermaterial für Stoffschuhe. Als wir sie dann mit der Eisenbahn von Liaoyang hierherkommen ließen, fielen ja auch die Transportkosten an. Und seit sie hier ist, heißt es heute die Schamanin bezahlen, morgen Räucherstäbchen kaufen und alle paar Tage Medizin besorgen. Wenn sie davon wenigstens gesund würde, bräuchte man kein weiteres Wort darüber zu verlieren. Wenn man aber alles unternimmt, und am Ende schaut nichts dabei heraus, und niemand weiß, was nun wird ... was nun werden soll ...«

Der Wahrsager, der den langen Weg hierher nicht gescheut hatte, bot, obgleich er deutlich von den Strapazen der langen Reise gezeichnet war, einen würdevollen und Ehrfurcht einflößenden Anblick. Er trug ein weites blaues Gewand unter einer gefütterten Baumwolljacke und eine Mütze mit vier langen Klappen, die mit Glückszeichen versehen waren. Seine Erscheinung bewirkte, daß ihn alle Anwesenden sogleich als einen seriösen Meister respektierten. Darum beeilte sich nun die Großmutter zu sagen: »Bitte lassen Sie uns für die Braut meines Zweiten Enkels ein Los ziehen, damit wir feststellen können, was ihr vom Schicksal vorherbestimmt ist.«

Da konnte der Wahrsager erkennen, daß er es mit einer anständigen Familie zu tun hatte, die seines Vertrauens würdig war, und er nahm seine Mütze ab. Nun konnten alle sehen, daß er sein Haar zu einem Daoistenknoten gebunden hatte, und damit war endgültig klar, daß es sich hier um einen weltgewandten, außergewöhnlichen Menschen handeln mußte. Bevor die Leute ihn danach ausfragen konnten, erklärte er ihnen schon von selbst, er lebe auf dem Soundso-Berg, um das Dao zu pflegen und befinde sich zur Zeit auf einer Pilgerfahrt zum heiligen Taishan in Shandong. Leider habe er immer wieder hier und dort von seinem Weg abschweifen müssen, worüber ihm das Reisegeld ausgegangen sei, so daß er nun seit einem guten halben Jahr in der Gegend vom Hulanfluß umherirre.

Warum er denn keine daoistische Kleidung trage, wollte man erfahren, wo er doch Daoist sei.

»Eins müßt ihr wissen«, gab er zur Antwort, »von den 360 Berufen, die es auf der Welt gibt, birgt jeder seine eigene Bitternis. Hier in dieser Gegend ist die Polizei besonders scharf. Sobald sie jemanden in Daoistentracht sieht, überhäuft sie ihn mit tausend Fragen. Sie sind wider das Dao und keiner Vernunft zugänglich; ehe man es sich versieht, nehmen sie einen fest.«

Er hatte auch einen Beinamen, man nannte ihn den »Vollkommenen«. Wo immer auch dieser Name in nah und fern erwähnt würde, fuhr er fort, wisse man, wer damit gemeint sei. Ob Krankheit oder Unwohlsein, ob großes Glück oder schwerer Schicksalsschlag, alles, was einem Menschen im Leben und im Tode unabdingbar vorherbestimmt sei, könne er erfahren, wenn er nur eines seiner Lose ziehe. Im übrigen sei diese Methode des Kartenziehens vom Himmelsmeister Zhang, dem Oberhaupt der Daoisten, persönlich überliefert.

Seine Lose waren nicht gerade zahlreich, er besaß deren nur vier, die er der Reihe nach aus den Taschen seines Gewandes hervorkramte. Das erste war in rotes Papier eingewickelt, das zweite und dritte ebenfalls, und als er endlich auch das vierte umständlich zutage förderte, stellte sich heraus, daß eines wie das andere in rotes Papier eingeschlagen war.

Alsdann erklärte der Wahrsager den Anwesenden, daß seine Lose weder Karten mit Schriftzeichen noch Bilder enthielten, sondern nur Päckchen, die mit einem Pulver gefüllt waren, und zwar jeweils einem roten, einem grünen, einem blauen und einem gelben. Zöge man das gelbe, so bedeute dies das Gold von Ruhm und Reichtum, zöge man das rote, so verheiße dies das Rot der ewigen Jugend. Das grüne Los sei schon nicht mehr ganz so günstig, da die grüne Farbe ein Irrlicht symbolisiere. Das blaue bedeute auch nichts Gutes, es stelle nämlich das finstere Gesicht des Bösen dar, und Himmelsmeister Zhang habe einmal gesagt, das finstere Gesicht des Bösen sei Yama, der König der Hölle. Ein blaues Los verkünde dem Unglücklichen, der es bekam, Yama zu sehen, ohne zu sterben.

Nachdem der Wahrsager dies vorgetragen hatte, forderte er einen Verwandten der Kranken auf, ein Los zu ziehen.

Der Schwiegermutter der Kindbraut erschienen die Ausführungen überaus klar und einfach. Sie brauchte demnach nur schnell eine Karte zu ziehen, um zu erfahren, ob die Kindbraut leben oder sterben würde, zumindest würde daraus deren ungefähres Schicksal ersichtlich werden. Die Schwiegermutter hatte nicht damit gerechnet, daß gerade in dem Moment, als sie ein Päckchen ziehen wollte, der Wandernde Unsterbliche sagen würde: »Jedes Los kostet zehn Schnüre Käsch, wenn Sie ein blaues ziehen und es Ihnen nicht zusagt, dürfen Sie noch einmal ziehen, zehn Schnüre Käsch pro Los...«

Jetzt erst wurde der Schwiegermutter mit einem Schlag bewußt, daß das Loseziehen ja nicht umsonst sein konnte. Und zehn Schnüre Käsch pro Los waren weiß Gott kein Pappenstiel. Mit einer Schnur Käsch allein konnte man ja schon zwanzig Stück Tofu bekommen. Würde sie sich nur jeden dritten Tag einen Tofu kaufen, dann wären das – bei zwanzig Stück – drei mal zwei gibt sechs – sechzig Tage, an denen sie Tofu essen könnte. Oder wenn sie nur alle zehn Tage einmal Tofu kaufen würde, dann gäbe das drei Stück im Monat – dafür bräuchte sie aber auch ein halbes Jahr lang nicht auf den Genuß von Tofu zu verzichten. Sie überlegte weiter, daß sich eigentlich nur Verschwender dreimal im Monat Tofu leisteten, ihrer Meinung nach genügte einmal im Monat vollkommen, und die ganze Familie könnte noch davon probieren. Auf diese Weise – zwanzig Portionen, jeden Monat eine – hätte man zwanzig Monate lang etwas von seinem Geld, und das waren immerhin noch zwei Monate über anderthalb Jahre.

Sie könnte sich aber auch anstatt des Tofu ein kleines Ferkel kaufen und es anständig mästen, damit es schön fett würde. Nach fünf, sechs Monaten schon brächte es eine stattliche Summe ein, nach einem Jahr sogar bis zu tausend Schnüren Käsch...

Ebensogut könnte sie anstatt der Schweinezucht eine Hühnerzucht betreiben. Für zehn Schnüre Käsch bekam man zehn Hühner, einjährige, die am nächsten Tag schon

Eier legten. Und ein Hühnerei allein brachte wer weiß wieviel ein! Man müßte die Eier gar nicht verkaufen, man könnte sie auch gegen frisches Gemüse eintauschen, denn von dem Gemüse, das man für ein Hühnerei bekam, hätten alle drei Generationen im Haus den ganzen Tag zu essen. Ganz abgesehen davon, daß man die Hühner die Eier auch ausbrüten lassen könne, aus denen wieder neue Hühner entstehen würden, so daß es einen endlosen Kreislauf von Eiern und neuen Hühnern gäbe. Unzählige Hühner, unzählige Eier, der Reichtum würde sich unweigerlich einstellen.

Doch im Grunde ging es ihr gar nicht um Reichtum. Wenn sie nur genug zum Essen hatten und sich einigermaßen anziehen konnten, dann langte es schon. Ihr Leben lang war sie sparsam und anspruchslos gewesen, und sie gab sich damit zufrieden, mal hier und dort etwas zurücklegen zu können. Zwar liebte sie ihr Geld, doch wenn man ihr gesagt hätte, sie solle ein Vermögen daraus machen – das wäre ihr viel zu gewagt erschienen.

Aber solche Summen! Mit solchen Größenordnungen konnte sie gar nicht rechnen, wer war schon in der Lage, sich derartige Zahlen zu merken? Angenommen, die Hühner würden Eier legen, aus den Eiern würden wieder neue Hühner, käme da nicht ein endloser Lege- und Schlüpfzyklus in Gang, der einen unweigerlich vor die Tatsache stellte, daß sich die Hühner wie Ameisen vermehrten? Der Gedanke allein machte sie so schwindlig, daß ihr der Schädel brummte.

Die Schwiegermutter der Kindbraut hatte nämlich schon einmal Hühner gezüchtet, und zwar hatte sie sie genau für zehn Schnüre Käsch erstanden. Nicht mehr und nicht weniger hatte sie ausgegeben, denn die Anzahl, die man für zehn Schnüre Käsch bekam, entsprach genau ihrem Ideal. Für zehn Schnüre Käsch bekam man zwölf Küken, was ihrer Meinung nach genau die richtige Menge war, denn mehr

Küken könnten leicht verlorengehen, während weniger den Preis von zehn Schnüren Käsch nicht rechtfertigten.

Als sie an jenem Tag damals die frisch geschlüpften Küken einkaufte, unterzog sie sie der Reihe nach einer genauen Prüfung; dieses gefiel ihr nicht, an jenem hatte sie auch etwas auszusetzen; sie wollte keines mit schwarzen Klauen oder geflecktem Gefieder, und ein Küken mit einem Punkt auf dem Kopf wollte sie auch nicht. Ihre Mutter hätte sich bestimmt besser darauf verstanden, diese Küken auszuwählen, denn die alte Dame hatte ja ihr Leben lang Küken gezogen! Jahrein, jahraus, jedoch nicht allzuviele. Der Mutter hatte es nie am Nötigen gefehlt, das Geld, das sie für ihren täglichen Bedarf ausgab, stammte aus dem Erlös ihrer Tauschgeschäfte mit Hühnereiern. Die Mutter verstand wahrhaftig etwas von ihrer Ware: Welches Huhn große und welches Huhn kleine Eier legen würde, das konnte sie auf Anhieb erkennen, ein kurzer Blick genügte, schon wußte sie Bescheid.

An dem Tag nun, als die Schwiegermutter all die vielen Küken prüfte, machte sie sich die heftigsten Vorwürfe, weil sie in jenen Jahren so wenig aus den Erfahrungen der Mutter gelernt hatte. Warum hatte sie damals bloß nicht besser aufgepaßt! Aber so war das eben, junge Menschen denken nie daran, was später kommt. Sie seufzte tief. Denn obgleich sie sich bei der Auswahl der Küken die größte Mühe gab, konnte sie sich einfach nicht entschließen. Der Verkäufer besaß ein Angebot von mehr als 200 Küken, die sie Stück für Stück begutachtet hatte, doch daß diejenigen, auf die ihre Wahl schließlich gefallen war, auch die allerbeste Qualität boten, eben das vermochte sie nicht mit Bestimmtheit zu sagen. Sie war dann bei der Aufzucht mit der größten Vorsicht zu Werke gegangen, da sie befürchtete, die Küken könnten von Katzen gefressen oder von Ratten angefallen werden. Wenn sie beobachtete, wie ihre Küken tagsüber ein Nickerchen hielten, verscheuchte sie sogleich die Fliegen, aus Angst, sie würden die Tierchen wecken. Sie ließ ihre Küken viel schlafen und war ständig darum besorgt, daß sie vielleicht nicht ausreichend Ruhe bekämen. Sobald sie einen Mückenstich auf einem Kükenbein entdeckte, fertigte sie ein Gemisch aus Wasser und Beifuß an und rieb die Stelle damit ein. Wenn das Einreiben nämlich nicht rechtzeitig erfolgte, so meinte sie, dann würden die jungen Hähne nicht anständig wachsen und die jungen Hennen später zu kleine Eier legen. Für ein kleines Hühnerei bekam man zwei Stück Tofu, für ein großes drei. Soweit die Hennen. Die Hähne waren zum Essen da – welche Familie schlachtete nicht gern einmal einen fetten Hahn? Kleine Hähne verkauften sich schlecht.

Als ihre Hühner etwas größer geworden waren und das Haus verlassen konnten, um im Hof ihre Körner zu picken, markierte sie sechs von ihnen mit einem roten, die anderen sechs mit einem grünen Farbtupfer, und zwar am Kopf. Um die Frage zu entscheiden, an welcher Stelle sie ihre Hühner markieren sollte, hatte sie sich erst einmal bei den Nachbarn umsehen müssen. Die Nachbarfamilie hatte die Flügelspitzen gewählt, also nahm sie die Köpfe. Hätten die Nachbarn die Köpfe ihrer Hühner gezeichnet, dann hätte sie bei ihren die Brust genommen. Natürlich wollte niemand sie an derselben Stelle markieren, wie hätte man sie da sonst noch unterscheiden können? Wenn die Hühner der einen Familie zur anderen liefen und umgekehrt, würde es da nicht ein heilloses Durcheinander geben?

Die so gezeichneten Küken boten einen wirklich hübschen Anblick, mit ihren roten und grünen Köpfen sahen sie aus, als hätten sie bunte Mützen auf. Der Schwiegermutter kam es fast so vor, als hätte sie es nicht mit der Aufzucht von Küken, sondern von kleinen Kindern zu tun. Darum pflegte sie damals, als sie noch Küken zog, zu sagen: »So eine Hühnerzucht ist doch anspruchsvoller als die Kindererziehung. Wo gibt es die Familie, die ihre Kinder nicht in irgendeine

Ecke abschiebt, wo sie von ganz allein groß werden müssen? Wo sie von Mücken gestochen, von Wanzen gebissen werden, und wer weiß, was ihnen sonst noch so zustößt? Die Familie möchte ich mal sehen, deren Kinder keine Narben und Stellen davontragen. Und das ist auch ganz richtig so, denn sonst kommen sie nicht gut durch und haben nicht lange zu leben.«

Sie behauptete von sich, der ja nun wirklich nicht viele Kinder beschert waren, daß sie der Versuchung widerstanden habe, ihren einzigen Sohn zu verhätscheln. Zwanzig Narben habe er mittlerweile davongetragen. »Wer's nicht glaubt, ich kann dem Jungen ja die Kleider ausziehen, das darf jeder sehen … Er hat auch größere Narben am Körper, sogar eine, die ist groß wie eine Reisschale. Niemand kann sagen, ich hätte mein Kind verwöhnt! Mal ganz abgesehen von den Verletzungen, die er sich selbst geholt hat, wenn er beim Laufen irgendwo hingefallen ist, ich meine nur die vielen Narben, die ich ihm zugefügt habe, wenn ich ihn mit dem Axtende verdrosch. Ja, Kindererziehung und Geflügelzucht sind weiß Gott nicht dasselbe! Wenn man die Hühner nicht sorgfältig hegt und pflegt, dann legen sie keine Eier. Für ein großes Ei kann man aber drei Stück Tofu tauschen, für ein kleines bekommt man zwei, ist das vielleicht ein Scherz? Ganz bestimmt nicht!«

Ihr Sohn hatte einmal ein Küken totgetreten, daraufhin hatte sie ihn drei Tage und drei Nächte windelweich geprügelt.

»Wieso sollte ich ihn da nicht schlagen? Ein Küken ist soviel wert wie drei Stück Tofu, denn schließlich kommen Hühner ja aus Hühnereiern! Und wenn man ein Huhn haben will, dann braucht man zunächst einmal ein Hühnerei, ohne das geht es nicht. Und ein halbes Hühnerei, ist das vielleicht was? Aus einem halben Ei wächst kein Huhn, aus einem, dem nur ein kleines Stückchen fehlt, ebensowenig, und aus einem schlechten oder einem faulen Ei entsteht auch nichts. Ein Küken ist schon so gut wie ein Ei, und was ist ein Ei anderes als drei Stück Tofu? Der Junge hat sehenden Auges drei Stück Tofu zertrampelt, das kann man wohl ein großes Verbrechen nennen. Ich konnte gar nicht anders als zuschlagen. Je mehr ich an diesen Verlust dachte, desto wütender wurde ich, und jedesmal schlug ich ihn dann, egal zu welcher Tages- oder Nachtzeit. Drei Tage lang habe ich ihn so verdroschen, bis er davon schließlich krank wurde, mitten in der Nacht erwachte er dann plötzlich aus tiefstem Schlaf und fing zu heulen an. Trotzdem habe ich nicht viel Theater um ihn gemacht, sondern nur hin und wieder mit der Schöpfkelle gegen den Türrahmen geklopft, um seine Seele zurückzurufen. Weiter habe ich mich um nichts gekümmert, und die Sache ist auch so wieder in Ordnung gekommen.«

Schon seit einigen Jahren betrieb sie die Hühnerzucht, und das bißchen Geld, das sie sich davon hatte beiseite legen können, war für die Verlobung mit der Kindbraut ausgegeben worden. Darin enthalten waren noch nicht einmal laufende Kosten, die ihr durch das ewige Entsenden von Haarbändern und Wickelgamaschen an die Kindbraut entstanden, so daß sie am Jahresende praktisch nichts mehr zurückbehielt. Diese letzten Jahre hatte sie ziemlich knapsen müssen, und wenn sie nun mit dem Gedanken spielte, wieder einmal Hühner zu ziehen, dann mußte sie sich voller Bitterkeit eingestehen, daß dies unmöglich geworden war.

Und jetzt saß ihr dieser Wahrsager, der »Vollkommene«, gegenüber und eröffnete ihr, daß jedes Los zehn Schnüre Käsch kostete. Hätte er nichts vom Geld erwähnt und sie ziehen lassen, um erst hinterher auf die Kosten zu sprechen zu kommen, dann würde sie jetzt in dem Glauben handeln können, daß sie kein Geld ausgeben müsse. Aber so war es nun einmal nicht, der Wahrsager hatte die Frage der Bezahlung schon vorher angeschnitten. Darum kam es der Schwiegermutter jetzt so vor, als kostete es gleich zehn

Schnüre Käsch, wenn sie nur ihre Hand nach dem Los ausstreckte, zehn Schnüre Käsch, sobald der Wahrsager seinen Mund aufmachte. War das nicht genauso, wie wenn sie tatenlos zusehen müßte, daß ihr Geld zum Fenster hinausflog? Es flog ja nicht einmal – denn dann würde es zumindest noch etwas tun. In diesem Fall verschwand es jedoch geräuschlos und ohne die geringste Spur zu hinterlassen. Das war schlimmer, als das Geld in den Fluß zu werfen, denn da würde man immerhin noch einen Laut hören und ein paar Luftblasen aufsteigen sehen. Aber das Geld auf diese Weise loszuwerden brachte ihr gar nichts ein, genausogut könnte sie es im Zustand völliger Umnachtung verlieren oder mit ansehen, wie Räuber es ihr stahlen. Es fehlte nicht viel, und die Schwiegermutter der Kindbraut hätte Tränen vergossen, so empört war sie. Denn dieses Loseziehen, das war ja wohl nichts anderes als ein Geldwegziehen. Schließlich zog sie erst einmal ihre ausgestreckte Hand wieder zurück und lief geschwind zur Waschschüssel. So leichtfertig durfte sie die Angelegenheit nicht angehen, hier ging es um zehn Schnüre Käsch! Nachdem sie sich die Hände gewaschen hatte, kniete sie vor dem Herdgott nieder und sprach ein Gebet. Erst dann war sie bereit.

Als erstes zog sie ein grünes Los, was nicht besonders gut war, denn das Grün symbolisierte ein Irrlicht. Sie zog also ein weiteres Mal, doch diesmal war das Omen noch schlechter, eigentlich das schlechteste, denn sie hatte das Päckchen mit dem blauen Arzneipulver bekommen, und das bedeutete, Yama, den Höllenfürsten, zu sehen, ohne zu sterben. Man würde meinen, daß angesichts dieser unheilverheißenden Lose die Schwiegermutter zusammenbrechen und losschluchzen müßte. Doch davon konnte nicht die Rede sein. Seitdem die Kindbraut so schwer erkrankt war, wurde lang und breit, und auf jede mögliche Art und Weise, über das Leben und den Tod diskutiert. Hinzu kam, daß sie unzählige Male Fuchsfeen und Schamaninnen ihre Tänze hatte aufführren sehen, so daß ihr derlei irdische und jenseitige Dinge keineswegs mehr fremd waren. Deshalb klangen ihre Worte sogar ganz optimistisch, als sie jetzt sagte, es sei wohl gar keine so große Tragödie, Yama zu sehen, ganz als glaubte sie, daß es noch eine gute Weile dauern würde, bis die Kindbraut ihm begegnen müsse.

Alsdann fragte sie den Vollkommenen, ob es nicht eine weitere Möglichkeit gäbe, das Unheil abzuwenden, nachdem sich nun die Lose als schlecht erwiesen hatten. Daraufhin erwiderte er: »Lassen Sie Tusche und Pinsel herbeischaffen.«

Weil kein Pinsel im Hause war, lief die Frau des ältesten Enkels zum Getreideladen, der sich neben dem Haupttor unseres Anwesens befand, um sich dort einen auszuleihen. Die Besitzerin des Ladens, die ursprünglich aus Shandong stammte, fragte in dem typischen Tonfall ihrer Provinz: »Was'n los bei euch?«

»Wir lassen Zeichen schreiben, um bei meiner kleinen Schwägerin das Böse abzuwehren.«

»Mit der steht's wohl ganz schön schlimm, hat sich denn ihr Zustand immer noch nicht gebessert?« erkundigte sich die Inhaberin des Ladens.

Die Frau des ältesten Enkels hatte eigentlich nur kurz Tuschstein und Pinsel ausleihen wollen, doch angesichts der besorgten Nachfrage wäre es geradezu unhöflich gewesen, nicht darauf einzugehen, und so kam es, daß sie noch einige »Pfeifchenlängen« dort blieb, ohne daß an ein Nachhausegehen zu denken war. Als sie schließlich mit den Schreibutensilien eintraf, hatte der Vollkommene bereits rotes Papier in Streifen gerissen. Dann ergriff er den Pinsel und schrieb auf jeden der vier roten Papierstreifen ein großes Schriftzeichen. Die Streifen waren nicht breiter als einen halben und nicht länger als einen ganzen Zoll; er schrieb aber die Zeichen so groß, daß sie aussahen, als wollten sie über alle vier Ränder hinausfließen.

Da niemand in der Familie lesen und schreiben konnte – selbst die beiden Glückssprüche, die den Schrein des Herdgottes einrahmten, hatte man jemanden von außerhalb anfertigen lassen –, wirkten die vier Schriftzeichen auf die Anwesenden völlig gleich, als seien sie alle Kinder ein und derselben Mutter. Genausogut hätte der Wahrsager viermal dasselbe Zeichen malen können, niemand hätte irgend etwas bemerkt.

Die Frau des ältesten Enkels betrachtete sie angestrengt, ohne daß sich ihr deren Sinn erschloß, und auch die Großmutter starrte und starrte, ohne irgend etwas zu erkennen. Obwohl sie ihnen nichts sagten, war diesen Leuten aber klar, daß die Zeichen sicherlich nichts Schlechtes zu bedeuten hätten, waren sie doch in der Absicht geschrieben worden, eine Begegnung mit Yama, dem Höllenfürsten, zu verhindern. Daher nickten alle zustimmend.

Der Vollkommene befahl nun, Kleister herbeizuholen. Doch in der Familie des Alten Hu benutzte man das ganze Jahr über keinen Kleister, weil er viel zu teuer war; allein das Weizenmehl, das man für dessen Herstellung benötigte, kostete ja schon zehn Schnüre Käsch das Pfund. Wenn zum Beispiel die Oberteile von Stoffschuhen zu kleben waren, verwandte man immer Klebreis. Aus diesem Grund lief die Frau des ältesten Enkels zum Reistopf hinüber und schöpfte einen Klumpen Klebreis, den der Vollkommene sodann auf die roten Papierstreifen herabtropfen ließ. Dann zog er der Kindbraut ihre zerschlissene Baumwolljacke über den Kopf, so daß sie nichts mehr sehen konnte, und hieß sie, die Hände aufzuhalten, woraufhin er an die Innenflächen ihrer Hände je ein Zeichen drückte. Danach befahl er ihr, die Strümpfe auszuziehen, und klebte an beide Fußsohlen ebenfalls je einen Papierstreifen. Als dann der Blick des Vollkommenen auf die großen weißen Narben fiel, die die Fußsohlen der Kindbraut bedeckten, erinnerte er sich sogleich daran, was ihm die Schwiegermutter eben noch über die Verbrennung mit dem Bügeleisen erzählt hatte. Er tat aber so, als sei ihm dies entfallen, und fragte:

»Von welcher Krankheit wurden denn diese Narben an den Fußsohlen verursacht?«

Die Schwiegermutter der Kindbraut eilte herbei und erklärte hastig: »Habe ich Ihnen nicht gerade eben erzählt, wie ich ihr mit dem heißen Bügeleisen die Füße verbrannt habe? Ich konnte es einfach nicht mehr mit ansehen, dieses Betragen. Anstatt anständig zu gehen, rannte sie wild hin und her, und wenn ich sie deshalb schlug, dann hatte das so gut wie gar keine Wirkung. Darum habe ich ihr die Fußsohlen verbrannt, und so schlimm war's nun auch wieder nicht, Kinderhaut heilt schnell. Eigentlich waren es kaum zwei Wochen, die sie nicht laufen konnte, danach war's schon wieder vorbei.« Der Vollkommene überlegte einen Moment, wie er die Schwiegermutter ein wenig erschrecken könne. Er meinte dann, daß seine Papierstreifen zwar die Narben an den Fußsohlen verdeckten, aber vielleicht würden sie nicht so gut halten, und Yama, dem nichts entginge, würde sich die Narben als ein besonderes Erkennungszeichen einprägen, was die ganze Angelegenheit doch sehr unsicher mache. Der Wahrsager blickte in die Runde, um zu sehen, ob seine Worte auch genügend Eindruck gemacht hatten, doch es schien, als hätten sie bei keinem der Anwesenden auch nur einen Hauch einer Beängstigung ausgelöst. So fuhr er in einem noch ernsteren Ton fort: »Wenn diese Narben nicht verschwinden, kann Yama das Mädchen innerhalb von drei Tagen finden, und wenn das einmal geschehen ist, wird er sie bei lebendigem Leib ergreifen und zu sich nehmen. Die Lose, die soeben gezogen wurden, lassen sich nicht mehr rückgängig machen, und die roten Papierstreifen werden keinerlei Nutzen haben.«

Daß seine einschüchternden Worte, von der Großmutter angefangen bis hin zur Frau des ältesten Enkels, keine sonderliche Wirkung zeigten, verblüffte den Vollkommenen doch einigermaßen. Darum begann er, ohne lange zu überlegen, aufs neue: »Der Höllenfürst wird sich nicht nur die Kindbraut greifen, er wird die Schwiegermutter auch gleich mitnehmen, damit sie noch in diesem Leben bestraft werde, für Sünden, die sie in diesem Leben begangen hat. Denn jemandem die Fußsohlen mit einem heißen Eisen zu verbrennen, das kann man nur als Mißhandlung bezeichnen. Eine Schwiegermutter, die ihre Schwiegertochter mißhandelt, muß in einem Topf siedenden Öls sterben, und da erwiesenermaßen die Schwiegermutter der Familie Hu ihre Schwiegertochter mißhandelt hat...« Seine Stimme schwoll immer mehr an, so daß er am Ende fast schrie, er führte sich auf wie jemand, der im gerechten Zorn ein großes Unrecht anprangerte. Das Verhalten des Vollkommenen hatte sich beträchtlich verändert.

Seine Rede versetzte nun doch alle drei Generationen der Familie des Alten Hu dermaßen in Angst und Schrecken, daß ihnen die Haare zu Berge standen. Nun glaubten sie alle, es habe sich ein böser Geist bei ihnen eingeschlichen. Am schwersten getroffen war die Schwiegermutter der Kindbraut, sie schlotterte am ganzen Leibe, weil sie diese grauenhaften Ausführungen gar nicht fassen konnte – ja gab's denn so was überhaupt auf der Welt, daß eine Schwiegermutter ihre Schwiegertochter mißhandelte? Sie warf sich vor dem Vollkommenen auf die Knie und wandte ihm ihr tränenüberströmtes Gesicht zu:

»Das kommt alles nur daher, daß ich mein Leben lang kein gutes Karma ansammeln konnte, das rächt sich jetzt an meinen Kindern. Ich flehe Sie, den Vollkommenen, an, ich bitte Sie von ganzem Herzen, das Unglück von mir abzuwenden und Ihre ganze Klugheit einzusetzen, damit meine Schwiegertochter noch einmal dem Tode entrinnt.«

Unverzüglich ließ der Vollkommene von König Yama ab. Er sagte nun, daß die Schwiegertochter keineswegs den Höllenfürsten sehen müsse, denn er verfüge noch über ein unfehlbares Mittel, dies zu verhindern. Die Methode sei recht einfach: Man müsse der Kindbraut nur noch einmal die Strümpfe ausziehen und die Narben mit einem Tuschezeichen übermalen, dann könne Yama sie nicht mehr erkennen. Seinen Worten folgte prompt die Tat, und während er die Narben übermalte, rezitierte er murmelnd einige Zauberformeln. Anscheinend war dieses Übermalen eine äußerst anstrengende Angelegenheit, obgleich sie den Umstehenden als eine völlig harmlose und einfach zu bewältigende Sache erschien. Im Gesicht des Vollkommenen begann jedoch der Schweiß zu perlen, obendrein knirschte er effektheischend mit den Zähnen und legte seine Stirn in Falten. Das Zeichenmalen war offenbar doch nicht ganz so leicht, denn er stellte sich an, als ob er lebensgefährliche Prüfungen dabei zu bestehen hätte.

Als der Vollkommene mit seiner Arbeit fertig war, stellte er eine Rechnung auf. Zweimal Loseziehen kostete zwanzig Schnüre Käsch. Vier beschriftete rote Papierstreifen, die er an Handflächen und Fußsohlen geklebt hatte, kosteten, zum halben Preis, je fünf Schnüre Käsch, vier mal fünf ergab zwanzig, das machte zwanzig Schnüre Käsch. Ferner war da noch das Übermalen der Fußsohlen aufzuführen, was eigentlich zehn Schnüre Käsch kostete, doch auch hier gab er einen Rabatt von fünfzig Prozent, so daß er pro Fußsohle nur fünf Schnüre Käsch verlangte, zwei mal fünf, das machte zehn Schnüre Käsch für diesen Posten. Zwanzig plus zwanzig und noch einmal zehn, alles in allem bekam er fünfzig Schnüre Käsch.

Der Vollkommene nahm sein Geld in Empfang und ging beschwingt seines Wegs.

Nur wenige Augenblicke zuvor hatte die Schwiegermutter erfahren, daß jedes Los zehn Schnüre Käsch kostete, und der Gedanke hatte ihr im Herzen weh getan. Sie hatte daran gedacht, wie sie von diesem Geld eine Hühnerzucht beginnen oder ein Schwein kaufen könne. Doch als sie jetzt sogar fünfzig Schnüre Käsch aus der Hand geben mußte, war jeder Gedanke an Hühner- oder Schweinezucht verflogen. Sie war sich darüber im klaren, daß sie am Ende gar nicht umhin konnte, sich von dem Geld zu trennen. Die Lose waren gezogen, die Zeichen geschrieben, den Mann nicht zu bezahlen, war ganz ausgeschlossen. Die Situation hatte sich nun einmal so weit entwickelt, was konnte sie dagegen tun? Hätte sie nicht hundert genauso hergeben müssen wie jetzt die fünfzig? Was wäre ihr anderes übriggeblieben? Darum hatte sie dem Wahrsager die fünfzig Schnüre Käsch ruhig und gefaßt überreicht.

Dieses Geld stammte aus dem Erlös von Sojabohnen, die sie im Herbst auf einem Feld vor der Stadt aufgelesen hatte; von den insgesamt zwei Scheffeln Sojabohnen waren mehrere Zehnerschnüre Käsch zusammengekommen. Es war keine leichte Arbeit, auf einem großen Feld, das die Besitzer schon abgeerntet hatten, die wenigen noch übriggebliebenen Sojabohnen aufzusammeln, zumal ja alle armen Leute kamen, um etwas zu ergattern. Kinder, Frauen und alte Omas traten sich gegenseitig auf die Füße, rangelten erbittert um jeden kleinen Halm. Zwei, drei Wochen war sie so auf dem Feld herumgekrochen, bis ihr hinterher Rücken und Beine schmerzten. Das schlimmste war aber, daß sie wegen der paar Scheffel Sojabohnen bei der Apotheke »Li Yongchun« hundert Gramm Färberdistel hatte erstehen müssen, weil sie sich auf der Suche nach Bohnen einen spitzen Halm unter den Fingernagel eingezogen hatte. Zunächst hatte sie der Sache keine weitere Beachtung geschenkt, sondern nur den Splitter schnell wieder entfernt, und damit hatte sich der Fall. Sie war gekommen, um Bohnen aufzulesen, und das tat sie auch. Der Finger begann jedoch in der folgenden Nacht, während sie schlief, auf die Größe einer kleinen Gurke anzuschwellen.

Und wenn schon, wer ließ sich von einer kleinen Schwellung gleich verrückt machen? Sie war doch kein kaiserliches

Fräulein, verzärtelt und verhätschelt! Und wo gab's schon den Menschen, der ausschließlich auf die Güte des Himmels zählen konnte, ohne daß ihn zuweilen auch ein kleines Unglück traf?

Einige Tage lang ging das so weiter; des Nachts brannte der Schmerz wie Feuer, so daß sie nicht mehr schlafen konnte. Erst daraufhin wurden die hundert Gramm Färberdistel gekauft.

Es war schon eher davon die Rede gewesen, das Heilmittel zu besorgen. Die Großmutter hatte ihr dazu geraten, doch sie hatte es nicht beherzigt, die Frau des ältesten Enkels hatte ihr dasselbe empfohlen, mit ebensowenig Erfolg. Der Sohn wollte sie in rechter konfuzianischer Kindespflicht mit aller Macht dazu überreden und bot sich an, die Medizin für sie kaufen zu gehen, was seine Mutter mit einem Schlag ihrer Pfeife auf seinen Kopf belohnte; er behielt hiervon eine hühnereigroße Beule zurück.

»Mistkerl, willst du uns alle an den Bettelstab bringen? Deine Mutter ist noch am Leben, aber du spielst dich schon als der Herr im Hause auf. So ein kleiner Scheißkerl, wollen doch mal sehen, ob du noch mal von Färberdisteln erzählst, wollen doch mal sehen.«

Während sie so fluchte, fuhr sie fort, ihren Sohn mit dem Pfeifenkopf zu bearbeiten.

Zu guter Letzt wurden die Färberdisteln doch gekauft, wahrscheinlich, weil die Nachbarn aufmerksam geworden waren und man bereits in der näheren Umgebung begann, sich die Mäuler zu zerreißen. Wenn die Schwiegermutter jetzt immer noch vor dem Kauf zurückschreckte, dann würde das einen ziemlich schlechten Eindruck machen. Man würde sagen, daß die Frau des ältesten Sohnes der Hu-Familie das ganze Jahr hindurch nichts anderes täte, als Geld zu scheffeln, und wenn sie es erst einmal in den Händen hielt, dann sei es so gut wie vom Erdboden verschluckt, da sie es nie und nimmer wieder herausrücke. Es machte keinen guten Eindruck, wenn so ein Gerede erst einmal aufkam. Darüber hinaus hatte sie ja einige Zehnerschnüre Käsch für den Verkauf der Sojabohnen erhalten, zwei oder drei Schnüre Käsch würde sie wohl oder übel opfern müssen. Jetzt hieß es, die Zähne zusammenbeißen und hundert Gramm Färberdistel zum Einreiben kaufen.

Obwohl sie sich zu diesem Entschluß durchgerungen hatte, verging noch eine geraume Zeit, bevor sie ihn in die Tat umsetzte, genauer gesagt, es folgten noch etliche Tage, an denen sie nicht »die Zähne zusammenbiß«.

Doch schließlich wurden die Färberdisteln gekauft, und zwar zu einem Zeitpunkt, als es um die Schwiegermutter schon ziemlich ernst stand, denn nicht nur der eine Finger, nein, die ganze Hand war jetzt dick geschwollen. Hatte der Finger anfangs einer kleinen Gurke geähnelt, so war er jetzt zur Größe eines Kürbis angewachsen, und die Handfläche war dermaßen in die Breite gegangen, daß sie inzwischen mit einer Schaufel zu vergleichen war. All die Jahre hatte die Schwiegermutter nun schon ihre zu dünn geratene Figur beklagt; ihre ständige Rede war, daß magere Menschen weniger Glück hätten im Leben, und vor allem an knochigen Händen und Füßen ließen sich diese schlechten Omina ablesen. Gerade ihre spindeldürren Hände, die eher den Klauen eines Huhns glichen, brachten ihr das Unglück anschaulich zu Bewußtsein. Jetzt war die Hand fett geworden, doch empfand sie die Art, wie dieses Glückssymbol entstanden war, nicht gerade als angenehm. Zudem war die Schwellung von leichtem Fieber begleitet, ihren Augen fehlte der Glanz, der Mund war belegt, und ein Schüttelfrost plagte sie auch.

»Wie weit will es diese Hand noch treiben? Diese Hand...« Mit derlei Worten stand sie morgens auf, und im Laufe des Tages wurden sie noch oft wiederholt. Ihre Hand, dick wie eine kleine Worfelschaufel, konnte nicht mehr die geringste Bewegung machen, wie der Kopf einer Katze oder eines kleinen Kindes ruhte sie neben ihr auf dem Kopfkissen, wenn sie zu Bett ging. »Wie weit wird es diese Hand noch treiben!« sagte sie auch, wenn ihr Sohn in die Nähe kam.

Der Sohn entnahm dem Tonfall seiner Mutter, daß sie nun vielleicht doch bereit sei, sich auf eine Medizin einzulassen. Er lief daraufhin zu seiner Großmutter, um mit ihr den Kauf von Färberdistelblüten zu besprechen. Nun waren im Haus die Kangs so angeordnet, daß einer nach Süden, der andere nach Norden wies und sie einander genau gegenüberstanden, und obgleich sich Großmutter und Enkel nicht sonderlich laut unterhielten, konnte die Schwiegermutter alles verstehen. Trotzdem tat sie so, als höre sie gar nicht hin, als habe sie mit der ganzen Färberdistel-Angelegenheit nicht das mindeste im Sinn, geschweige denn, irgend jemanden zum Kauf angestiftet.

Auf dem Kang, der nach Norden ging, saßen ihr Sohn und seine Großmutter, und der Sohn sagte, daß er für den Kauf der Medizin Geld benötigte.

»Nimm erst mal, was dir deine Großmutter vorschießt, wenn deine Mutter wieder gesund ist, kann sie mir das Geld ja zurückzahlen.« Die Oma sprach diesen Satz etwas lauter, als wolle sie sich versichern, daß die Frau ihres ältesten Sohnes ihn auch ja verstanden habe. Diese hatte nicht nur die letzten Worte, sondern die gesamte Unterhaltung sehr wohl vernommen. Sie rührte sich aber nicht von der Stelle und tat weiterhin so, als habe das Ganze mit ihr nichts zu tun. Als dann ihr Sohn von seinem Einkauf zurückgekehrt war, setzte er sich zu ihr ans Bett und sagte: »Mutter, reib dir die Hand mit dieser Lösung aus Färberdisteln ein.« Da wandte sie ihm auf ihrem Kopfkissen ihr Gesicht zu, und als würde sie von der Sache zum erstenmal erfahren, rief sie erstaunt aus: »Na so was, hat der kleine Lümmel doch Färberdistel besorgt...« Doch lag es ihr dieses Mal fern, mit dem Pfeifenkopf auf ihn einzuschlagen, statt dessen machte sie sich vorsichtig daran, ihre geschwollene Hand mit der rotgetränkten Lösung von allen Seiten einzureiben. Die Schwiegermutter der Kindbraut hätte zu gern gewußt, ob die Medizin zwei oder drei Schnüre Käsch gekostet hatte. Für zwei Schnüre Käsch waren es eigentlich eine ganze Menge Blüten, doch für drei wären sie dann doch etwas zu teuer gewesen. Hätte sie den Einkauf getan, dann hätte sie bestimmt nicht die größere Menge erstanden, das war gewiß, denn schließlich handelte es sich ja nur um Färberdisteln. Färberdistel war in erster Linie rot, damit hatte sich der Fall, ob sie wirklich Krankheiten zu heilen vermochte, das blieb noch dahingestellt. Vielleicht beruhte ihre Wirkung allein darauf, daß man damit sein Gewissen beruhigte.

Während sie noch so hin und her überlegte, entfaltete sich die Lösung angenehm kühlend auf ihrer Hand und machte sie schläfrig, was durch die sich allmählich ausbreitenden Dämpfe der alkoholischen Lösung und den durchdringenden aromatischen Duft der roten Blüten noch verstärkt wurde. Sie fühlte sich ausgesprochen wohl, und in dem Moment, als sie ihre Augen schloß, begann sie schon zu träumen.

In ihrem Traum kaufte sie sich zwei Stück Tofu, eins so groß und weiß wie das andere. Wovon hatte sie den Tofu kaufen können? Von dem Geld, das ihr vom Kauf der Färberdistel übriggeblieben war. Denn im Traum hatte sie das Heilkraut selbst besorgt, und zwar weder für drei noch für zwei Schnüre Käsch: Sie hatte nur eine Schnur dafür bezahlt! Sie rechnete im Traum, daß sie nicht nur an diesem Tag Tofu essen könnte, auch noch an einem anderen Tag, wenn ihr danach war, konnte sie sich zwei Portionen leisten! Denn von drei Schnüren Käsch hatte sie ja nur eine für die Färberdistel ausgegeben!

Doch heute hatte sie der Vollkommene mit einem Schlag um fünfzig Schnüre Käsch ärmer gemacht. Würde man ihren Maßstab zugrunde legen, wie viele Portionen Tofu hätte sie sich davon kaufen können. Dieser Gedanke kam ihr aber gar nicht, zum einen, weil sich die Krankheit der Kindbraut nun schon sehr lange hinzog und das Ganze sie bereits eine Stange Geld gekostet hatte. Zum anderen, weil der Vollkommene, als er sich in seinem etwas zu heftig geratenen Anfall von Empörung als Ankläger des Unrechts aufspielte, sie der Mißhandlung der Kindbraut bezichtigt hatte. Da ging es ihr nur noch darum, ihm so schnell wie möglich das Geld in die Hand zu drücken und den blöden Hund loszuwerden.

Eine Kranke im Haus zu haben, bedeutete weiß Gott, daß ihr in jeder Beziehung übel mitgespielt wurde. Je mehr die Schwiegermutter der Kindbraut darüber nachdachte, desto tiefer empfand sie das Unrecht, das ihr widerfuhr, desto heftiger empörte sie sich über diese unverdiente Strafe des Schicksals.

Doch wenn sie sich in Zornesausbrüchen Erleichterung verschaffen wollte, war niemand da, den sie verfluchen konnte, wollte sie weinen, so kamen keine Tränen, und wollte sie jemanden schlagen, so traf ihre Hand ins Leere.

Die kleine Kindbraut konnte jedenfalls keine Schläge mehr aushalten. Wäre alles noch beim alten, so wie damals bei der Ankunft der kleinen Kindbraut, dann hätte sie nicht lange gefackelt, sondern sie sich gegriffen und einmal ordentlich verprügelt, und dann hätte man weitergesehen. Auch wenn der Schwiegermutter einmal eine Reisschale entzweiging, dann hatte die kleine Kindbraut eine Wucht abbekommen, ebenso beim Verlust einer Nähnadel. War sie gestolpert und hatte sich das Knie aufgeschlagen, na, dann wurde eben die Kleine geholt und verdroschen. Mit einem Wort, jedesmal, wenn es ihr schlecht ging, hatte sie das Gefühl, jemanden schlagen zu müssen. Aber wen konnte, wen durfte sie schlagen? Letztendlich mußte immer die kleine Kindbraut herhalten.

Kinder, die eigene Mütter hatten, konnte sie schlecht schlagen. Und ihren Sohn schlug sie auch nur ungern.

Schlug sie die Katze, dann überlegte diese es sich vielleicht, ob sie wieder nach Hause kam. Schlug sie den Hund, dann lief auch er vielleicht fort. Schlug sie das Schwein, dann fürchtete sie, es könne an Gewicht verlieren. Und schlug sie die Hühner, dann legten die vielleicht keine Eier mehr. Einzig und allein die kleine Kindbraut zu schlagen brachte keinen Ärger, weder konnte sie fortlaufen noch sonst irgendwie verlorengehen. Eier konnte sie nicht legen, und ein Schwein war sie auch nicht, und verlor sie durch die Schläge wirklich ein wenig an Gewicht, dann brauchte man sich deswegen keine grauen Haare wachsen zu lassen, zumal sie nie gewogen wurde.

Nun war es aber so, daß die kleine Kindbraut nichts mehr aß, sobald man sie schlug. Aber so schlimm war das auch wieder nicht, dann gab man ihr eben etwas mehr Reissuppe ein, was davon übrigblieb, war eh für die Schweine gedacht.

Doch diese herrlichen Tage gehörten jetzt der Vergangenheit an, vermutlich würden solch sorglose Zeiten niemals wiederkehren. Nicht genug, daß die Schwiegermutter nun niemanden mehr hatte, den sie schlagen durfte – selbst von Fluchen konnte nicht mehr die Rede sein. Inzwischen gab es nur noch eines, wovor die Schwiegermutter sich fürchtete, und das war der Tod der kleinen Kindbraut. Wie ein Schatten legte sich diese Bedrohung über ihr Herz: Ihre kleine Kindbraut durfte nicht sterben! Dafür hatte sie alle möglichen Hindernisse bewältigt, jeden erdenklichen Kummer durchgestanden, sie hatte die Zähne zusammengebissen und die Tränen heruntergeschluckt, die Flüche unausgesprochen gelassen und die Faust in der Tasche geballt, anstatt Schläge auszuteilen. Wenn ihr nach Wehklagen zumute war, hielt sie sich zurück. Immer wieder überfielen sie grenzenloser Schmerz und unsägliche Trauer. Sie überlegte, ob sie vielleicht in ihrem vorherigen Leben zu wenig Gutes getan hatte und jetzt in diesem dafür bezahlen müsse. Denn warum sollte ihr sonst nicht einmal eine Kindbraut als Schwiegertochter vergönnt sein? Es kam ihr in den Sinn, wie sie nie in ihrem Leben auch nur eine einzige böse Tat begangen hatte, immer gütig und anständig gewesen war. Und doch war sie es, die immer vom Pech verfolgt wurde, während sie auch noch zurücktrat und den anderen die Vorteile überließ. Zwar lebte sie nicht vegetarisch und betete nicht täglich zu Buddha, aber am Ersten und Fünfzehnten eines jeden Monats zu fasten, daran hatte sie sich von klein auf gehalten. Und wenn sie auch nicht täglich zum Tempel lief, um Räucherstäbchen abzubrennen, hatte sie es kein einziges Mal versäumt, dem Tempelfest am Achtzehnten des Vierten Monats beizuwohnen; jedesmal zündete sie vor dem Tempel der Göttin der Vielen Kinder ein Räucherstäbchen an, und vor dem Tempel des Alten Herrn vollführte sie drei Kotaus. Jahr um Jahr war sie pflichtbewußt darauf bedacht, ihren »Auftritt zu absolvieren« und hatte den Göttern in angemessener Form ihre Reverenz erwiesen. Weder kannte sie die Schriften, noch war es ihr gegeben, lesen und schreiben zu lernen, dennoch beherrschte sie aus dem »Diamantsutra« und dem »Sutra des Herdgottes« jeweils zwei Strophen. Ferner konnte auch nicht davon die Rede sein, daß sie Almosen spendete oder wohltätige Zwecke unterstützte, wie beispielsweise Straßenreparaturen oder Brückenbau, doch gab sie andererseits an jedem Neujahrstag den Bettlern von den Resten der Suppe und des Reises. Enthaltsam hatte sie nie gelebt, aber wiederum auch nicht mehr Tofu gegessen als angemessen gewesen wäre. Reinen Herzens hatte sie sich den Gesetzen des Himmels und der Erde stets unterworfen. Warum nur lud der Herr des Himmels trotz alledem soviel Unbill gerade auf ihr ab? Je mehr sie darüber grübelte, desto verzweifelter wurde sie. »Das kommt alles nur daher, daß ich in meinem vorigen Leben keine guten Taten vollbracht habe, jetzt werde ich davon heimgesucht.« Bis hierher in ihren Überlegungen gekommen, hörte die Schwiegermutter auf, sich den Kopf zu zerbrechen. Die

Dinge hatten sich nun einmal so entwickelt, was nützte es, sich ständig damit verrückt zu machen? Sie zwang sich, ihre Tränen zu unterdrücken und die Zähne zusammenzubeißen. Sie mußte der Tatsache ins Auge sehen, daß das bißchen Geld, das sie sich mit der Aufzucht eines Schweines hier und mit anderer Kleinarbeit dort zusammengespart hatte, in Schnüren von Fünfern und Zehnern allmählich unter ihren Händen zerrann.

Meinte die eine Familie, man solle es mit dem Opfern von Räucherstäbchen versuchen, dann schlug die andere bestimmt ein eigenes Rezept vor. Hausmittel, Heilkräuter, Schamanen und Exorzisten, Weihrauch und Wahrsagerei, alles hatte die Schwiegermutter in jeder erdenklichen Form ausprobiert und Unsummen von Geld obendrein dafür ausgegeben, aber der Erfolg wollte sich einfach nicht einstellen.

Die kleine Kindbraut sprach nachts im Schlaf, tags fieberte sie. Und immer, wenn sie im Traum zu sprechen begann, sagte sie, daß sie »nach Hause« wolle. Diese beiden Worte »nach Hause« faßte die Schwiegermutter als ein äußerst schlechtes Omen auf, sie gaben allen Anlaß zur Befürchtung, die kleine Kindbraut sei ein Blumenmädchen aus dem Garten der Hölle, die nun von Yamas Gattin, der Königin der Unterwelt, zur Heimkehr aufgerufen würde. Daraufhin ließ die Schwiegermutter einen Traumdeuter kommen. Der konnte ihren Verdacht nur bestätigen: »Heimkehr« bedeute in der Tat, ins Schattenreich zurückzukehren.

Wenn die kleine Kindbraut davon träumte, daß ihre Schwiegermutter sie schlug oder sie am Dachbalken festband, wenn sie davon träumte, wie die Schwiegermutter ihr mit dem glühendheißen Eisen die Fußsohlen verbrannte oder ihr mit einer Nadel in die Fingerkuppen stach, dann begann sie wie am Spieß zu schreien, und in diesen Momenten wimmerte sie, daß sie »nach Hause« wolle. Sobald aber die Schwiegermutter diese Worte vernahm, kniff sie die Kindbraut in den Schenkel. Die Tage vergingen, und ein

Knuff folgte auf den nächsten, so daß die Beine der kleinen Kindbraut bald voller grüner und blauer Stellen waren, gefleckt wie ein Rehkitz.

Die Schwiegermutter verstand dies als einen Akt der Barmherzigkeit, denn vielleicht wollte ja die Kindbraut wirklich ins Reich der Hölle zurückkehren. Das wollte sie verhindern, indem sie sie schnell aus dem Schlaf riß. Doch die kleine Kindbraut war, wenn sie so wachgekniffen wurde, noch ganz in ihrer Traumwelt verhaftet, sie glaubte dann, daß ihre Schwiegermutter sie tatsächlich gerade schlug. So begann sie lauthals zu schreien; sie sprang vom Kang hinunter und rollte wild auf dem Boden herum, und weder Ziehen noch Zerren vermochten sie unter Kontrolle zu bringen. Ihre Kraft wuchs erstaunlich, ihr Geschrei war markerschütternd. Ihre Schwiegermutter war bald überzeugt, sie sei von einem Dämon besessen.

Nicht nur sie glaubte daran, die ganze Familie war sich einig, daß der Kindbraut ein böser Geist in den Leib gefahren sei. Wer konnte bei der Beschreibung ihrer Symptome auch ernsthaft daran zweifeln? Das Gejammer vom »Heimkehren« mitten in der Nacht, die wilden Verrenkungen, nachdem man sie geweckt hatte, die starren Augen, der weit aufgerissene Mund, das ewige Gebrüll und Geheul, die Körperkräfte, die die eines Ochsen übertrafen, und die Schreie, die so laut gellten wie die eines Schweines, das gerade abgestochen wird. Mußte man da nicht an die Existenz eines Dämons glauben? Zumal die Schwiegermutter ihre Darstellung um einige Ausschmückungen bereicherte, hier sprach sie von grünen Augäpfeln, aus denen zwei Irrlichter – das Dämonenfeuer – zu schimmern schienen, dort von der Gewalt des nie enden wollenden Geheuls, das schon nicht mehr menschenähnlich war. Sobald sich dies herumgesprochen hatte, gab es in der gesamten Nachbarschaft niemanden mehr, der nicht davon überzeugt war, die Kindbraut sei besessen.

So kam es, daß alle gutherzigen Menschen jenes kleine Mädchen bedauerten, das in die Klauen eines bösen Geistes geraten war. Welches Kind sei nicht von einer Mutter geboren, welcher Mensch nicht aus Fleisch und Blut? Wo gab es die Familie, in der nicht für die Alten gesorgt und die Jungen großgezogen wurden? ... Das Schicksal der kleinen Kindbraut rief eine Welle des Mitleids bei den Leuten hervor. Die Zweite Schwester von rechts, die Dritte Tante von links, alle kamen sie mit einem seltenen Hausmittel vorbei, oder sie behaupteten zu wissen, wie man den Dämon mit Hilfe eines schlauen Tricks loswerden konnte.

Und wieder erschien zur Geistervertreibung die Schamanin; man verbrannte unablässig Räucherstäbchen und hielt weitere spiritistische Sitzungen ab. Es ging hoch her im Hause des Alten Hu, und was sich in jener Zeit dort abspielte, war in aller Munde. Wer es aus irgendeinem Grunde versäumt hatte, sich das Treiben der Schamanin und ihrer Gehilfen anzusehen, der konnte fortan nirgends mehr mitreden. Denn der Tanz der Schamanin erreichte neue Dimensionen; noch nie waren ihre Vorführungen bei der Hu-Familie so aufrüttelnd gewesen, sie stellten alles Bisherige in den Schatten, mit ihren Tänzen läutete sie eine neue Ära des Schamanentums ein. Wer sich dieses Schauspiel entgehen ließ, der galt fortan als schlecht unterrichtet und beschränkt.

Es gab am Ort keine Zeitung, die diese epochalen Ereignisse hätte festhalten können. Einem halbseitig oder gänzlich Gelähmten oder einem, der aufgrund einer schweren Krankheit ans Bett gefesselt war, widerfuhr die Tragödie seines Lebens. Er wurde von allen Seiten bemitleidet, denn wahrscheinlich würde er für immer ein Ignorant, zumindest stumm und dumm bleiben müssen, da er ja an diesen wundersamen Vorkommnissen nicht hatte teilhaben können.

Der Ort Hulan war im Grunde sehr abgelegen, und so etwas wie Kultur konnte er kaum bieten. Trotzdem gaben sich die ortsansässigen Beamten und Mitglieder der Gentry-

Schicht mit dem, was da war, schon zufrieden. Sie baten sogar ein Mitglied der Hanlin-Akademie*, eine Hymne für ihr Städtchen zu dichten, die sich dann folgendermaßen anhörte:

> Es stehen seit jeher dichte Wälder am Hulanfluß
> Dort wächst gar prächtiges Holz im Überfluß.**

Der Text wurde einer japanischen Melodie angepaßt und von allen Grundschülern des Ortes gesungen. Eigentlich bestand das Lied aus mehr als diesen beiden Versen, aber es genügte vollkommen, nur diese zwei zu singen. Das Gute daran war, daß es bei den Zuhörern eine Art Überlegenheitsgefühl hervorrief. Beim Frühlingsfest zum Beispiel, wenn man überall junge Bäume pflanzt, wurde das Lied besonders gern von den Schülern der Grundschule geschmettert, die in einer Formation die Hauptstraße entlangmarschierten. Beim Klang der Hymne überkam die Einwohner das Gefühl, daß ihr Hulan eine ganz besondere Stadt war, und »unser Hulan« war in aller Munde. Selbst das Kind, das mit der Mistgabel in der Hand auf der Straße den Kot auflas, sprach von »unserem Hulan«. Welchen speziellen Vorteil gerade ihm das Städtchen Hulan verschaffte, läßt sich allerdings nicht mit Gewißheit sagen; vielleicht war es die Mistgabel, die ihm der Ort Hulan geboten hatte.

Obgleich nun dieses Hulan so zahlreiche Talente hervorbrachte, war es letzten Endes doch zu abgelegen und nicht in der Lage, eine Zeitung herauszugeben. So kam es, daß all jene sonderbaren und phantastischen Ereignisse nirgendwo festgehalten wurden und sich im Winde zerstreuten.

Der Auftritt der Schamanin bei der Familie des Alten Hu

* Während der Kaiserzeit war ein Mitglied der Hanlin-Akademie Träger des höchsten literarischen Grades.

** Das im Gedicht verwandte Wort für »Holz« (cai) kann auch »Talent« bedeuten.

war in der Tat ein ungewöhnliches Ereignis. Sie badete nämlich die Kindbraut in einem großen Zuber, und das in Gegenwart einer breiten Öffentlichkeit. Eine derartig aufregende Neuigkeit verbreitete sich in rasender Geschwindigkeit, und niemand wollte sich dieses Spektakel entgehen lassen. Die gänzlich und halbseitig Gelähmten wurden nicht etwa wegen ihres Gebrechens bemitleidet; allein daß sie jetzt nicht in der Lage waren, die Kindbraut zu sehen, wie sie mit großem Pomp gebadet wurde, das betrachtete man als die große Tragödie ihres Lebens.

5.

Sobald die Abenddämmerung hereinbrach, erklangen bei der Familie des Alten Hu die Trommeln. Ein großer Zuber, kochendes Wasser und ein Hahn standen bereit. Den Hahn hatte man eingefangen, das Wasser siedendheiß gekocht, und der große Zuber war aufgestellt. Ein endloser Strom von Schaulustigen war eingetroffen, auch Großvater und ich waren unter ihnen.

Die kleine Kindbraut ruhte auf dem Kang, immer noch strahlte mir ihr dunkles Gesicht entgegen. Ich hatte ihr eine Glasmurmel und eine Scherbe von einer Eßschale zum Spielen mitgebracht. Die Porzellanscherbe gefiele ihr sehr, sagte sie, als sie sie gegen das Licht hielt. Sie freute sich auch über die Murmel und schnipste spielerisch mit ihrem Fingernagel dagegen. Dann blickte sie sich kurz um, ob ihre Schwiegermutter in der Nähe sei, und richtete sich auf, um im Sitzen ein wenig mit der Glasmurmel auf dem Kang spielen zu können.

Noch bevor sie richtig damit begonnen hatte, kam die Schwiegermutter angelaufen und schimpfte: »Du wirst wohl nie lernen, was gut für dich ist – was soll denn das schon wieder?« Und sie nahm eine zerschlissene Baumwolljacke und bedeckte damit die kleine Kindbraut. Deren Kopf war jetzt nicht mehr zu sehen, nicht einmal die Augen konnten hervorlugen.

Ich fragte Großvater, warum die kleine Kindbraut nicht spielen dürfe? »Weil sie krank ist«, gab er zur Antwort.

»Sie ist doch gar nicht krank«, widersprach ich, »sie ist doch ganz gesund.«

Ich kletterte auf den Kang und zog ihr die Jacke vom Gesicht. Dabei entdeckte ich, daß sie die Augen immer noch geöffnet hielt. Sie fragte mich, ob ihre Schwiegermutter wieder fort sei, und als ich dies bejahte, richtete sie sich auf. Doch schon kam die Schwiegermutter zurück, um sie erneut zuzudecken.

»Du hast wohl keine Angst, daß dich die Leute auslachen? Du bist so krank, daß wir Exorzisten und Schamanen holen müssen, aber du willst noch aufstehen, wo gibt's denn so was!« Diese Worte zischte sie der kleinen Kindbraut zu. Zum Publikum gewandt sagte sie jedoch:

»Sie darf sich um Gottes Willen nicht erkälten, sonst bekommt sie gleich wieder einen Rückfall.«

Im Haus und vor der Tür machte sich jetzt rege Geschäftigkeit bemerkbar. Immer mehr Menschen trafen ein.

»Paß mal auf, gleich geht hier das Baden los«, sagte die kleine Kindbraut zu mir, als ginge es gar nicht um sie, sondern um irgend jemand anderen.

Und tatsächlich dauerte es nicht mehr lange, bis man unter lauter »ahs« und »ohs« mit dem Baden begann. Die Schamanin schlug die Trommel und befahl dann der Kindbraut, sich vor allen Leuten auszuziehen. Als sie sich weigerte, hielt ihre Schwiegermutter sie fest und bat ein paar der Anwesenden um Hilfe, woraufhin man ihr mit vereinter Kraft die Sachen vom Leib riß.

Die Kindbraut war eigentlich erst elf, doch besaß sie schon den Körperbau einer Vierzehn- oder Fünfzehnjährigen. Als ihre Blöße nun kurz den Blicken der jungen Mädchen und Frauen ausgesetzt war, wußten diese vor Peinlichkeit nicht, wohin sie schauen sollten. Schleunigst wurde die Kindbraut in den Zuber gehoben. Der große Zuber war randvoll mit heißem Wasser gefüllt, mit siedendheißem, kochendem Wasser.

Die kleine Kindbraut in dem Zuber schrie und strampelte um ihr Leben, sie brüllte wie eine Wahnsinnige. Neben ihr standen drei oder vier Personen, die von dem heißen Wasser aus dem Zuber schöpften und es ihr über den Kopf gossen. Im nächsten Augenblick war ihr Gesicht krebsrot, doch war sie nun nicht mehr in der Lage, sich zu befreien, ganz reglos stand sie in dem Zuber. Es war unmöglich, aus dem Zuber herauszuspringen, und es schien, als hätte sie sich damit abgefunden. Der Zuber war wirklich sehr hoch, man sah nur noch ihren Kopf herausschauen, als sie so darinnen stand.

Ich sah ihr eine geraume Weile zu. Mit einemmal bewegte sie sich nicht mehr, sie weinte nicht, sie lachte nicht. Nur ihr Gesicht war mit Schweißperlen übersät und feuerrot wie rotes Papier.

»Die kleine Kindbraut hat aufgehört zu schreien«, sagte ich zu Großvater. Als ich wieder zu ihr hinüberschaute, war sie nicht mehr da. Die kleine Kindbraut war im Waschzuber zusammengebrochen.

Jetzt ging ein Aufschrei durch die Menge, denn alle glaubten, sie sei gestorben, alles stürzte herbei, um zu retten, was noch zu retten war. Einige zarte Gemüter begannen zu weinen.

Als die kleine Kindbraut noch bei Bewußtsein war, hatte sie verzweifelt um ihr Leben gekämpft. Wenige Augenblikke zuvor hatte sie die Menschen angefleht, sie zu retten, doch niemand war vorgetreten, um sie aus dem kochenden Wasser zu befreien. Ausgerechnet jetzt, als sie bewußtlos war und nicht mehr um Hilfe flehen konnte, gab es Leute, die ihr beistehen wollten.

Man hob sie aus dem Zuber und bespritzte sie mit kaltem Wasser. Von dem Moment an, als sie ohnmächtig geworden war, tat sie den Zuschauern unsäglich leid, und einer Frau, die eben noch »Übergießt sie mit heißem Wasser! Übergießt sie mit heißem Wasser!« geschrien hatte, ging das Herz über vor lauter Mitgefühl. Wie konnte man auch kalt bleiben angesichts dieses blühenden jungen Lebens, das dem Tode geweiht war.

Man bettete die kleine Kindbraut auf den Kang. Ihr ganzer Körper glühte so heiß wie brennende Kohlen.

Der Reihe nach traten die Frauen der Nachbarschaft an ihr Bett, um sie zu befühlen, und ob es nun die Tante von nebenan oder die große Schwester von gegenüber war, jede sagte denselben Satz: »Mein Gott, sie brennt ja wie glühende Kohlen!«

Die einen fanden, das Wasser sei wohl etwas zu heiß gewesen, andere sagten, man hätte ihr das kochende Wasser nicht über den Kopf gießen sollen, kein Wunder, daß sie davon ohnmächtig geworden sei.

So wurde hin und her diskutiert, bis die Schwiegermutter dazukam und geschwind eine alte Jacke vom Kang hervorzog, um sie der Kindbraut überzuwerfen. »So splitternackt, was für eine Schamlosigkeit!«

Vorhin, als sich die Kindbraut aus Scham geweigert hatte, sich auszuziehen, hatte die Schwiegermutter noch lauthals befohlen, man solle ihr die Kleider vom Leibe reißen. Jetzt, da die Kindbraut nicht wußte und fühlte, was um sie herum geschah, war die Schwiegermutter plötzlich um ihren Ruf besorgt.

Die Schamanin fing wieder zu trommeln an, und der Gehilfe eröffnete den Wechselgesang mit ihr. Die Zuschauer sahen einander abwartend an. Einerseits wußten sie nicht genau, wie es jetzt weitergehen würde, und ob die kleine Kindbraut schon tot oder noch am Leben war. Andererseits hatten sie durch das, was ihnen bisher geboten wurde, ihren

Horizont erheblich erweitert, so daß sich ihr Kommen, alles in allem, bereits gelohnt hatte.

Jemand wurde müde und fragte, ob denn noch etwas geboten würde, andernfalls ginge er nämlich lieber nach Hause ins Bett. Die Schamanin merkte, daß sie Gefahr lief, ihr Publikum zu verlieren, daher bot sie alle Kräfte auf, um die Leute zum Bleiben zu bewegen. Mit voller Wucht schlug sie nun die Trommel, dann träufelte sie ein wenig Schnaps auf das Gesicht der Kindbraut. Danach zog sie eine silberne Nadel aus ihrem Hüftgurt und stach damit die kleine Kindbraut in die Fingerspitzen.

Es dauerte nicht lange, bis die kleine Kindbraut wieder zum Leben erwachte. Die Schamanin verkündete nun, die Kindbraut müsse insgesamt dreimal gebadet werden, so daß also noch zweimal ausstünden.

Das brachte wieder Schwung in die Menge, die Müden wurden munter, und jene, die nach Hause gehen und sich schlafen legen wollten, überlegten es sich noch einmal anders. Es waren nicht weniger als dreißig Nachbarn erschienen, deren Augen jetzt leuchteten und deren Begeisterung neu entfacht worden war. Man brauchte sich ja nur vorzustellen, was beim zweitenmal noch passieren konnte, nachdem die Kindbraut schon beim erstenmal ohnmächtig geworden war. Und was das drittemal bieten würde, das wagte sich schon niemand mehr auszumalen. Jeder der Zuschauer verspürte eine geheimnisvolle Vorahnung.

Wie nicht anders zu erwarten, schrie die kleine Kindbraut wie am Spieß, als man sie abermals in den Zuber hineinhob und mit kochendem Wasser übergoß, dabei klammerte sie sich am Rand des Zubers fest und versuchte immer wieder herauszuspringen. Doch die einen drückten ihr den Kopf nach unten, die anderen übergossen sie mit heißem Wasser, und unfähig, gegen diese Übermacht Widerstand zu leisten, verlor sie schließlich wieder das Bewußtsein.

Als man sie diesmal aus dem Zuber zog, quoll Wasser aus

ihrem Mund. Einige gutherzige Menschen konnten nicht anders, als Mitleid mit dem kleinen Kind zu empfinden. Die Frauen aus der Nachbarschaft bildeten einen Kreis um sie, jede wollte auf die eine oder andere Weise behilflich sein. Als erstes wollte man schließlich wissen, ob sie schon tot sei. Atmete sie noch, dann wäre Hilfe ja nicht vonnöten. Wenn sie aber schon im Begriff war, ihr Leben auszuhauchen, dann hieß es, sie schnell mit kaltem Wasser zu begießen.

Wenn sie noch atmete, dann würde sie von ganz allein ins Leben zurückfinden. Lag sie aber in den letzten Zügen, galt es, sie ganz schnell zu retten, sonst würde sie vielleicht wirklich sterben.

6.

Die kleine Kindbraut wurde an jenem Abend dreimal in kochendes Wasser getaucht, und jedesmal verlor sie dabei das Bewußtsein. Das Treiben dauerte noch bis zur dritten Nachtwache an, bis nach Mitternacht. Dann ging die Schamanin nach Hause, um zu schlafen, und die Zuschauer zerstreuten sich ebenfalls.

Es war eine sternklare Winternacht, voller Eis und Schnee. Der Schnee fegte über die Mauersockel, während der Wind an den Fenstergittern rüttelte. Die Hühner schliefen auf der Stange, die Hunde in ihren Verschlägen, die Schweine in ihrem Gatter. Ganz Hulan schlief.

Nur in weiter Ferne heulte noch ein Hund, vielleicht gehörte er zum Weißen-Banner-Dorf, vielleicht war es aber auch ein streunender Hund, der sich in den Weidenböschungen am Südufer des Hulanflusses herumtrieb. Auf jeden Fall kam das Geheul von weither, aus dem Städtchen Hulan konnte es nicht stammen. Denn die ganze Stadt war in festen Schlaf versunken.

Daß hier die halbe Nacht lang eine Schamanin getanzt hatte und die Trommeln geschlagen wurden, davon war nichts mehr zu spüren, fast war es, als hätte es die wehklagende und schreiende kleine Kindbraut nie gegeben. Ihre Klagen und ihr Geschrei waren wirkungslos verhallt. In allen Häusern waren die Lichter gelöscht, überall lag man in tiefstem Schlaf.

Auch die Schwiegermutter der Kindbraut schnarchte.

Die dritte Nachtwache war nämlich schon fast vorüber, und die vierte würde nicht mehr lange auf sich warten lassen.

7.

Den ganzen nächsten Tag hindurch schlief die kleine Kindbraut wie betäubt. Auch an den beiden darauffolgenden Tagen verharrte sie in ihrer Trance, mit halb geöffneten Augen, durch deren Schlitze das Weiße schimmerte.

Die Familienmitglieder waren daraufhin einhellig der Meinung, das Kind mache einen inneren Kampf durch, und vielleicht versuche ihre eigene Seele wieder zurück in ihren Körper zu schlüpfen. Wenn das einmal geschafft sei, dann würde die kleine Kindbraut auch wieder gesund werden. Nicht nur die Hu-Familie, auch die Nachbarn waren davon überzeugt, daß hier ein innerer Kampf tobte. Daher wurden weder die Tatsache, daß sie nichts zu sich nahm, noch ihr Dämmerzustand als Grund zur Besorgnis aufgefaßt, sondern im Gegenteil als ein glücksversprechendes Zeichen gewertet. Die ersten vier, fünf Tage, die die Kindbraut in diesem Zustand verbrachte, waren fröhliche Tage für die Mitglieder der Familie, und auch am sechsten und am siebten Tag noch hielt die ausgelassene Stimmung an. In dieser Zeit wurde ihr kein einziges Hausmittel und keine einzige Arznei verabreicht.

Doch nachdem die kleine Kindbraut bereits eine Woche in diesem Betäubungsschlaf zugebracht hatte, ohne zu essen und zu trinken, zeigten sich immer noch nicht die geringsten Zeichen von Besserung. Wieder rief man die Schamanin herbei. Dieses Mal wollte sie sie nicht mehr heilen, denn nun war es nicht mehr zu verhindern, daß sie »sich regen« und selbst eine Schamanin werden würde. Man wandte daraufhin die offizielle Methode der Teufelsaustreibung an, die darin bestand, im Girlandenladen eine Papierfigur anfertigen zu lassen und Kleider für sie zu nähen – und zwar Kleider aus Baumwollstoff, um sie dem Aussehen eines echten Menschen täuschend ähnlich zu machen. Die Figur wurde zudem mit Puder und Rouge geschminkt, und man drückte ihr ein buntes Taschentuch in die Hand. Mit all den Accessoires und farbenfrohen Kleidern, in denen sie steckte, war sie sehr schön anzusehen und stellte, derart herausgeputzt, ein etwa siebzehnjähriges junges Mädchen dar. Dann trug man die Puppe zur großen Grube am südlichen Flußufer, wo sie verbrannt werden sollte.

Man nannte dieses Verfahren einen »Sündenbock« verbrennen. Der »Sündenbock« wurde anstelle eines lebenden Menschen verbrannt, damit dieser nun nicht mehr sterben müsse.

An dem Tag, als der »Sündenbock« verbrannt werden sollte, engagierte die Schwiegermutter, um ihre Frömmigkeit zur Schau zu stellen, noch einige Trompeter. So entstand ein Zug von mehreren Menschen, vorneweg gingen die Träger der Papierfigur, den Schluß bildeten die Trompeter, und unter lautem Schmettern, Tuten und Dröhnen bewegte man sich zur großen Grube am Südufer.

Man konnte einerseits mit Recht behaupten, daß diese Prozession eine lebhafte und pompöse Angelegenheit war, und die Trompeten bliesen kräftig im immer gleichbleibenden Doppelrhythmus. Auf der anderen Seite war es aber genauso richtig, daß die ganze Zeremonie etwas Trostloses an sich hatte, vorneweg die Figur, hinterdrein eine Handvoll Trompeter, das glich eher einer Beerdigung und war doch keine und war genausowenig eine anständige Tempelprozession. Es kamen auch nicht viele Leute auf die Straße, um sich die Attraktion anzusehen, denn es war viel zu kalt. Nur wenige Menschen traten aus ihren Häusern hervor, um einen Blick zu riskieren, doch nachdem sie sich vergewissert hatten, daß es eigentlich nichts Besonderes zu sehen gab, gingen sie wieder hinein und verrammelten ihre Türen. Und so wurde die Papierfigur in aller Einsamkeit und Verlassenheit in der großen Grube verbrannt.

Die Schwiegermutter der Kindbraut betrachtete die Verbrennung mit einiger Reue. Hätte sie eher gewußt, daß keine Zuschauer kommen würden, dann wären echte Stoffkleider für die Puppe wohl nicht nötig gewesen. Sie wollte die Kleider noch vor den Flammen retten, doch da war es schon zu spät, sie verbrannten vor ihren Augen. Für die Bekleidung der Figur hatte sie insgesamt hundert Schnüre Käsch bezahlt. Als sie nun die Kleider in Rauch aufgehen sah, war ihr, als müßte sie zusehen, wie hundert Schnüre Käsch verbrannten. Das Bild erfüllte sie sowohl mit Wut als auch mit Selbstvorwürfen, so daß sie darüber ganz vergaß, daß es hier ja um die Verbrennung eines »Sündenbocks« für die kleine Kindbraut ging. Eigentlich hatte sie vorgehabt, ein paar Gebete zu sprechen, doch fiel ihr das erst ein, als man schon den Heimweg antrat. Nun war es dafür zu spät. Mittlerweile ahnte sie schon, daß die ganze Verbrennungszeremonie völlig umsonst gewesen war. Wer wußte schon, ob noch irgend etwas dabei herauskäme.

8.

Wenig später ging die Rede, daß die Kindbraut eines Nachts im Schlaf ihren langen Zopf verloren habe. Der Zopf sei einfach vom Kopfkissen gefallen, und niemand konnte sich einen Reim auf diese mysteriöse Sache machen.

Ihre Schwiegermutter meinte, die Kindbraut sei ganz gewiß ein Dämon. Das abgefallene Zopfende zeigte sie jedem, der es sehen wollte.

Man konnte auf den ersten Blick erkennen, daß der Zopf mit einer Schere abgeschnitten worden war, aber die Schwiegermutter behauptete steif und fest, er sei eines Nachts im Schlaf von selbst abgefallen.

Diese phantastische Geschichte verbreitete sich wie der Wind in nah und fern. Dabei waren es nicht nur die Verwandten der Kindbraut, die höchst ungern mit einem Dämon unter einem Dach wohnten, auch den unmittelbaren Hofnachbarn war dieser Gedanke nicht ganz geheuer. Und so verschloß man nachts die Türen besonders sorgfältig, und man sagte dabei:

»Die Kindbraut in der Familie des Alten Hu ist bestimmt eine kleine Hexe.«

Unser Koch war ein geschwätziger Mann, der alle Ereignisse, die mit der Kindbraut der Hus zusammenhingen, ausführlich mit Großvater diskutierte. Nun war wieder etwas Neues hinzugekommen, die Sache mit dem Zopf.

»Es stimmt gar nicht, daß er abgefallen ist«, sagte ich, »man hat ihn ihr abgeschnitten.«

Ich war noch klein, und der Koch nahm mich nicht für voll. Er hielt mir den Mund zu und sagte:

»Was verstehst du denn schon. Die kleine Kindbraut ist eine richtige Hexe!«

»Sie ist gar keine Hexe, ich hab sie ja heimlich gefragt, wie ihr Zopf einfach so von allein abfallen könnte. Da hat sie gelacht und gesagt, das kann sie sich auch nicht vorstellen.«

»Ein so gutes Kind, und die treiben es noch in den Tod«, war Großvaters Kommentar.

Ein paar Tage später erzählte der Koch: »Die beim Alten Hu wollen die Verlobung lösen und die kleine Hexe wieder nach Hause schicken.«

Großvater war nicht besonders angetan vom Verhalten der Hu-Familie.

»Im nächsten Jahr, zum Zweiten Monat, sollen sie umziehen. Erst treiben sie das Kind anderer Leute fast in den Tod, und dann wollen sie es loswerden.«

9.

Noch bevor es soweit kam, starb die kleine Kindbraut mit der dunklen Gesichtsfarbe und dem herzlichen Lachen. Eines frühen klaren Morgens kam der älteste Sohn des Alten Hu zu uns, der Kutscher mit dem fahlen Gesicht und den großen Augen. Beim Anblick meines Großvaters faltete er sogleich die Hände ehrerbietig vor der Brust und machte eine Verbeugung. Großvater fragte ihn nach seinem Anliegen.

»Wir bitten den ehrwürdigen Herrn ergebenst einen Platz zu spenden, wo wir unsere kleine Kindbraut begraben können ...«

»Wann ist sie denn gestorben?« wollte Großvater wissen.

»Ich war mit dem Wagen unterwegs und bin erst im Morgengrauen nach Hause gekommen. Man sagte mir, daß sie um Mitternacht gestorben sei.«

Großvater kam der Bitte der Familie nach und wies ihnen eine Grabstelle vor der Stadt zu. Außerdem rief er den Zweiten Onkel You, damit er den Kutscher nach Hause geleite. Als der Onkel schon losgehen wollte, schloß sich ihnen noch der Koch an.

Ich sagte, daß ich auch mitgehen wolle, aber Großvater wollte absolut nichts davon wissen.

»Wir bleiben hier und stellen Vogelfallen auf, dann können wir uns Spatzen zum Essen fangen«, sagte er.

So kam es, daß ich mit den beiden nicht mitgehen durfte, doch mit meinen Gedanken war ich nur bei ihnen. Der Zweite Onkel You kam und kam nicht nach Hause, ebensowenig der Koch. Ungeduldig wartete ich auf sie, damit sie mir erzählen könnten, was nun eigentlich passiert war.

Es war schon nach ein Uhr, als sie endlich wiederkamen; sie hatten bei den Hus gegessen und getrunken. Vorneweg lief unser Koch, gefolgt vom Zweiten Onkel You. Sie sahen aus wie zwei fette Enten, die kaum von der Stelle kamen und zufrieden daherwatschelten. Die Augen des Kochs waren rotgeädert, und seine Lippen glänzten fettig. Und der Onkel hatte einen knallroten Kopf und brennende Ohren, sogar die großen Sehnen am Halsansatz waren noch gerötet.

Als sie Großvaters Zimmer betraten, sagte der eine: »Der Schnaps und das Essen waren wirklich nicht schlecht ...«

Und der andere: »Die Eiersuppe war herrlich heiß.«

Über die Beerdigung der kleinen Kindbraut verloren sie zuerst kein einziges Wort. Genausogut hätten die beiden von einer Neujahrsfeier kommen können, soviel gute Stimmung verbreiteten sie.

Schließlich fragte ich den Zweiten Onkel You, wie denn nun die kleine Kindbraut gestorben und wie die Beerdigung verlaufen sei. Er antwortete:

»Wozu fragst du noch, wenn ein Mensch erst mal tot ist, dann ist er nicht mal soviel wert wie ein Huhn ... Er streckt die Beine von sich und Schluß ...«

»Zweiter Onkel You«, fragte ich, »und wann stirbst du?«

»Dein Zweiter Onkel You wird gar nicht sterben ... Stell dir mal einen reichen Mann vor, der ein glückliches Leben führt; je mehr er sich wünscht, ein hohes Alter zu erreichen, desto früher wird er sterben ... und wenn er noch soviel Räucherstäbchen im Tempel anzündet, noch so oft auf einen Berg steigt, um zu Buddha zu beten, er wird doch kein langes Leben haben. Aber ein armer Schlucker wie dein Onkel, der wird immer zäher, je älter er wird, so wie ein moosbewachsener Stein, der auch nie sterben kann. Da sagt der Volksmund zu Recht: ›Früh muß der Reiche den Löffel abgeben, der Arme bekommt mehr als genug vom Leben.‹ So einen armen Teufel wie deinen Zweiten Onkel You, den würdigt doch Yama, der Höllenfürst, keines einzigen Blickes.«

Zum Abendessen waren der Zweite Onkel You und der Koch wieder bei der Familie des Alten Hu eingeladen. Wieder gab es Schnaps zu trinken. Weil die beiden ihnen geholfen hatten, war es nur recht, daß sich die Familie in dieser Form dankbar zeigte.

10.

Bald nachdem die Kindbraut gestorben war, brannte die tüchtige Frau des ältesten Enkels mit einem anderen Mann durch.

Später starb auch die Großmutter.

Von den beiden Schwiegertöchtern des Alten Hu weinte sich die eine wegen der Kindbraut die Augen aus, so daß sie schließlich auf einem Auge erblindete. Sie weinte Tag für Tag, weinte um die fünftausend Schnüre Käsch, die sie im Laufe der Zeit für die Kindbraut ausgegeben hatte; nun war ein Vermögen verloren.

Die andere verging vor Scham über die ehebrecherische Schwiegertochter. Von früh bis spät saß sie ungekämmt und ungewaschen neben der Kochstelle und rauchte ihre Pfeife. Wenn jemand vorbeikam und sie gut gelaunt war, fragte sie:

»Na, wie geht's denn groß und klein bei euch zu Haus?« War sie aber weniger gut aufgelegt, dann spuckte sie dem Betreffenden ins Gesicht.

Sie war nicht mehr ganz normal.

Von jenen Tagen an begann die Familie des Alten Hu in Vergessenheit zu geraten.

11.

Hinter unserem Anwesen stand ein Tempel für den Drachengott. Auf der Ostseite dieses Tempels befand sich eine große Brücke, die gewöhnlich die »große Ostbrücke« genannt wurde.

Unter dieser Brücke lebten die Seelen der Menschen, denen ein Unrecht widerfahren war, und an trüben Regentagen konnte man, wenn man über die Brücke ging, diese Seelen klagen hören.

Es ging die Rede, daß die Seele der kleinen Kindbraut auch unter der großen Ostbrücke weilte. Man erzählte, sie habe sich in einen großen weißen Hasen verwandelt, der in unregelmäßigen Abständen unter der Brücke erschiene und weinte.

Wenn man den Hasen fragte, warum er denn weine, dann antwortete er, er wolle nach Hause gehen.

Vielleicht würde dann jemand sagen: »Morgen, morgen bringe ich dich nach Hause...«

Wann immer der weiße Hase diese Worte hörte, wischte er sich mit seinen langen Ohren die Tränen fort und verschwand. Vielleicht kümmerte sich aber auch niemand um ihn. Dann weinte er, weinte, bis der erste Hahn den Morgen begrüßte.

Sechstes Kapitel
Der Zweite Onkel You

I.

Mein Zweiter Onkel You war ein merkwürdiger Mensch.

Wenn man aß und ihm nicht gleich davon abgab, fing er an zu fluchen. Teilte man dann mit ihm, hieß es aber: »Das ißt dein Zweiter Onkel You nicht, nimm das bloß wieder weg!«

Wenn wir uns Erdnüsse, kandierte Birnen oder ähnliche Leckereien kauften, die wir für uns behalten wollten, dann mußten wir nicht nur darauf achten, sie vor ihm zu verbergen. Er durfte nicht einmal die kleinste Spur davon entdekken, sonst hätte er unweigerlich losgewettert: »Ihr Scheißbande, Angsthasen ... Saukerle; Hunde und Katzen kriegen zu fressen, die Kakerlaken und die Ratten auch, nur die Menschen, die kriegen verdammt noch mal nie was ab ... Scheißkerle seid ihr. Angsthasen ...« Und wenn man ihm etwas zukommen ließ, sagte er prompt: »So was ißt euer Zweiter Onkel nicht, das könnt ihr gleich wieder mitnehmen und selber essen!«

2.

Mein Zweiter Onkel You war wirklich ein wenig sonderbar, zum Beispiel unterhielt er sich gern mit den Spatzen am Himmel, oder er plauderte mit unserem großen gelben Hund. Sobald er aber mit Menschen zusammenkam, verschlug es ihm die Sprache, und wenn er doch etwas sagte, kam es häufig vor, daß sich niemand einen Reim darauf machen konnte.

Im Sommer versammelten sich nach dem Abendessen jung und alt im Hof, um die Kühle des Abends zu genießen, da wurde unermüdlich geplaudert und durcheinander geschwatzt. Selbst die Mücken mischten sich summend ins Gespräch, und noch die Frösche trugen aus einiger Entfernung mit lautem Gequake ihren Teil dazu bei. Nur der Zweite Onkel You saß da, ohne einen Ton von sich zu geben. Der Fliegenwedel in seiner Hand bewegte sich gleichmäßig mal nach rechts, mal nach links.

Fragte jemand, ob sein Fliegenwedel aus den Borsten der Pferdemähne oder des Pferdeschwanzes gearbeitet sei, gab er zur Antwort: »Gleich zu gleich gesellt sich gern. Die Spielkameraden des mickrigen Wu Dalang* waren eben Enten. Eine Kostbarkeit wie Pferdemähnenhaar ist nur was für Leute, die in Samt und Seide gehen, die Armreifen tragen und dicke Ringe an den Fingern. Jeder bekommt den Vogel, der zu ihm paßt. Arme Schlucker wie ich sollten sich nicht einen Platz anmaßen, der ihnen nicht zusteht, sonst werden sie nur zum Gespött der Leute...«

In der Legende vom Siebengestirn wird erzählt, wie der Küchengott, der auf seinem Eselchen zum Westlichen Himmel hinaufreitet, in einem unachtsamen Augenblick seine Laterne fallen läßt, weil das Eselchen zu schnell läuft. Seither hängt seine Laterne als hellster Stern der Plejaden am Himmel. Jedesmal, wenn die Geschichte diesen Punkt erreichte, fragte ich Großvater, wie die Laterne ewig am Himmel hängenbleiben könne, ohne auf die Erde herunterzufallen. Es war klar, daß Großvater diese Frage auch nicht erschöpfend zu beantworten wußte, trotzdem konnte ich es nicht lassen, ihn danach zu befragen, und er mußte mir wohl oder übel irgend etwas erzählen. Darum sagte er, am Firmament sei eine Laternenstange angebracht, die sei so lang, daß der

* Wu Dalang war der ältere Bruder von Wu Song, dem Helden der »Räuber vom Liang-Schan-Moor«, im Gegensatz zu ihm aber klein, häßlich und feige.

Stern daran baumeln könne. Jedoch sei diese Laternenstange für das menschliche Auge unsichtbar.

»Das ist nicht wahr, das glaub ich nicht...«, protestierte ich. »Es gibt gar keine Laternenstange, denn wenn es sie gäbe, wieso kann ich sie dann nicht sehen?«

Schließlich erwiderte Großvater: »Na schön, am Himmel gibt es einen Faden, daran ist der Große Plejadenstern festgebunden.«

Ich aber sagte: »Das glaube ich nicht, den Faden gibt es gar nicht, sonst könnte ich ihn ja sehen!«

»Der Faden ist so dünn«, gab Großvater zur Antwort, »wie solltest du ihn da erkennen können – kein Mensch hat ihn je gesehen.«

Schnell hakte ich ein: »Großvater, wenn kein Mensch ihn je gesehen hat, wieso weißt du dann, daß er da ist?«

Nun mußten alle Leute im Hof lachen, sie sagten, ich sei ganz schön ausgefuchst.

So mußte sich Großvater noch dieses und jenes ausdenken, aber eine befriedigende Erklärung konnte er mir nicht liefern. Ich zwang den armen Großvater, die hanebüchensten Geschichten zu erfinden, obgleich mir klar war, daß er die Antwort auch nicht wußte. Trotzdem, je mehr er das Blaue vom Himmel herunterlog, desto weiter trieb ich ihn in die Enge. Zum Schluß hatte ich selbst die Theorie, der Große Plejadenstern sei die Laterne des Drachengottes, zum Einsturz gebracht. Darum fragte ich Großvater, was es mit dem Stern denn nun wirklich auf sich habe.

Als nun die anderen sahen, daß ich bei Großvater nur noch heillose Verwirrung stiftete, schlugen sie vor, ich solle mich an den Zweiten Onkel You wenden. Ich rannte zu ihm und stieß mit seinem Fliegenwedel zusammen, bevor ich überhaupt fragen konnte. Gleich verscheuchte er mich, schüttelte seinen Fliegenwedel und sagte mit weinerlicher Stimme: »Du schreckliches Kind, rück mir bloß vom Leibe...«

Also mußte ich einen Schritt zurücktreten.

»Zweiter Onkel You, sag du, was stellt der Große Plejadenstern eigentlich dar?«

Er antwortete nicht sofort, sondern schien noch eine Weile zu überlegen. Schließlich sagte er:

»Arme Leute betreiben keine Astronomie. Der Hund frißt die Ratte, die Katze hütet das Haus, niemand soll sich in Dinge einmischen, die ihn nichts angehen!«

Ich blieb beharrlich, da ich glaubte, er habe meine Frage nicht richtig verstanden: »Ist der Große Plejadenstern die Laterne des Drachenkönigs?«

Darauf sagte er:

»Obwohl dein Zweiter Onkel You zwei Augen hat, hat er sein Leben lang nichts gesehen. Er hat zwei Ohren, hat aber nie etwas gehört. Dein Zweiter Onkel You ist sowohl taub als auch blind, was soll er dir also antworten? Wenn dein Zweiter Onkel You zum Beispiel ein schönes, stattliches, ziegelgedecktes Haus sieht, was hat er dann davon? Das Haus gehört einem anderen, er schaut also ganz umsonst dorthin. Mit dem Hören ist es ganz genauso, was nützt es einem, was man alles so hört, was hat das dann mit einem selbst zu tun... Das Leben deines Onkels ist ohne Beziehung zu den Dingen... Sterne, Mond, Wind und Regen, das sind die Angelegenheiten vom Lieben Gott, davon versteht dein Zweiter Onkel nichts...«

Zweiter Onkel You war wirklich ein komischer Kauz. Wenn er auf der Straße gegen einen Ziegelstein stieß und sein Fuß dies schmerzlich verspürte, dann bückte er sich vorsichtig und hob den Stein auf. Sodann unterzog er ihn einer sorgfältigen Prüfung, ob er nicht zu dick oder zu dünn sei, und ob er einen erfreulichen Anblick böte. Nach dieser eingehenden Betrachtung begann er eine Unterhaltung mit dem Stein.

»Na, du Bürschchen, du hast wohl keine Augen im Kopf, genau wie ich, ich seh auch alles nur ziemlich verschwommen. Trotzdem brauchst du nicht gegen meinen Fuß zu stoßen; wenn du schon so mutig bist, dann zeig doch richtig, was für ein großer Krieger du bist, und stoß gegen einen, der Stiefel oder Schuhe trägt. Bei mir stößt du ganz umsonst an, dabei kommt gar nichts für dich heraus. Du rollst ja bloß im tiefen Dreck, roll nur weiter, roll dich weg ...« Nachdem er seine Ansprache an den Ziegelstein beendet hatte, warf er ihn schließlich lässig fort, nicht ohne ihm noch eine letzte Ermahnung mit auf den Weg zu geben: »Nächstes Mal such dir gefälligst einen, der Schuhe und Strümpfe trägt.«

Dann versetzte er dem Stein einen leichten Klaps und ließ ihn zu Boden fallen. Weit hat er ihn nicht geworfen, der Ziegelstein befand sich genau wieder an der Stelle, wo er zuvor gelegen hatte.

Wenn der Zweite Onkel You im Hof umherspazierte und ein Sperling oder eine Schwalbe einen Klacks auf ihn fallen ließ, dann blieb er sofort stehen und blickte nach oben, um mit dem Vogel, der längst davongeflogen war, zu schimpfen. Der ungefähre Sinn seiner Worte war, daß der Spatz nicht ihn, sondern einen in Samt und Seide Gekleideten hätte beklecker sollen. Der Rest waren wüste Flüche auf Blindheit und Dummheit des Vogels. Doch der Sperling hatte seinen Dreck schnell fallen lassen, längst war er fortgeflogen und spurlos verschwunden, und Zweiter Onkel You wetterte nur noch mit dem Himmel, der blau wie ein glasierter Ziegel über seinem Kopf stand.

3.

Zweiter Onkel You hatte manchmal eine merkwürdige Aussprache, zum Beispiel sagte er stets »jenner« statt »jener«.

»Der da ist gut.«

»Jenner ist schlecht.«

»Jenner Mensch ist durch und durch verdorben.«

»Jenner ist vollkommen unmenschlich.«

»Daß einem schon die Spatzen auf den Kopf scheißen, was sind das für jenne Zeiten?«

4.

Außerdem war es so,
daß Zweiter Onkel You kein Lammfleisch aß.

5.

Großvater erzählte, daß Zweiter Onkel You vor dreißig Jahren zu uns gekommen sei, da sei er gerade erst über dreißig gewesen. Heute war Zweiter Onkel You über sechzig.

Sein Kindername* lautete Youzi – Klein-You –, und jetzt, da er schon längst die sechzig überschritten hatte, wurde er immer noch bei diesem Kindernamen gerufen. Großvater sagte ständig: »Youzi, tu dieses«, »Youzi, tu jenes«.

Wir nannten ihn Zweiter Onkel You.

Der Koch nannte ihn Zweiter Herr You.

Wenn er bei unseren Mietern und Pächtern zu tun hatte, nannten die Leute ihn Zweiter Gutsherr You.

In der Schnapsbrennerei am nördlichen Ende der Haupt-

* Kosename, den jedes Kind erhält und der später durch einen anderen ersetzt wird.

straße sagte man Zweiter Ladeninhaber You zu ihm, in der Metzgerei ebenfalls, und wenn er im Ölgeschäft Öl besorgte, wurde er auch dort mit Zweiter Ladeninhaber You angeredet.

Wenn die Leute ihn so nannten, dann strahlte er über das ganze Gesicht. Auch die Anrede Zweiter Herr You, Zweiter Grundherr You und Zweiter Onkel You lösten ein zufriedenes Lächeln bei ihm aus. Das schlimmste für ihn war nämlich, wenn man ihn bei seinem Kindernamen rief, wie es beispielsweise die gräßlichen Straßengören so oft taten. Sie warfen hinter seinem Rücken mit Steinen nach ihm und schmissen ihm ganze Handladungen von Sand nach, dabei riefen sie: »Kleiner Zweiter You! Großes Youlein! Klein-You!«

Wenn ihm auch nur einer dieser Flegel zwischen die Finger kam, ließ es sich Zweiter Onkel You nicht nehmen, ihn zu verprügeln, ganz gleich womit. Hatte er gerade seine Fliegenpatsche zur Hand, dann schlug er damit zu, war die Tabakpfeife griffbereit, hämmerte er mit dem Pfeifenkopf auf den Übeltäter ein. Denn diese Hänseleien machten ihn wütend wie eine alte Henne, und seine Augen waren rot vor Zorn.

Wenn so ein kleiner Flegel sah, daß es nun gleich Hiebe setzen würde, sagte er rasch: »Zweiter Herr You, Zweiter Grundherr You, Zweiter Ladenbesitzer You, Zweiter Onkel You.« Und faltete obendrein die Hände ehrerbietig vor der Brust und verbeugte sich tief vor ihm. Sofort hellte sich die Miene des Zweiten Onkels auf, er ließ von dem Kind ab und setzte seinen Weg fort.

Doch wenig später geht das Geschrei der Kinder wieder von neuem los, etwa so:

»Zweiter Herr You, Herr Hasenfuß.
Zweiter Onkel You rudert auf dem Fluß.
Zweiter Onkel You Schildkröten fangen muß.«

So tönt, während er weitergeht, das Rufen der Kinder

hinter ihm her. Dabei werfen sie Sand in die Luft, und Dreck stiebt umher wie bei einem kleinen Wirbelsturm.

Man weiß nicht genau, ob Zweiter Onkel You verstanden hat, was die Kinder ihm nachrufen, die Kinder glauben es jedenfalls. Doch hält sich der Onkel äußerst würdevoll und geht ohne auch nur den Kopf zu wenden, gesetzten Schrittes seines Wegs.

»Zweiter Herr You« hieß es stets und ständig bei unserem Koch. Sobald er den Mund aufmachte, kam schon ein »Zweiter Herr You« heraus, und wenn er zu Ende gesprochen hatte, hängte er garantiert noch ein »Zweiter Herr You« an.

»Der Fliegenwedel des Zweiten Herrn You ...«

»Der Pfeifenkopf des Zweiten Herrn You ...«

»Der Tabaksbeutel des Zweiten Herrn You ...«

»Hat der Zweite Herr You schon gegessen ...«

»Zweiter Herr You, es regnet .. «

»Zweiter Herr You, schau schnell mal her, die Hunde im Hof kämpfen miteinander .. «

»Zweiter Herr You, die Katze ist auf die Hofmauer gesprungen ...«

»Zweiter Herr You, aus deinem Fliegenwedel ist eine Feder herausgefallen ...«

»Zweiter Herr You, ein Spatz hat was auf deinen Strohhut fallen lassen ...«

Der Koch nannte ihn ausschließlich »Zweiter Herr You«. Nur wenn sie Streit miteinander hatten, sagte der Alte Koch: »Wenn du so weitermachst, lasse ich den ›Zweiten Herrn‹ fallen, dann bleibt nur noch das Zeichen ›You‹ übrig.«

»Zeichen You« und »Kleiner You« klingen sehr ähnlich*, und für den Zweiten Onkel You hörte es sich an, als würde man ihn bei seinem Kindernamen rufen. Er begann so-

* »Youzi« und »You zi« unterscheiden sich nur dadurch, daß das jeweilige »zi« in einem anderen Ton gesprochen wird.

gleich, den Koch wüst zu beschimpfen; ein Wort gab das andere, bis das Gezeter immer lauter wurde. Manchmal gingen die beiden auch regelrecht aufeinander los.

Doch es dauerte nie lange, bis sie sich wieder ausgesöhnt hatten. Dann hieß es wie eh und je: »Zweiter Herr You dieses, Zweiter Herr You jenes.«

Und sobald unser Koch wieder gute Laune hatte, sagte er: »Zweiter Herr You, ich sehe gerade, daß das Zeichen ›You‹ von deiner Stirn verschwunden und nur noch der ›Zweite Herr‹ übriggeblieben ist!«

Da freute sich Zweiter Onkel You so sehr, daß er über das ganze Gesicht lachte.

Daß Großvater ihn »Klein-You« rief, nahm er ihm nicht übel. Er meinte dazu: »Wer mit dem Kaiser spricht, muß sich selbst als Sklaven ansehen. Es wird immer den Unterschied zwischen Groß und Klein geben. Sag selbst, ist ein Kanzler nicht groß? Und doch muß er vor dem Kaiser das Knie beugen, er, der über Zehntausenden steht, muß sich dem Einen unterordnen.«

Mein Zweiter Onkel You war sehr mutig, es gab nichts, wovor er sich fürchtete. Ich fragte ihn einmal, ob er Angst vor Wölfen habe.

»Warum sollte ich mich vor Wölfen fürchten. Als dein Zweiter Onkel You noch ein Kind war und im Gebirge Schweine hütete, gab es genügend Wölfe.«

Ich fragte ihn, ob er sich auf eine dunkle Straße hinauswagen würde.

»Wovor sollte ich auf einer dunklen Straße Angst haben. Wer ein ruhiges Gewissen hat, braucht nicht zu fürchten, daß die Geister an seine Türe klopfen.«

Dann fragte ich ihn, ob er den Mut hätte, nachts allein über die große Ostbrücke zu gehen.

»Warum nicht? Dein Zweiter Onkel You hat nur Angst, sein Gewissen zu belasten, sonst fürchtet er gar nichts.«

Zweiter Onkel You erzählte viel aus der Zeit, als die

Langhaarigen ihr Unwesen getrieben hatten (während des Russisch-Japanischen Krieges), wie tapfer er da gewesen sei, wo doch alle aus der Stadt geflüchtet waren, auch unsere Familie.

Diese Haarigen seien mit ihren großen Säbeln auf ihren Pferden durch die Straßen gesprengt und hätten die Menschen nur so niedergemetzelt. Sie klopften an die verrammelten Türen, und wer ihnen öffnete, der wurde gepackt und umgebracht. Zweiter Onkel You sagte:

»Die Langhaarigen rannten auf den Straßen hin und her, und das Getrampel der Pferdehufe klang wie Donnerschall. Ich war gerade dabei, mir Nudeln zu kochen, als sie gegen das Haupttor hämmerten. Sie schrien: ›Ist da jemand drin?‹ Man mußte ihnen schnell aufmachen, denn sonst hätten sie das Tor aufgebrochen, und dann wäre es ganz schlimm gekommen, dann hätten sie mich ermordet ...«

Ich fragte:

»Zweiter Onkel You, hattest du denn keine Angst?«

»Dein Zweiter Onkel You hatte gerade einen Topf Wasser zum Kochen gebracht und warf die Nudeln hinein. Die Langhaarigen hämmerten draußen gegen das Tor, aber dein Zweiter Onkel You blieb ruhig im Haus sitzen, seine Nudeln aß er auch ...«

»Hattest du denn keine Angst?«

»Wovor denn?«

»Na, wenn die Haarigen hereingekommen wären, hätten sie dich dann nicht mit ihren Säbeln erschlagen?«

Er antwortete: »Na, wenn schon! Dann wär's halt ein Leben weniger gewesen.«

Doch wenn er mit Großvater die alten Zeiten wieder aufleben ließ, dann klang es schon ganz anders.

»Der Mensch ist aus Fleisch und Blut! Von Vater und Mutter großgezogen und genährt! Wo gibt's den Menschen, der kein Herz und keine Seele hat, wo ist der Mensch, der keine Angst kennt? Ich hab am ganzen Leib geschlottert ...

nur den großen Säbel vor Augen, wenn der niedergegangen wär, wär's aus gewesen mit diesem einen Leben hier.«

Gleich fragte ich dazwischen:

»Hast du nicht erzählt, daß du keine Angst hattest?«

Da fing er an zu schimpfen: »Du herzlose Kreatur, scher dich fort! Keine Angst haben, wie sollen die Menschen keine Angst haben...«

Ich weiß nicht, wie es kam, immer wenn er mit Großvater über diese chaotischen Zeiten sprach, verließ ihn sein Mut, und er wurde immer ängstlicher, je länger er davon erzählte. Manchmal fing er sogar zu weinen an. Er sagte, der große Säbel habe so bedrohlich geblitzt, die Haarigen auf ihren Pferden hätten so wild gemordet.

6.

Das Bettzeug des Zweiten Onkel You war eine einzige Katastrophe. Faltete man sein Deckbett auseinander, kamen einem aus den Zipfeln die Baumwollflocken entgegengeflogen, breitete man die Unterlage aus, dann glich das zusammengestückelte Flickwerk aus Filz einer beweglichen Landkarte, auf der die einzelnen Militärregionen deutlich markiert waren. Das Kissen war mit Buchweizenkernen gefüllt. Jedesmal, wenn Zweiter Onkel You es ausklopfte, kamen die Körner aus den Löchern an den Ecken oder in der Mitte hervorgeprasselt.

Der Zweite Onkel You pflegte sein Bettzeug sehr sorgsam. Wenn er nichts anderes zu tun hatte, griff er zur Nadel und fing an, es auszubessern, nähte hier ein wenig am Kissen, flickte dort an der Filzunterlage oder am Deckbett herum. Warum seine Sachen so wenig haltbar waren, weiß ich nicht. Nach zwei, drei Tagen mußte er jedenfalls erneut die Nadel zur Hand nehmen und sich an einer undichten Stelle zu schaffen machen.

Weil der Zweite Onkel You so klobige Hände hatte, benutzte er eine besonders große Nadel. Eine zu kleine Nadel würde ihm nur entschlüpfen, sagte er. Seine Nadel besaß fast überdimensionale Ausmaße, gegen die Sonne gehalten sah sie aus wie die silberne Haarspange eines Mädchens.

Am besten gefiel mir die Art, wie er einfädelte. Er hielt den Faden so hoch, wie er nur konnte, kniff ein Auge zu und peilte mit dem anderen sein Ziel an, als habe er am Himmel ein wer weiß wie interessantes Ding entdeckt, das er zu erhaschen versuchte. Da er aber andererseits zu befürchten schien, daß ihm sein Objekt wieder entwischen würde, wenn er es nicht ganz genau träfe, mußte er es noch ein Weilchen ins Visier nehmen – trotz der Gefahr, daß es in jedem Moment für immer entschwinden würde. Von alledem begann seine Hand heftig zu zittern, es war wirklich ein köstlicher Anblick.

Wenn der Zweite Onkel You morgens aufstand, rollte er sein Bettzeug zusammen und schnürte es mit einem Strick fest, ganz als sei er täglich darauf vorbereitet, eine Reise anzutreten.

Er hatte keinen festen Schlafplatz. Heute schlief er in jenem ächzenden Häusergestell, das die Nudelmacher bewohnten, morgen zusammen mit dem kleinen Schweinehirten auf dem äußersten Ende des Kangs bei den Schweinezüchtern, und übermorgen teilte er sich vielleicht den Kang mit Hasenscharte Feng, der die Mühle hinter unserem Haus bewohnte. Wo immer Platz war, da schlug er sein Lager auf.

Sein Bettzeug trug er immer selbst. Wenn der Koch ihn beobachtete, wie er sich sein Bündel auf den Rücken lud, krakeelte er, daß alle es hören konnten: »Zweiter Herr You, gehst du schon wieder auf den Markt?«

Und Zweiter Onkel You gab noch von weitem Antwort: »Wo ich schon mal zum Markt unterwegs bin, soll ich dir was mitbringen, Alter Wang?«

Dann ging der Zweite Onkel You wieder einmal allein los, um sich im Hause eines unserer Pächter ein bequemes Nachtquartier zu suchen.

7.

Der Strohhut des Zweiten Onkel You hatte keine Krempe, nur das Oberteil war noch davon vorhanden. Zweiter Onkel You besaß eine dunkelbraune Gesichtsfarbe, der obere Teil seines Kopfes war jedoch schneeweiß. Die Trennungslinie verlief genau dort, wo der Strohhut ansetzte. Jedesmal, wenn er den Hut abnahm, wirkte der Kopf schwarz-weiß wie einer der Muskatkürbisse im Garten hinter unserem Haus, deren von der Sonne beschienene Hälfte grün, die der Sonne abgewandte Seite weiß war.

Das konnte man aber, wenn er den Strohhut aufhatte, nicht sehen. Er setzte den Hut immer so auf, daß der Rand exakt auf der Trennungslinie zwischen schwarz und weiß saß, nicht darüber und nicht darunter, sondern ganz genau auf dem Strich. Und wenn er seinen Strohhut wirklich einmal ein bißchen zu weit nach oben trug, was selten vorkam, fiel das nicht weiter auf. Zwischen Hut und Stirn war dann höchstens eine schmale weiße Bordüre zu sehen, eine Art weißer Ring.

8.

Die Kleidung des Zweiten Onkel You war arg zusammengestückelt, sein Obergewand war weder lang noch kurz, es reichte ihm bis zu den Knien. Es war graublau, aus polierter Baumwolle, mit einem eckigen Stehkragen, weiten Ärmeln und Messingknöpfen auf der Vorderseite. Es handelte sich hierbei um eine Antiquität aus einer vergangenen Dynastie, dem Grund von Großvaters Koffer entnommen. Seit dem Tode meiner Großmutter bediente sich Zweiter Onkel You nach und nach dieser alten Garderobe. Wer ihn so gekleidet auf der Straße spazieren sah, fragte sich, welcher historischen Epoche dieser Mensch wohl entsprungen sein mochte. Oft sagte der Alte Koch: »Zweiter Herr You, in dem weiten Gewand mit den großen Ärmeln hält dich jeder buddhistische Mönch für einen Buddhisten, und ein Daoist hält dich auch für seinesgleichen.«

Zweiter Onkel You hatte die Angewohnheit, sich die Hosenbeine hochzukrempeln. Darum glaubten die Reisbauern, er sei einer von ihnen, sie waren der festen Ansicht, daß er sich gerade auf dem Heimweg vom überfluteten Reisfeld befand, wo er Schößlinge gesetzt habe.

9.

Mit den Schuhen des Zweiten Onkel You verhielt es sich so: Wenn vorne nicht ein Stück von der Sohle abgegangen war, dann fehlte hinten bestimmt der Absatz. Doch obwohl er eigenhändig immer wieder neue Sohlen anklebte und Absätze festnagelte, ging er dabei wohl nicht gründlich genug vor, denn nach ein paar Tagen fiel alles wieder auseinander. Er hatte einen ausgesprochen langsamen Gang, und damit nicht genug, er ließ die Füße mächtig schleifen. Die fehlende Sohle am vorderen Ende des Schuhs ließ ein mundähnliches Loch entstehen, durch das der Fuß wie eine Zunge hervortrat; mit jedem Schritt kam Bewegung in den Mund, während die Hacke, weil der Absatz fehlte, geräuschvoll über die Erde schlurfte. Die Füße des Zweiten Onkel You lösten sich einfach nicht vom Boden. Mutter meinte, daß bleischwere Gewichte an ihnen hingen. Der Alte Koch sagte, die Beine des Zweiten Onkel You seien durch Pferdeketten außer Funktion gesetzt worden. Und der Zweite Onkel You fand selbst: »An den Füßen deines Zweiten Onkel You haftet Stolperdraht.«

Mit Stolperdraht bezeichnete man eine Schnur, die man einem Menschen kurz vor seinem Tod um die Füße wickelt. So sprach mein Zweiter Onkel You über sich selbst.

10.

Obwohl der Zweite Onkel You einer Witzfigur glich und ein halber Bettler war, hielt er sich beim Gehen recht würdevoll, ruhig und gleichmäßig. Er hatte einen kräftigen Schritt, die Füße setzte er deutlich hörbar auf. Außerdem schritt er betont langsam voran, als sei er ein großer General.

Wenn der Zweite Onkel You das Zimmer meines Großvaters betrat, kam es häufig vor, daß das Pendel der schwarzen Standuhr, die auf dem lautenförmigen Tisch stand, tönend ausschlug, um bald darauf wieder zu verstummen. So schwer waren die Schritte des Zweiten Onkel You, so steinhart erschütterten sie die Dielen, daß alles, was dort auf dem Boden stand, zeitweilig davon in Bewegung gesetzt wurde.

11.

Einmal überraschte ich den Zweiten Onkel You beim Stehlen.

Der Herbst ging dem Ende zu, die große Ulme im Hof ließ ihre Blätter fallen, der Garten lag öde und verlassen da und bot keine Abwechslung.

Das Pflanzendickicht im vorderen Teil des Hofes war vollkommen verwelkt und in sich zusammengesunken, die Stengel und Halme der verschiedenen Pflanzen im Gemüsegarten hinter dem Wohnhaus waren mit weißem Rauhreif bedeckt. Von den Blättern der alten Ulme waren nur noch wenige übriggeblieben, doch auch an ihnen zerrte der Herbstwind. Der Himmel hatte eine graue Farbe angenommen, die Wolken wiesen keine Konturen mehr auf, wie das Wasser in einem Tuschstein, wo dunkle und helle Stellen sich trübe miteinander vermischen. Von diesen Wolken brachten die einen Regentropfen, die anderen feine Graupelschauer.

Weil es für mich bei solch einem Wetter draußen nichts anzustellen gab, spielte ich in der Rumpelkammer im hinteren Teil des Hauses. Dort kletterte ich auf den Hängeboden, auf dem alte Sachen verstaut waren.

Dabei diente mir eine Truhe als Trittbrett. Oben ertastete ich eine Dose aus Milchglas, die mit Lotuspflaumen gefüllt war. Als ich mit meiner Beute im Arm wieder hinunterklettern wollte, stellte ich fest, daß mir der Rückweg versperrt war: Der Zweite Onkel You machte sich gerade daran, die Truhe zu öffnen, über die ich soeben hinaufgeklettert war.

Er benutzte dafür keinen Schlüssel, sondern einen feinen Draht.

Er brauchte ziemlich lange, und ich sah ihm dabei zu. Erst bog er das kleine Ding in seiner Hand mit den Zähnen zurecht. Den Kopf zur Seite geneigt, biß er so heftig auf dem Draht herum, daß es knirschte. Dann drückte und drehte er ihn noch mit den Fingern, bevor er damit an der Truhe herumzustochern begann.

Offenbar merkte er nicht, daß ich oben auf dem Hängeboden saß und ihm zuschaute, denn nun öffnete er die Truhe. Dann nahm er seinen randlosen Strohhut vom Kopf und legte das kleine Ding hinein, an dem er eine halbe Ewigkeit herumgebogen hatte.

Er wühlte ausgiebig in der Truhe, förderte ein rotes Kissen zutage, zog eine bestickte Schürze aus blauem Baumwollstoff und bestickte Frauenschuhe hervor ... außerdem ein Knäuel verschiedenfarbiger Seidenfäden. Ganz am Boden der Truhe fand er noch eine dunkelgelbe Weinkanne aus Messing. Zweiter Onkel You warf mit seinen groben Händen, auf denen unzählige Adern hervortraten, die bestickten Schuhe und das Seidenknäuel wieder zurück, nur die Messingkanne zog er unter dem Stapel heraus. Das rote Lehnstuhlkissen legte er auf die Erde und schnürte es mit seinem Gürtel zusammen. Die Weinkanne stellte er auf den Deckel der Truhe, die er alsdann wieder verschloß.

Nach alledem hatte ich angenommen, er würde diese Sachen mitnehmen, aber – ich weiß nicht, warum – er ging mit leeren Händen hinaus. Sobald er verschwunden war, hüpfte ich über die Truhe nach unten. Genau in diesem Augenblick kam der Zweite Onkel You zurück, was mich sehr erschreckte, da ich ja gerade dabei war, Lotuspflaumen zu stehlen. Mutter würde mich unweigerlich schlagen, wenn sie davon erführe. Und wenn ich Eiermantou stibitzte, um sie mit den Nachbarkindern zu teilen, hatte es sich Onkel You kein einziges Mal nehmen lassen, Mutter davon zu unterrichten, wenn er mich dabei erwischte, und Mutter hatte mich jedesmal dafür geschlagen.

Jetzt hob er zuerst das Kissen auf, das neben der Tür auf dem Boden lag, dann nahm er die Messingkanne von der Truhe. Erst als er sie unter sein zweiteiliges Gewand schob, sah er mich, die ich dort in der Ecke stand.

Vor seinem Bauch wölbte die Schnapskanne das Hemd, vor meinen Bauch hielt ich die Pflaumen gepreßt. Er hatte gestohlen, ich hatte gestohlen, und nun hatten wir beide Angst voreinander. Bei meinem Anblick traten ihm dicke Schweißperlen auf die Stirn. Er sagte:

»Du erzählst doch nichts?«

»Was soll ich erzählen...«

»Sag nichts, sei ein braves Kind...«, er tätschelte meinen Kopf.

»Na gut, dann laß mich auch das Glas behalten.«

Da sagte er: »Nimm es.«

Er hinderte mich kein bißchen daran. Als ich merkte, daß er mir meinen Willen ließ, griff ich mir noch vier oder fünf Mantou aus dem Korb neben der Eingangstür und rannte davon.

Zweiter Onkel You stahl außerdem Reis aus dem Kornspeicher, den er dann in einem großen Sack auf dem Rücken zur großen Ostbrücke trug und dort im Getreideladen verkaufte. Er stahl überhaupt alles mögliche, Feuertöpfe aus Zinn, große Kupfermünzen, die Mundstücke von Pfeifen ... Jedenfalls hieß es bei uns daheim grundsätzlich, wenn irgend etwas fehlte, Zweiter Onkel You habe es genommen. Manchmal war es ja der Koch, der dies und jenes mitgehen ließ, doch auch dies wurde dem Zweiten Onkel You angelastet. Andere Dinge hatte ich weggenommen, um damit zu spielen, auch dafür wurde dem Zweiten Onkel You die Schuld zugeschoben. Zum Beispiel hatte einmal jemand eine kleine Sichel verlegt, sie war also gar nicht verschwunden, nur als man sie brauchte und nicht fand, wurde sogleich der Zweite Onkel You des Diebstahls bezichtigt.

Wenn mich der Zweite Onkel You in den Park mitnahm, kaufte er mir nie etwas zu essen. Im Park gab es alles, was man sich denken konnte, Pfannkuchen aus Klebreis, in Sesamöl gewendete Fladen, gelierten Bohnenpudding, einfach alles. Aber nichts davon kaufte er mir.

Wenn ich ein wenig zögernd neben solch einem Verkaufsstand stehenblieb, sagte er hastig:

»Komm schnell, laß uns weitergehen.«

So wurde jeder Bummel durch den Park zum Gewaltmarsch, denn nie durfte ich irgendwo anhalten.

Der Park war voller Jongleure, Zauberer und Bären, die Kunststücke machten; Gongs und Trommeln wurden geschlagen, daß es nur so krachte und eine Freude war. Doch nichts von alledem durfte ich mir anschauen. Wenn ich nur die kleinsten Anstalten machte, vor so einem Gaukler stehenzubleiben, sagte er gleich:

»Geh schon weiter, lauf schnell da vorne hin.«

Ich konnte nicht verstehen, warum er mich pausenlos so antrieb.

Als wir bei einem Eisstand mit einer weißen Markise vorbeikamen, fiel mein Blick auf zwei dunkelgelbe, große Buddhahände* in einem Glasbehälter. Ich hatte so etwas noch nie gesehen und fragte den Zweiten Onkel You, was die beiden Dinger wohl seien. »Geh schnell weiter, schau nach vorn.« Ganz als ob mich der Verkäufer, wenn ich nur einen Moment länger verharrte, schlagen würde.

Vom Zirkus drang schon lautes und aufgeregtes Geschrei zu uns herüber, da ging es wirklich hoch her. Ich wollte unbedingt hinein. Doch natürlich war der Zweite Onkel You strikt dagegen.

»Da gibt's doch nichts Besonderes zu sehen«, sagte er, und:

»Dein Zweiter Onkel schaut sich jennes auch nicht an.«

Außerdem meinte er:

»Zu Hause gibt es jetzt Essen.«

Und:

»Wenn du noch weiter quengelst, haue ich dir eine runter.«

Erst zum Schluß sagte er: »Dein Zweiter Onkel würde sich das auch gern anschauen, wer möchte das nicht, wenn es etwas Interessantes zu sehen gibt. Dein Zweiter Onkel hat kein Geld, kein Geld, um Eintrittskarten zu kaufen, und ohne die läßt man uns nicht hinein.«

Da begann ich, gleich im Park an Ort und Stelle, seine Taschen zu durchwühlen, aber ich fand nur ein paar Kupfermünzen. Davon konnte man keine Eintrittskarten kaufen.

»Dein Zweiter Onkel You hat kein Geld ...«, wiederholte er.

* »Buddhahand« wird eine zitrusartige Frucht genannt, deren Ende in eine fingerförmige Spitze übergeht.

»Wenn du kein Geld hast, kannst du nicht welches stehlen?«

Als der Zweite Onkel You mich so sprechen hörte, wurde sein Gesicht schneeweiß. Im nächsten Augenblick aber lief es rot an. Die kleinen Äuglein in dem roten Gesicht lächelten verkniffen, und seine Lippen zitterten, ganz als wollte er jetzt, wie es seine Gewohnheit war, zu einer ellenlangen Tirade aneinandergereihter Phrasen ansetzen. Doch er sagte gar nichts.

»Ab nach Hause!«

Das war alles, was er mir mitteilte, nachdem er eine Weile überlegt hatte.

Ich habe auch einmal gesehen, wie Onkel You eine Badewanne stahl.

Eigentlich herrschte bei uns im Hof vom Morgen bis zum Abend immer nur Ruhe, Großvater schlief sehr viel, Vater war nicht da, Mutter ständig im Hause beschäftigt, und was draußen geschah, das entging ihr meistens.

Besonders im Sommer hielten alle im Hause einen Mittagsschlaf, selbst der Koch, und in einem schattigen kühlen Plätzchen sogar der große gelbe Hund. So kam es, daß im vorderen Teil des Hofes sowie im Garten hinter dem Wohngebäude alles vollkommen still war, kein Mensch war zu sehen, kein Laut zu vernehmen.

An einem solchen hellichten Tage begann eine große Badewanne, sich auf den Schultern eines Menschen vorwärtszubewegen.

Die Wanne bestand aus weiß verzinktem Eisenblech und reflektierte blitzend die Sonne. Sie war länger als der Mann und klapperte und polterte während des Gehens. Der Anblick war ziemlich furchterregend, er erinnerte an die große weiße Schlange aus den Ammenmärchen.

Die Wanne war wirklich groß. Über den Kopf von Onkel You gestülpt, konnte man ihn selbst eine Zeitlang nicht erkennen, nur die Wanne war zu sehen. Es sah aus, als wäre sie von ganz allein losgelaufen. Nur wenn man ganz genau hinschaute, konnte man feststellen, daß der Zweite Onkel You sie trug. Er kam dahergegangen, als hätte er keine Augen, mal wankte er nach rechts, mal drohte er, nach links zu stürzen, krumm und schief nach beiden Seiten verlief seine Spur. Ich dachte schon, er würde mich anrempeln, und preßte mich gegen den Sockel der Hofmauer.

Die Badewanne war außerdem sehr tief, über den Kopf des Zweiten Onkel You gestülpt, reichte sie ihm noch bis zur Hüfte. Darum konnte er auch den Weg nicht erkennen und bewegte sich tastend nach vorn.

Später verhielt es sich dann mit der Wanne genauso wie damals, als er die Messingkanne gestohlen hatte. Nachdem man ihn dabei ertappt hatte, zog ihn der alte Koch tagein, tagaus damit auf und trieb in jeder erdenklichen Weise seinen Schabernack mit ihm.

Nach dem Diebstahl der Messingkanne fragte der Koch den Zweiten Onkel You jedesmal, wenn der sich gerade Schnaps einschenkte:

»Zweiter Herr You, wie schmeckt der Schnaps besser, aus einer Messingkanne oder aus einer Zinnkanne?«

Onkel You antwortete:

»Das ist doch völlig gleich, Hauptsache, es ist Schnaps drin.«

»Ach ja? Ich hatte den Eindruck, eine Messingkanne ist besser...«

»Was soll an einer Messingkanne viel besser sein!« entgegnete der Zweite Onkel You.

»Ganz richtig, Zweiter Herr You. Wir brauchen also gar keine Messingkanne, und wenn wir sie verkaufen gehen, dann bringt sie nicht mal viel Geld.«

Die Umstehenden mußten nun alle lachen, nur der Zweite Onkel You verstand noch immer nicht, worum es ging. Der Koch fragte ihn:

»Was so eine Messingkanne wohl einbringt?«

»Keine Ahnung – ich hab noch nie eine verkauft.«

Schließlich meinte der Koch, so an die fünfzig bis siebzig Schnüre Käsch müßte man wohl dafür bekommen.

»So ein hoher Preis, das ist ja lächerlich, selbst für eine große Messingkanne kriegst du nicht mehr als dreißig.«

Darüber mußten sich alle kaputtlachen.

Seit dem Badewannen-Diebstahl war für unseren Koch das Thema Messingkanne erledigt, jetzt fragte er den Zweiten Onkel You nur noch, ob er sich schon gewaschen habe, wie oft im Jahr er bade, wie viele Male in seinem Leben der Zweite Onkel You ein Bad genommen habe. Dann fragte er ihn, ob man nach dem Tode auch im Jenseits noch baden würde?

Dazu sagte der Zweite Onkel You:

»Im Jenseits ist es genauso wie im Diesseits, wer im Leben ein armer Mensch war, der wird auch nach dem Tode ein armer Teufel sein. Yama liebt die armen Teufel auch nicht, am besten, man steigt gar nicht zur Hölle hinunter. Da soll man sich noch waschen! Wer keinen Dreck am Stecken hat, hat auch nichts abzuwaschen.«

»Zweiter Herr You«, sagte der Koch, »dann heißt das also, die Armen bräuchten keine Badewanne?«

Onkel You horchte auf, dann sagte er: »Ich bin noch nie im Jenseits gewesen, ich weiß nicht, ob man da eine braucht.«

»Weißt du nicht?«

»Weiß ich nicht.«

»Ich glaube aber, du weißt es ganz genau. Du handelst wider dein Gewissen und behauptest einfach die Unwahrheit..«, sagte der Koch. Daraufhin entbrannte zwischen den beiden ein heftiger Streit. Wie er denn wider sein Gewissen handeln könne, beharrte der Zweite Onkel You.

»Mein Leben lang habe ich nie wider mein Gewissen gehandelt. Immer bin ich aufrecht gegangen, nie vom geraden Pfad abgewichen...«

»Nie vom geraden Pfad abgewichen, na, das möchte ich mal sehen!«

Die Gesichtszüge des Zweiten Onkel You verhärteten sich, und er fragte drohend:

»Was möchtest du mal sehen?«

»Na, wenn ich's dir sage, schämst du dich bloß zu Tode!« antwortete der Koch.

»Zu Tode? So schnell bringt mich nichts um; glaub nur nicht, weil ich arm bin, daß ich nicht mein Leben zu Ende führen kann.«

»Ich glaube auch, daß du nicht sterben kannst«, entgegnete der Koch.

»Ich sterbe auch nicht.«

Da sagte der Koch: »Kannst nicht sterben, ewig stirbst du nicht, ich glaube auch, du bist ein alter Sterbenicht.«

Manchmal gelang es den beiden, sich ein, zwei Tage lang pausenlos zu beschimpfen. Zu guter Letzt mußte sich immer der Zweite Onkel You geschlagen geben. Denn dann schimpfte ihn der Koch einen alten »Nachlebenabschneider« – einen Mann ohne Nachfahren. Für den Zweiten Onkel You war dieses Wort schlimmer als alle anderen Flüche, schlimmer noch als »zur Hölle fahren«. Gleich fing er zu weinen an und sagte:

»Ja, so ist es! Wenn ich mal sterbe, gibt's nicht mal einen, der Erde auf mein Grab tut. Das ist ein vertanes Leben, an dessen Ende nur die Leere steht ... ohne Familie, ohne Vermögen, und keinen einzigen, der einem das letzte Geleit gibt.«

Danach gaben die beiden wieder Ruhe, und vergnügt und heiter wie eh und je verbrachten sie die Tage wieder in friedlicher Eintracht.

12.

An unser Hauptgebäude, das fünf Räume umfaßte, wurde zu einem späteren Zeitpunkt ein Seitenflügel mit drei Zimmern angebaut. Sobald er fertiggestellt war, zog der Zweite Onkel You wieder bei uns ein.

Unser Haus war ein ruhiges Haus, vor allem in der Nacht, wenn selbst Hühner und Enten in ihren Verschlägen verschwanden und die Tauben auf dem Dach und die Sperlinge unter den Dachvorsprüngen sich zum Schlafen in ihre Nester zurückzogen. Um diese Zeit hörte man im Seitenflügel häufig jemanden weinen.

Einmal schlug Vater den Zweiten Onkel You. Vater war etwas über dreißig, der Zweite Onkel You ging auf die sechzig zu. Als er sich aufrappelte, wurde er von Vater wieder zu Boden geschlagen, er stellte sich wieder auf die Beine, und Vater schlug ihn ein weiteres Mal nieder. Zum Schluß stand er nicht mehr auf, sondern blieb im Hof liegen, und aus seiner Nase – oder seinem Mund – tropfte ein bißchen Blut.

Ein paar Leute von unserem Hof hatten zugeschaut, waren jedoch in weiter Entfernung stehengeblieben. Der große gelbe Hund war vor Schreck davongelaufen, die Hühner waren ebenfalls geflohen. Der Koch erledigte irgendeine dringende Pflicht wie Brennholz sammeln oder Wasser holen und tat so, als hätte er nichts gesehen.

Onkel You lag allein und verlassen in der Mitte des Hofes. Sein randloser Strohhut war ihm ebenfalls heruntergeschlagen worden, so daß man sehen konnte, wie der Kopf des Zweiten Onkel You oben weiß und unten schwarz war. Auch konnte man die Trennungslinie zwischen der weißen und der dunklen Partie erkennen, die über seiner Stirn verlief wie das »Yin-Yang«-Muster einer Wassermelone.

Eine geraume Zeit lag der Zweite Onkel You so für sich

da, bis zwei körnersuchende Enten sich ihm näherten und in dem vertropften Blut herumzupicken begannen.

Eine der beiden Enten besaß einen gesprenkelten Hals, die andere hatte einen grünen Kopf.

In jener Nacht geschah es auch, daß sich Onkel You erhängen wollte. Erst fing er an zu fluchen, dann weinte er, und am Ende hörte er mit beidem auf. Nur hörte man nach einer Weile den Koch aufschreien, als hätte er ein Ungeheuer gesehen.

»Der Zweite Herr You hat sich aufgehängt! Der Zweite Herr You hat sich aufgehängt!«

Großvater zog sich an und nahm mich an der Hand. Wir liefen zum Seitenflügel, fanden dort aber niemanden. Der Koch rief vor dem Haus nach uns. Da sahen wir, daß von der südlichen Spitze des Gebäudes ein Seil herabhing. Weil tiefe Nacht herrschte, konnten wir zunächst nichts erkennen, erst als der Koch eine Laterne entzündete, sahen wir das Seil.

Am südlichen Gebäudeteil war eine etwa neun Meter lange Querstange befestigt, von dieser Stange baumelte das Seil schlaff hin und her.

Und wo war der Zweite Onkel You? Wir suchten ihn mit der Laterne und fanden ihn, wie er wohlbehalten gegen die Hauswand gelehnt dasaß. Weder weinte er, noch fluchte er.

Als ich jedoch noch einmal die Laterne nahm und ihm ins Gesicht leuchtete, starrte er mich aus kleinen rotgeweinten Augen an.

Einige Zeit später hieß es, der Zweite Onkel You habe sich im Brunnen ertränkt.

Der Wasserträger, ein Mitbewohner unseres Hofes, überbrachte uns die Nachricht, indem er gegen die Fenster klopfte und an der Tür rüttelte. Wir rannten zum Brunnen, doch der Zweite Onkel war gar nicht hineingesprungen. Er saß ein wenig abseits, und zwar gut fünfzig Schritt vom Brunnen entfernt, auf einem Stapel Brennholz. Seelenruhig saß er dort. Als wir die Laterne anzündeten und ihn anleuchteten, konnten wir außerdem feststellen, daß er sein kleines Pfeifchen rauchte.

Der Koch, der Wasserträger und die Nudelhersteller waren sämtlich herbeigeeilt, die Sache hatte eine nicht geringe Zahl von Nachbarn aufgeschreckt.

Zunächst rührte er sich nicht. Als dann später die Versammlung vollständig war, stand er auf und lief zum Brunnen, woraufhin einige ihn festhielten – denn wie konnten sie einfach mit ansehen, wie er sich in den Brunnen stürzte.

Als der Zweite Onkel You zum Brunnen lief, hatte er seinen Tabaksbeutel und seine Pfeife dabei. Als ihn dann die Leute drängten, er solle nach Hause gehen, lag da noch eine kleine Kerze auf dem Brennholzstapel. Er sagte:

»Gebt mir noch die Kerze mit.«

Später dann wurde sein »Sprung in den Brunnen« und sein »Selbstmord durch Erhängen« zum Gespött der Leute, und die Straßenkinder machten noch daraus ein Lied:

»Zweiter Herr You, sprang in den Brunnen rein, konnte aber keine so große Sache sein.«

»Zweiter Onkel You hat sich aufgehängt, doch dabei die Leute ganz umsonst verschreckt.«

Der Koch meinte, er klammere sich ans Leben und fürchte den Tod, und andere fanden auch, er könne einfach nicht sterben. Der Zweite Onkel You lebte weiter.

13.

Der Hof unseres Anwesens lag öde und verlassen da. Im Winter war er eine einzige Fläche weißen Schnees, im Sommer ein dichtes Beifußgestrüpp. Wenn Wind aufkam, blies er heulend durch das Dickicht, bei Regen stieg Dampf von den Spitzen der Büsche auf.

Kein Wind wehte, kein Regen fiel, das Haupttor war verschlossen, und man verbrachte stille Tage im Haus.

Hunde hatten ihren Schlupfwinkel, Hühner ihren Verschlag, Vögel ihre Nester; jedes Wesen besaß einen Ort, wo es einkehrte.

Nur der Zweite Onkel You fand keinen Schlaf. In seinem Seitenflügel begann er mitten in der Nacht Selbstgespräche zu führen.

»Sollen sie doch sagen, ich fürchte mich vor dem Sterben, ich blase mich nicht auf, von mir aus können ruhig zwei, drei von denen bei mir vorbeikommen! Dann könnte ich auch mal fragen, ob sie dem Tod schon mal ins Angesicht geschaut haben! Als damals diese russischen Haarigen ihre großen Schwerter blitzen ließen und ringsum alle niedermetzelten, da haben doch jene tapferen Männer, die sich heute brüsten, keine Angst vor dem Tod zu haben, gleich bei der ersten Meldung, daß die russischen Langhaarigen im Anmarsch sind, nur noch ans Abhauen gedacht, um ihr Leben sind sie gelaufen, und nicht mal ihr Hab und Gut haben sie mitgenommen. Wenn nicht ich Angsthase hiergeblieben wäre und auf ihre Sachen aufgepaßt hätte, dann hätten diese Herrschaften nach ihrer Rückkehr nicht mal eine Hose am Leibe gehabt. Bis zum heutigen Tage haben die satt zu essen und warme Kleidung, aber wem sie das zu verdanken haben, darüber denken sie nicht nach, das haben sie so schnell vergessen, wie es nur ging. Das Gewissen ist ihnen abhanden gekommen, und ihre Herzen sind vergiftet, diese eisernen Gesichter ...«

»... Ich soll also Angst vor dem Tod haben? Na und, ich blase mich nicht auf, ich hab die Berittenen gesehen, bis an die Zähne bewaffnet, habe Blitz und Donnerschlag und Sandstürme erlebt. Ich kann nur dagegensetzen, daß ich die russischen Haarigen gesehen habe, wie sie mit ihren riesigen Schwertern auf alles eingedroschen haben, was ihnen in die Quere kam, aber ich hab keine Angst gehabt. Ich fürchte den Tod, behaupten sie ... Jenne Jahre, was sind das nur für Zeiten ...«

So erklang der unablässige Redestrom des Zweiten Onkel You im Ostflügel. Da war noch von der Überschwemmung die Rede, als der Fluß so hoch angeschwollen war, daß niemand es wagte, ihn zu überqueren. Nur Onkel You hatte den Mut dazu gehabt. Oder wie einmal das große Feuer ausbrach und alle Leute davonliefen, während der Zweite Onkel You noch eine Reihe von Gegenständen den Flammen entriß. Und wie er noch als Kind in den Bergen Brennholz gesammelt habe, wie böse da die Wölfe gewesen seien.

»Wolfsherzen und Hundeeingeweide ... Die Menschen heute sind alle schlecht bis ins Mark, schlagen sich die Bäuche voll und besaufen sich, wo sie nur können. In jennen Zeiten, da ist ein guter Mensch nichts als ein Hurensohn, ein Hasenfuß ...«

»Hasenfuß, Hasenfuß ...«

Wenn der Zweite Onkel You nachts nicht schlafen konnte, dann hielt er manchmal einen endlosen Monolog, in dem immer nur das Wort »Hasenfuß, Hasenfuß« zu hören war.

In der tiefen Nacht schliefen Hühner, Enten, Hunde und Katzen. Nur der Zweite Onkel You schlief nicht.

Die Gardinen vor Großvaters Fenster waren zugezogen, weder Mond noch Sterne konnte man sehen, auch nicht, ob das Siebengestirn schon untergegangen war, ob das Dreigestirn schon seinen Bogen aufgeschlagen hatte.

Nur durch das milchige Weiß der Vorhänge fiel der bleiche Schein der Sterne.

Als ich erwachte, hörte ich den Zweiten Onkel You »Hasenfuß, Hasenfuß« vor sich hersagen, da wollte ich die Gardine beiseite schieben und im Hof nach ihm schauen. Großvater ließ mich aber nicht aufstehen, er sagte:

»Du mußt schön schlafen, morgen wollen wir in aller Frühe aufstehen, dann essen wir gerösteten Mais.« Großvater hatte Angst, daß ich aufstehen würde, darum wollte er mich mit derlei Worten ablenken.

Beim Einschlafen hörte ich die Hunde am Südufer des Hulanflusses bellen, vielleicht kamen die Laute aber auch von außerhalb der Stadt.

Und dann träumte ich. Ich träumte von einem großen weißen Hasen, dessen Ohren so groß waren wie die des kleinen Esels in der Mühle. Das »Hasenfuß«-Gerede von Onkel You rief in mir das Bild eines Hasen hervor, und das Geklapper der Hölzer in der Mühle bewirkte, daß ich an das Eselchen in der Mühle dachte, so daß meinem Hasen im Traum schließlich lange Ohren wuchsen. Ich umarmte meinen Hasen, und je länger ich ihn ansah, desto lieber gewann ich ihn, und vor Vergnügen lachend, erwachte ich.

Das erste, was ich hörte, war »Hasenfuß, Hasenfuß«. Immer noch saß der Zweite Onkel You im Hof. Und in der Mühle hinter unserem Haus wurden immer noch die Hölzer geschlagen.

Ich fragte Großvater, ob der große weiße Hase, von dem ich geträumt hatte, der »Hasenfuß« sei, von dem der Zweite Onkel You sprach? Großvater sagte:

»Schlaf schnell ein, mitten in der Nacht soll man nicht reden.«

Großvater und ich fanden keinen Schlaf mehr, wir hörten das Hundegebell in der Ferne, das allmählich immer näher zu uns drang. Die Hunde in der Nachbarschaft begannen auch, Lärm zu schlagen. Außerhalb der großen Hofmauer fuhren schon vereinzelte Pferdefuhrwerke vorbei, denn bald würde es hell werden. Doch der Zweite Onkel You fluchte immer noch über seinen »Hasenfuß«, und aus der Mühle hinter unserem Haus drang noch das Geklapper der Bangzi-Hölzer.

14.

Das erste, was ich am nächsten Morgen tat, war zum Zweiten Onkel You zu laufen und ihn zu fragen, ob »Hasenfuß« nicht einen großen weißen Hasen bedeutete? Als er das hörte, wurde er zornig:

»In deiner Familie gibt's nichts Gutes, alles voller Ratten, wo du nur hinsiehst, eine gewissenlose Bande, die Erwachsenen sind große Ratten, die kleinen Kinder kleine Ratten ...«

Ich wußte nicht, wovon er sprach. Eine Weile hörte ich ihm zu, verstand jedoch nicht, was er damit meinte.

Siebtes Kapitel
Hasenscharte Feng

1.

In der Mühle wohnte Hasenscharte Feng.

Hasenscharte Feng schlug tief in der Nacht die Bangzi-Hölzer, Nacht für Nacht. Im Winter wurde es ein wenig besser, im Sommer hörte man dafür um so heftiger das unentwegte Klappern der Hölzer.

Das Fenster der Mühle ging zum Garten hinter unserem Haus hinaus. Am Sockel der Mauer, die die vier Seiten unseres Gartens einfaßte, waren allerlei Klettergewächse wie Muskatkürbisse, Gartenkürbisse oder Gurken gepflanzt. Der Muskatkürbis hatte den oberen Mauerrand erklommen, wo er Blüten zu treiben begann, einige Triebe ragten sogar schon über die Spitze der Mauer und entfalteten zur Straßenseite hin die Pracht ihrer flammendgelben Blüten.

So war auch das Küchenfenster über und über mit den Auslegern einer Klettergurke bedeckt. Deren kleine zarte Ranken, fein wie silberne Seidenfädchen, strahlten in tief leuchtenden Farben, sobald die Sonne herauskam, und die Spitzen waren so sauber, als seien sie aus Bienenwachs geformte Fäden. An einer Gurkenpflanze reckten sich unzählige solcher Fädchen empor, und jedes seiner spitzen Fühlerenden drehte sich einmal um sich selbst, ganz als wollte es seinen Willen bekunden, furchtlos zum Baum, zum Unkraut, auf die Mauer oder sonstwo hinaufzuklettern, wobei dann im letzten Moment sein ängstliches Wesen die Oberhand gewann.

Sobald die Sonne zum Vorschein kommt, erwärmen sich die Fädchenranken aus ihrer nächtlichen Erstarrung. Sie entfalten sich mit noch größerer Geschwindigkeit, so daß man meinen könnte, sie mit bloßem Auge wachsen zu sehen, so rasch eilen sie davon. So kommt es, daß die Gurkenranke, unter dem Mühlenfenster an einem Tag zum Fensterbrett hinaufklettert, am nächsten das Fenstergitter erreicht, und dort am dritten Tag schon Blüten treibt.

Weitere Tage vergehen, und ehe man es sich versieht, sind die Gurkenranken schon über das Mühlenfenster hinausgeschossen und haben das Dach erreicht.

Später scheint es dann zu einer Art Verbrüderung zwischen den Gurkentrieben zu kommen; in geschlossener Formation und dichter Enge bedecken sie das Mühlenfenster.

Von nun an bekommt der Herr der Mühle das Tageslicht nicht mehr zu Gesicht. Denn das einzige Fenster der Mühle ist fortan so dicht von Gurkentrieben zugewachsen, daß Wind und Wetter nicht durchdringen können. Von nun an herrscht tiefe Finsternis im Inneren der Mühle, und innerhalb oder außerhalb des Gartens zu sein, bedeutet, sich in zwei verschiedenen Welten zu bewegen. Hasenscharte Feng ist der Welt außerhalb des Gartens zugeteilt worden.

Doch von außen gesehen ist das Fenster wirklich hübsch, dort blühen Blüten, dort reifen Früchte. Das ganze Fenster besteht nur noch aus Gurke.

Auch ein Muskatkürbis rankt sich am Fenster entlang zum Dach der Mühle hinauf, und dort oben auf dem Dachvorsprung reift nun ein großer Kürbis. Der sieht gar nicht so aus, als sei er mit der Pflanze nach oben geklettert, sondern als hätte ihn jemand zum Trocknen auf die Ziegel gelegt – ein richtig schöner Anblick.

Wenn ich im Sommer im Garten spielte, rief Hasenscharte Feng, ich solle ihm eine Gurke bringen.

Ich schnitt ihm eine Frucht ab und wollte sie ihm durchs Fenster reichen. Das Fenster war aber so fest von dem Gurkengewächs versiegelt, daß Hasenscharte Feng das Blattgestrüpp erst auseinanderdrücken mußte, um die Gurke durch einen kleinen Spalt entgegennehmen zu können.

Manchmal hörte er auch ganz auf, seine Hölzer zu schlagen.

Dann fragte er mich, wie hoch die Gurkenranke inzwischen gewachsen sei, und ob die Tomaten schon reif wären. Vom Garten trennte ihn nur ein Fenster, aber er schien für ihn ein unzugänglicher, weit entfernter Ort zu sein.

Wenn Großvater sich im Garten aufhielt, fing Hasenscharte Feng ein Gespräch mit ihm an. Er erzählte, daß sich der kleine Esel, der den Mühlstein bewegte, am Huf verletzt hatte und hinkte. Großvater meinte dazu, man müsse nach dem Tierarzt schicken, damit er sich die Sache einmal ansehe. Hasenscharte Feng sagte darauf, der Tierarzt sei schon dagewesen, aber besser sei es davon nicht geworden. Was er denn dem Esel für eine Medizin gebe, fragte Großvater. Gurke mit Gaoliangessig vermischt, antwortete Hasenscharte Feng.

Hasenscharte Feng stand hinter dem Fenster, Großvater davor, und keiner konnte den anderen sehen.

Manchmal war der Großvater schon wieder auf dem Weg ins Haus, während ich noch allein am Fuß der Mühlenmauer saß und spielte. Dann hörte ich, wie Hasenscharte Feng sagte:

»Der ehrwürdige Herr ist dieses Jahr noch gar nicht auf den Ländereien gewesen, um nach dem Rechten zu sehen!«

Wenn ich ihn so sprechen hörte, gab ich mitunter absichtlich keinen Mucks von mir, sondern lauschte weiter seinen Worten, die zu mir herunterdrangen.

Manchmal fand ich das so komisch, daß ich es nicht mehr aushielt, ich mußte einfach aufspringen, am Fenster rütteln und dabei so heftig lachen, daß die dort wachsenden Gurken herunterpurzelten. Dann rannte ich, so schnell es ging, ins Haus, um Großvater die Geschichte zu erzählen. Großvater erging es ebenso wie mir, er konnte nicht mehr aufhören zu lachen, er lachte, bis ihm die Tränen kamen. Dabei sagte er andauernd, nicht lachen, nicht lachen, wenn er uns nun hört!

Manchmal verschloß Großvater sogar die Hintertür, um dann noch einmal zu lachen. Ihm war unwohl bei dem Gedanken, daß Hasenscharte Feng uns hören könnte.

Unser Koch war da wesentlich unempfindlicher. Es kam vor, daß er sich mitten in einem Schwätzchen mit Hasenscharte Feng absichtlich davonstahl. Weil Hasenscharte Feng durch das Gurkendickicht vor seinem Fenster nicht sehen konnte, daß der Koch gegangen war, bestritt er eine geraume Zeitlang die Unterhaltung allein; eine Antwort konnte er ja nun nicht mehr bekommen.

Unser Koch ging gewöhnlich mit einem Körbchen in den Garten, um Auberginen zu pflücken, und dabei plauderte er mit Hasenscharte Feng. Gerade wenn das Gespräch in Schwung gekommen war, schlich sich der Koch auf leisen Sohlen davon, schlüpfte mit seinem Korb ins Haus und fing an, das Essen zu kochen. In diesem Augenblick sagte Hasenscharte Feng laut und deutlich in der Mühle:

»Im Westteil des Parks gastiert jetzt der Zirkus, ich hatte noch keine Zeit, hinzugehen. Hast du ihn dir schon angesehen? Alter Wang.«

Im Garten war ja kein Mensch mehr. Libellen und Schmetterlinge flogen ungehemmt hin und her, und die Worte von Hasenscharte Feng schwebten ohne Resonanz über den Garten hinweg, verhallten ins Leere.

Sie lösten sich in nichts auf.

Erst als er merkte, daß der Koch schon lange gegangen war, begann er wieder seine Hölzer zu schlagen, paßte auf, daß der kleine Esel auch den Mühlstein bewegte.

Der Zweite Onkel You schlich sich nie heimlich davon, wenn er sich mit Hasenscharte Feng unterhielt. Er erkundigte sich, ob es bei schlechtem Wetter schlimm durchs Dach regnete, und ob es viele Ratten gebe in der Mühle.

Hasenscharte Feng fragte seinerseits, ob es ausreichend Regenfälle gegeben hätte, und ob die Auberginen und Stangenbohnen bald geerntet werden könnten.

Wenn die beiden ihr Gespräch beendet hatten, lud der Zweite Onkel You Hasenscharte Feng ein, sich ein wenig im Garten umzusehen, während Hasenscharte Feng den Zweiten Onkel You bat, sich zu ihm hinein zu setzen.

»Wenn du Zeit hast, komm doch mal ein bißchen im Garten spazieren.«

»Wenn du Zeit hast, setz dich doch mal ein wenig zu mir in die Mühle.«

Daraufhin verabschiedete sich der Zweite Onkel You und verließ den Garten. Und Hasenscharte Feng fuhr wieder fort, seine Bangzi-Hölzer zu schlagen wie eh und je.

Im Herbst färbten sich die Blätter der Ulme gelb, die Borstenhirse auf der Mauer verdorrte, und mit jedem Tag wurde es eintöniger im Garten.

Dann begann auch das Fenster von Hasenscharte Feng wieder durchlässig zu werden. Denn das verwickelte Gurkengestrüpp begann nun auch zu verwelken, sich vom Fenstergitter zu lösen und schließlich ganz herabzufallen.

Nun konnte ich also, wenn ich mich im Garten aufhielt, Hasenscharte Feng sehen, und wenn ich mich am Fensterbrett hochzog, konnte ich das Eselchen beobachten, wie es den Mühlstein bewegte. Es hielt die Ohren steil aufgerichtet und trug eine Augenbinde. Nachdem es ein paar Schritte gegangen war, schnaubte es, und immer, wenn es den hinteren Lauf hob, hinkte es ein wenig. Wenn es anhielt, blieb es auf drei Beinen stehen.

Hasenscharte Feng hatte erzählt, daß ein Bein des kleinen Esels krank sei.

Nachdem das welke Laub der Gurkenranke vom Fenster abgefallen war, konnte man Hasenscharte Feng jeden Tag in seiner Mühle sehen.

Man konnte sehen, wie er Schnaps trank, wie er schlief, wie er die Bangzi-Hölzer aneinanderschlug, wie er die zweisaitige Huqin-Geige spielte, wie er Opernarien sang, wie er die Worfelschaufel schwenkte. Ich brauchte mich nur am

Fensterbrett hochzuziehen, schon konnte ich Hasenscharte Feng bei allem, was er tat, beobachten.

Sobald es Herbst wurde und die Zeit gekommen war, frischen Klebreis herzustellen, arbeitete Hasenscharte Feng drei Tage lang an der Getreidemühle, zwei Tage lang war er damit beschäftigt, Klebreiskuchen zu machen. Den gelben Klebreis bedeckte er mit einer Schicht gekochter roter Bohnen, das Ergebnis war ein goldgelb-leuchtendroter Kuchen. Ein Streifen kostete drei Kupferlinge, für zwei Kupferlinge bekam man ein kleineres Stück aus dem Kuchen herausgeschnitten. Wer braunen Zucker darauf gestreut haben wollte, bekam braunen, wer weißen wollte, bekam auch weißen, ohne daß er dafür extra bezahlen mußte.

Wenn Hasenscharte Feng seine Schubkarre die Straße entlangschob, sammelte sich hinter ihm eine große Horde Kinder, von denen die einen etwas kauften, die anderen nur herumstanden und zuschauten.

Großvater aß leidenschaftlich gern Klebreiskuchen, Mutter mochte ihn auch, aber ich war wohl am meisten darauf versessen. Mutter schickte mal den Koch, mal mich, ihn zu kaufen.

Die Anzahl der Kuchen war aber genau vorgeschrieben, jeder durfte nur ein handtellergroßes Stück essen, sonst hätte die Verdauung darunter gelitten.

Während Großvater seinen Kuchen aß, betonte er ständig, das genüge nun, das genüge, er fürchtete nämlich, ich würde zuviel essen. Auch Mutter sagte, wenn sie aufgegessen hatte, das reicht jetzt, auch sie hatte Angst, ich würde noch mehr kaufen wollen. Ich war ja auch durchaus der Meinung, daß ich noch lange nicht genug hätte, selbst wenn ich noch zwei Stücke äße, würde es noch nicht reichen! Da die öffentliche Meinung so deutlich gegen mich sprach, mußte ich mich wohl oder übel fügen, da konnte ich schlecht loszetern, ich wolle noch mehr kaufen gehen, obgleich ich, ehrlich gesagt, noch längst nicht satt war.

Wenn ich vor dem Haupttor unseres Anwesens spielte und Hasenscharte Feng mit seiner Schubkarre vorbeikam, schnitt er mir jedesmal ein Stück von seinem Klebreiskuchen ab und schenkte es mir, und ich nahm es an.

Sobald seine Rufe »Klebreiskuchen, Klebreiskuchen!« in unseren Hof drangen, wo ich gerade spielte, kletterte ich auf die Mauer. Die Jahre hatten nämlich an der Südwestecke unseres Anwesens die Hofmauer brüchig werden lassen und eine Ritze geschaffen, über die ich bis oben hinaufklettern konnte. Von dort aus blickte ich auf die Straße hinaus. Tatsächlich, da näherte sich Hasenscharte Feng mit seiner Karre. Als er bei mir angekommen war, fragte er:

»Willst du ein Stück?«

Ich sagte nicht ja und auch nicht nein. Aber ich verschwand auch nicht, sondern blieb, scheinbar gänzlich unbeteiligt, hocken, wo ich war.

Hasenscharte Feng hielt seine Schubkarre an, schnitt mir ein Stück vom Kuchen ab und reichte es mir herauf.

Wenn es Winter wurde, ging Hasenscharte Feng fast jeden Tag hinaus und verkaufte einen ganzen Topf Reiskuchen.

Für die Herstellung des Klebreiskuchens benötigte man einen sehr großen Topf. Drinnen kochte Wasser, darüber wurde ein Dämpfgestell aus Bambus gelegt. Das feingemahlene gelbe Reispulver wurde dann in den Bambusdämpfer gestreut, und darüber kam eine Schicht Bohnen. Feng die Hasenscharte arbeitete angestrengt in der Mühle, und bald füllte sich der Raum mit stickig-heißen Dämpfen. Wenn man eintrat, um Klebreiskuchen zu kaufen, hörte man zunächst nichts als das Knistern des Brennholzes, sehen konnte man niemanden.

Wenn man mich nach Klebreiskuchen schickte, ging ich schon immer ein wenig früher, bevor er fertig war. Dann wartete ich, bis er ganz frisch aus dem Topf kam, denn heiß schmeckte er am besten.

Die Kochdämpfe bildeten dichte Nebelschwaden in der

Mühle, man konnte wirklich nichts erkennen. Jedesmal, wenn ich die Tür aufstieß, sagte ich:

»Ich bin's.«

Und wenn Hasenscharte Feng meine Stimme hörte, sagte er:

»Komm hierher, komm hier herüber.«

2.

Einmal, als mich Mutter Klebreiskuchen kaufen schickte, trödelte ich ein klein wenig, so daß der Kuchen schon aus dem Topf herausgenommen worden war. Um so mehr beeilte ich mich jetzt, den Kauf zu tätigen und nach Hause zu laufen. Doch als ich dort ankam, stellte sich heraus, daß ich mich vertan hatte, Mutter hatte Kuchen mit weißem Zucker bestellt, und ich hatte Kuchen mit braunem Zucker gebracht. Beim Einkaufen hatte ich nicht darauf geachtet, und so wurde mein Fehler erst entdeckt, als ich schon im Haus war.

Ich hatte falsch eingekauft, also mußte ich wieder losrennen und alles umtauschen. Hasenscharte Feng schnitt mir ein paar neue Stücke ab, die er mit weißem Zucker bestreute. Ich nahm den Kuchen in Empfang und wollte gerade damit losgehen, als mein Blick auf den kleinen Kang von Hasenscharte Feng fiel, wo mit einemmal ein Vorhang hing.

Was sollte da ein Vorhang? Ich sauste hinüber, um einmal nachzuschauen.

Ich schob den Stoff zur Seite und schaute nach. Nanu! Da lag ja ein kleines Baby!

Dann rannte ich nach Hause und erzählte Großvater, daß auf dem Kang von Hasenscharte Feng eine wildfremde Frau schlief, und daß mit ihr in der Steppdecke auch noch ein kleines Kind lag, von dem nur das Köpfchen hervorschaute, ein Köpfchen, das ganz rot war!

Einen Moment lang war Großvater erstaunt, dann aber sagte er, ich solle schnell meinen Kuchen essen, ehe er kalt würde, denn dann schmecke er nicht mehr.

Aber wie konnte ich jetzt noch essen? Das war vielleicht aufregend, daß es jetzt in der Mühle nicht nur ein Eselchen, sondern auch ein kleines Kind gab.

An jenem frühen Morgen aß ich keinen Klebreiskuchen. Ich setzte meine Fellmütze wieder auf und rannte hinüber, um mir noch einmal das Baby anzusehen.

Hasenscharte Feng war jetzt nicht im Raum. Ich wußte nicht, wohin er gegangen war, vermutlich nicht Klebreiskuchen verkaufen, denn seine Schubkarre lehnte noch am Mühlstein.

Als ich eintrat, wehte der Luftzug den weißen Vorhang über dem Kang zur Seite, die Frau lag immer noch reglos da, und das Baby weinte überhaupt nicht. Ich sah mich prüfend überall um, aber es hatte sich im Raum nichts verändert, nur auf dem Mühlstein stand eine Messingschüssel, in der ein paar Stoffetzen eingeweicht waren. Das Wasser in der Schüssel war bereits gefroren. Sonst war alles wie immer.

Wenn es Winter wurde, wohnte auch das Eselchen in der Mühle, es stand jetzt da wie an jedem anderen Tag, brav und wacker und mit verbundenen Augen. Alles, was sonst noch zur Mühle gehörte, stand an seinem Platz, die Worfelmaschine, das Mehlsiebgerät, der Mühlstein, ja selbst die Ratten huschten zwischen den Mauerritzen hin und her, wobei sie quiekende Laute von sich gaben.

Nachdem ich mich eine Weile umgeschaut hatte und mir nichts einen Hinweis auf diese neue Entwicklung geben konnte, verlor ich das Interesse. Ich wandte mich gerade zum Gehen, als ich auf dem Rande des Kang einen Tonkrug entdeckte, in dem sich das gefrorene Wasser zu kleinen Eisklumpen staute. Da kam mir die Kälte zu Bewußtsein, die hier herrschte, und ich begann sogleich zu zittern und so zu frösteln, daß ich nicht mehr still stehen konnte. Bei näherem Hinschauen fiel mir auch das große Loch auf, das in dem Fensterladen des zum Garten hinausgehenden Fensters klaffte, und durch die Dachziegel schien der blaue Himmel.

Ich stieß die Tür auf und rannte hinaus, rannte, bis ich zu Hause war, wo der Ofen rot glühte und mir beim Eintreten die heiße Luft ins Gesicht schlug.

Ich wollte Großvater gerade fragen, wem das Kind in der Mühle gehörte, da kam Hasenscharte Feng herein.

An seiner Mütze mit den vier Klappen und seiner Art, erst einmal verlegen zu lachen, bevor er etwas sagte, konnte man ihn gleich erkennen.

Er trat ein und nahm neben Großvater in einem Lehnstuhl Platz, in dem Lehnstuhl mit dem dicken weichen, roten Kissen. Nun saß er dort, als ob er etwas zu sagen hätte, es gelang ihm aber nicht, mit der Sprache herauszurücken. Seine rechte Hand glitt unaufhörlich auf dem Kissen hin und her, mit der Linken zupfte er andauernd an seinem linken Ohr. Mit seinem unbeholfenen Lachen setzte er mehrmals zum Reden an, aber die Worte wollten nicht kommen.

Der Ofen in unserem Zimmer war viel zu stark geheizt, Hasenscharte Fengs Gesicht war davon ganz rot geworden. Schließlich sagte er:

»Ehrwürdiger Herr, ich möchte etwas mit Ihnen besprechen...«

Großvater fragte, was er denn mit ihm besprechen wolle?

Hasenscharte Feng rutschte auf seinem Stuhl herum, nahm seine Hundefellmütze vom Kopf und begann sie zwischen den Händen hin und her zu drehen. Wieder grinste er ein paarmal, doch blieb er stumm, dann sprach er schließlich den Satz:

»Ich habe eine Familie gegründet.«

Dabei traten ihm die Tränen in die Augen, und er bat:

»Können Sie mir nicht helfen, verehrter Herr, fürs erste

sind sie in der Mühle untergebracht. Sie haben ja sonst keine Bleibe.«

Als er bis hierher gekommen war, klammerte ich mich ganz schnell bei Großvater fest und sagte:

»Opa, in der Mühle ist es so kalt! Der Tonkrug auf dem Kang ist geplatzt vor Kälte.«

Großvater stieß mich zur Seite, als wolle er nachdenken. Aber ich ließ mich davon nicht beeindrucken:

»Auf dem Kang liegt ein kleines Baby!«

Großvater gestattete ihm, vorübergehend in die kleine Scheune im Südteil der Mühle zu ziehen.

Als Hasenscharte Feng das hörte, erhob er sich hastig und sagte: »Ergebensten Dank, ergebensten Dank.«

Während er sich bedankte, füllten sich seine Augen schon wieder mit Tränen. Dann setzte er seine Mütze auf, und immer noch weinend ging er hinaus.

Kaum hatte Hasenscharte Feng den Raum verlassen, da wandte sich Großvater zu mir.

»Es ist nicht richtig, wenn du dich in die Gespräche Erwachsener einmischst.«

Ich war damals nicht älter als fünf oder sechs und begriff nicht, was er meinte.

»Wieso darf ich nichts sagen?« fragte ich ihn, »wieso nicht?«

»Hast du denn nicht gesehen, wie Hasenscharte Feng die Tränen heruntergelaufen sind? Das war ihm sehr unangenehm.«

Ich überlegte, was ihm hätte unangenehm sein können, aber ich kam nicht darauf.

3.

Gegen Mittag wurde bei Hasenscharte Feng in der Mühle Krach geschlagen.

Hasenscharte Feng stand vollkommen stumm neben dem Mühlstein, während sein Chef, eine Pfeife in der Hand haltend, ihn offen beschimpfte. Die Frau des Chefs fluchte ebenfalls, dabei hämmerte sie wütend gegen die Worfelmaschine. »Wie soll das kein Unglück über unsere Mühle bringen, wenn so eine dreckige Schlampe hier haust!«

»Selbst das günstigste Schicksal und die beste Lage für ein Unternehmen können von so einem Frauenzimmer mit einem Schlag zunichte gemacht werden!«

»Hasenscharte Feng, wenn es ab jetzt mit dem Geschäft bergab geht, dann rechne ich mit dir ab. Was bist du bloß für ein Geschöpf, so was will ein Mensch sein? Du hast ja gar kein Gesicht mehr, denn wenn du noch eins hättest, dann würdest du es nicht in aller Öffentlichkeit mit so einer Hure treiben, vor aller Augen ... Scher dich bloß zum Teufel ...«

Hasenscharte Feng wandte ein:

»Ich wollte ihnen ja gerade sagen, daß sie woanders hinziehen sollen, sie ziehen schon um ...«

»Die sollen umziehen? Die? Was gehen mich diese Drecksdinger an, ist mir egal. Du bist derjenige, der sich zum Teufel scheren soll, bevor du uns noch alle in den Ruin stürzt ...« Die Chefin hielt kurz inne, weil ihr Blick auf den Kang gefallen war.

»Auch das noch! Dein Flittchen deckt sich auch noch mit unseren Mehlsäcken zu! Gib mir die sofort herunter. Ich sag dir, Hasenscharte, du stürzt uns alle noch ins Unglück, alle ins Unglück ...«

Das Neugeborene lag unter den prall gefüllten Mehlsäkken und schlief. Es war mit vier oder fünf solcher Säcke bedeckt, die schwer auf dem kleinen Gesicht lasteten.

Die Frau des Chefs stand davor und zeterte:

»Hol mir die Säcke herunter, her damit, nun mach schon!«

Hasenscharte Feng nahm die Mehlsäcke vom Kang. Im Nu waren die kleinen roten Händchen des Babys entblößt, die sich entfalteten, zu Fäusten ballten, wieder entfalteten und wieder zusammenkrampften, bis es schließlich zu schreien begann.

Als es losschrie, strömte weißer Dampf von seinen Lippen.

Die Chefin nahm die Säcke entgegen und sagte:

»Ich soll mich wohl hier zu Tode frieren. Sieh zu, daß du hier ausziehst, ich hab keine Zeit, mich mit dir herumzustreiten ...«

Sprach's, stieß die Tür auf und stampfte mit eingezogenen Schultern ins Obergeschoß hinauf.

Als Mühlenbesitzer war der Vierte Wang auch Hasenscharte Fengs Vermieter. Er bat Großvater auf eine Schale Tee in den ersten Stock.

Wir nahmen im Obergeschoß auf dem Kang Platz. Im Kohlebecken brannte heiße Glut, und wir konnten hören, wie unten in der Mühle das Baby schrie.

Großvater fragte mich, ob meine Hände schon warm geworden seien? Ich sagte, noch nicht.

»Wenn sie warm sind, gehen wir nach Hause«, sagte Großvater.

Als wir den Vierten Wang verließen, sagte ich, daß ich noch einmal in die Mühle schauen wolle. Großvater meinte aber, da gäbe es nichts zu sehen, erst einmal sollte ich mich zu Hause aufwärmen, dann dürfte ich vielleicht noch einmal gehen.

In der Mühle gab es kein Thermometer, zu Hause besaßen wir eins. »Was glaubst du, Opa, wieviel Grad es in der Mühle hat?«

Er sagte:

»Wie soll ich das ohne Thermometer wissen?«

»Jedenfalls wieviel unter Null?«

Großvater beschaute die Färbung des Himmels und sagte dann:

»Sieben oder acht Grad unter Null.«

Darüber freute ich mich. »Hei, ganz schön kalt! Ist das nicht genauso kalt wie draußen?«

Ich hüpfte los und begann, in Richtung Haus zu rennen, am Brunnen vorbei, am Wassertrog neben dem Brunnen, an der großen Steinwalze am Brunnen vorbei, am großen Glasfenster im Haus des Alten Zhou, am hohen Schornstein unseres Hauses – ich sauste an ihnen vorbei, und es schien mir, als bewegten sie sich rückwärts. Ich rannte immer schneller, und es kam mir vor, als sei nicht ich es, die liefe, sondern die Häuser und Schornsteine. Ich steigerte mich so sehr in meinen Laufrausch hinein, daß ich so schnell rannte wie der Wind.

Ich dachte, wenn in der Mühle Minusgrade herrschten, war das nicht genauso kalt wie draußen unter freiem Himmel? Das war wirklich komisch, im Haus war es gleich kalt wie draußen. Je mehr ich darüber nachdachte, desto komischer fand ich es, es machte mich richtig vergnügt.

Schließlich kam ich lachend und schreiend zu Hause angerannt.

4.

Am Nachmittag brachte Hasenscharte Feng das Baby in den Heuschuppen, der zum Südteil der Mühle gehörte.

Das Kind schrie sehr laut, gar nicht, als sei es eben erst zur Welt gekommen, sondern als sei es schon herangewachsen. In dem Heuschuppen herrschte soviel Lärm, daß ich einfach noch einmal hinüberlaufen mußte.

Diesmal war die Frau wach, sie saß aufgerichtet, in eine

Decke gehüllt, da. Ihr langer dicker Zopf hing ihr bis über den Rücken herab, über das Futter der Decke, das nach außen gekehrt war. Sie saß auf einem Strohballen, ich konnte aber nicht sehen, was sie dort machte. Als sie die Tür gehen hörte, wandte sie mir ihr Gesicht zu. Jetzt erkannte ich sie auch, das war ja die älteste Tochter des Alten Wang, und sie lebte auf unserem Anwesen. Wir nannten sie alle Große Schwester Wang.

Nanu, das war ja merkwürdig – sie war das? Fast erschreckte mich das ein wenig, als sie sich zu mir umdrehte.

Darum wollte ich gleich nach Hause laufen, so schnell wie möglich Großvater Bericht erstatten und ihn fragen, was hier eigentlich geschah.

Doch bevor ich weglaufen konnte, hatte sie mich erkannt und lachte mich freundlich an. Sie hatte ein sehr großes Gesicht und eine spitze Nase, und wenn sie lachte, kräuselten sich lauter Falten auf ihrem Nasenrücken. Sie lachte heute wie an jedem anderen Tag – ihre Nase war voller Fältchen.

Häufig kam sie mit einem Körbchen zu uns in den Garten, um sich von dem Gemüse, das wir daheim nicht mehr schafften, einiges mitzunehmen, sie schnitt Auberginen, Gurken und alles, was sonst noch so übrig war. Sie redete gern, und man hörte sie andauernd lachen mit ihrer lauten und klaren Stimme. Wenn sie jemanden traf und ihm die übliche Frage »Hast du schon gegessen?« stellte, dann konnte man sie so laut hören wie das Geschnatter der Elstern, das vom Dach zu uns herunterdrang.

Ihr Vater war Kutscher. Wenn sie das Pferd am Brunnen tränkte, dann ging das Wasserschöpfen schneller als bei ihrem Vater, zwei-, dreimal die Kurbel gedreht, und schon hatte sie ihren Eimer voll. Wer sie so sah, meinte:

»Das Mädchen ist so fähig, die bringt so ein Familienunternehmen mal ein ganzes Stück weiter!«

Wenn sie ihr Körbchen voll hatte, schnitt sie sich, bevor

sie ging, meistens noch eine Läusekrautblüte ab, die sie sich ins Haar steckte. Ihr Zopf war so fest geflochten, daß er glänzte. Mit einem roten Band am Zopfansatz und einem grünen an der Spitze wirkte ihr Haar so frisch und schmuck, dazu noch die Blume, die an der Schläfe steckte – das war ein hübscher Anblick. Und während sie so mit ihrem Körbchen davonging, priesen die Leute, die ihr hinterhersahen, ihre Vorzüge in den höchsten Tönen.

Unser Koch erwähnte anerkennend die Vorteile ihres großen Kopfes und der großen Augen.

Der Zweite Onkel You hob die glückverheißende Ausstrahlung ihrer kräftigen Schultern und der runden Hüften hervor.

Mutter sagte:

»Schade, daß ich keinen erwachsenen Sohn habe, dann würde ich sie für ihn wählen, dieses Mädchen hat wirklich eine helle Stimme.«

Die Dritte Oma Zhou von unserem Hof meinte auch:

»Ja, ja, das Mädchen ist wahrlich eine Sonnenblume, hoch und kräftig gewachsen. Wirst wohl schon achtzehn oder neunzehn werden dieses Jahr?« Dritte Oma Zhou fragte die Große Schwester Wang jedesmal, wenn sie sie traf, ob sie schon achtzehn oder neunzehn sei. Sie hatte sie schon wer weiß wie oft gefragt, ganz als verspüre sie bei ihrem Anblick einen inneren Zwang, diese Frage zu stellen, ganz als hätte sie das Gefühl, erst mit ihr gesprochen zu haben, wenn sie sich nach ihrem Alter erkundigte.

Regelmäßig gab die Große Schwester Wang zur Antwort:

»Ich bin zwanzig.«

»Zwanzig, na, dann wird es aber Zeit für den Heiratsvermittler.«

Oder aber es hieß: »Na, dann wollen wir doch mal sehen, welche Familie dereinst so ein Glück hat, da wollen wir mal schauen, mal schauen.«

Die alte Frau Yang von der anderen Seite des Anwesens

lehnte sich über die Hofmauer und sagte, sobald sie die Große Schwester Wang erblickte:

»Das Mädchen hat so eine gesunde Gesichtsfarbe, rot wie ein glühendes Kohlebecken.«

Als die Große Schwester Wang mich jetzt anlachte, kräuselte sich ihre Nase wie eh und je. Jedoch war ihr Gesicht etwas magerer geworden, und sie sah viel blasser aus als sonst. Sie hielt das Baby im Arm. Ich schaute sie ein Weilchen an, und sowohl ihr als auch mir war die Situation unangenehm. Mein Unbehagen rührte daher, daß ich sie so lange nicht mehr gesehen hatte, und ihr ging es vielleicht ähnlich. Am liebsten wäre ich nach Hause gelaufen, aber gleich wieder loszugehen, das wäre auch wieder unhöflich gewesen. Also beschloß ich, noch ein bißchen zu bleiben, aber mir fiel nichts ein, was ich hätte sagen können.

Also stand ich eine Zeitlang schweigend in der Tür und sah ihr zu, wie sie das Baby mit Stroh zudeckte und auf den Kang legte. Dabei konnte man nicht erkennen, wo der Kang anfing und wo er aufhörte, denn alles war ein einziges Durcheinander aus Stroh; auf der Erde lag Stroh, auf dem Kang lag Stroh, die Ballen türmten sich bis zur Decke. Der Kang war ohnehin schon ziemlich klein, nun war er unter dem vielen Stroh verschwunden. Das Kindchen kuschelte sich in eine Höhle aus Stroh; auf einem Bett aus Stroh liegend, mit einer Decke aus Stroh zugedeckt, lag es dort und schlief.

Je länger ich mir das ansah, desto besser gefiel es mir, das war ja so, als schliefe das Baby in einem Elsternnest.

Als es Abend wurde, erzählte ich Großvater von Anfang bis Ende, was ich im Heuschuppen gesehen hatte.

Großvater sagte dazu gar nichts.

Trotzdem kam es mir so vor, als wüßte er besser über die Sache Bescheid als ich. Ich sagte:

»Das Kind liegt unter einer Decke aus Stroh!«

»Hm«, sagte Großvater.

»War das nicht die Große Schwester Wang?« fragte ich.

»Hm«, sagte er.

Warum war Großvater gar nicht besonders interessiert, warum hörte er nicht einmal richtig zu?

Erst als dann am späten Abend die ganze Familie beim Schein der Petroleumlampe zusammensaß, kam Schwung in die Sache. Da wurde die Angelegenheit lang und breit diskutiert. Einer sagte, die Große Schwester Wang sei dies, ein anderer meinte, sie sei jenes. Der Worte fielen etliche, und die Meinungsäußerungen wollten kein Ende nehmen. Einigkeit bestand darüber, daß die Große Schwester Wang auf die eine oder andere Weise schlecht sei, und jeder hatte es von Anfang an gewußt. Schon ihr lautes Organ verhieße ja nichts Gutes. Welche Familie wollte sich eine Schwiegertochter ins Haus holen, die so einen Radau machte?

Der Zweite Onkel You meinte:

»Was sind das nur für jenne Zeiten, wenn sich ein anständiges Mädchen in einen Müller verguckt.«

Und der Koch:

»Ein Mann muß kräftig sein, eine Frau dagegen zart. Wo gibt's denn so was, daß ein Mädchen wie ein Lastenträger aussieht.«

Onkel You fügte hinzu:

»Sehr richtig! Der Alte Herr gleicht einem alten Mann, die Göttin der vielen Kinder gleicht einer Dame. Hast du nicht auch am 18. des Vierten Monats den Tempelrundgang gemacht? Der Alte Herr blickt in seinem Tempel ehrfurchtgebietend nach allen Seiten, während die Göttin in ihrem Tempel sanfte Zärtlichkeit ausstrahlt.«

Der Koch versetzte:

»Hat man so was schon gesehen, daß ein Mädchen besser Wasser schöpfen kann als ein ausgewachsener Mann, so eine ungeheure Körperkraft, das ist doch nicht normal bei einer Frau.«

»Um die ist es geschehen«, sagte der Zweite Onkel You,

»der steckt die Armut in den Knochen, und anstatt sich in einen zu vergucken, der sich in Samt und Seide kleidet, läßt sie sich mit einem lumpigen Müller ein. Es ist eben so, wie es im Sprichwort heißt, gleich zu gleich gesellt sich gern.«

Am nächsten Tag war die gesamte Nachbarschaft darüber informiert, daß die Große Schwester Wang ein Kind bekommen hatte.

Dritte Oma Zhou kam in unser Haus geeilt, um Näheres zu erfahren. Mutter teilte ihr mit, daß die Große Schwester Wang im Heuschuppen wohne, Dritte Oma Zhou solle doch selbst einmal hinüberschauen.

»Oje, oje! Woher soll ich die Zeit nehmen, mir derartige Verhältnisse auch noch anzusehen?«

Auch die alte Frau Yang vom westlichen Teil unseres Anwesens kam vorbei, nachdem sie Wind von der Sache bekommen hatte. Sie trug ein steif gestärktes, frisch glänzendes blaues Baumwollgewand, eine silberne Haarnadel und einen Fingerring mit einer Kupfer-Nickel-Legierung.

Als sie eintrat, berichtete ihr Mutter sogleich, daß Hasenscharte Feng einen Sohn bekommen habe. Hastig versicherte Frau Yang:

»Ich bin beileibe nicht gekommen, um mir irgendeinen Familientratsch anzuhören. Ich wollte mich nur eben einmal erkundigen, ob die Bank ›Zur allgemeinen Harmonie‹ ihre Zinsen nun erhöht hat, oder ob sie bei acht Prozent geblieben ist? Gestern bekam ich nämlich einen Brief aus Xihuang von meinem Zweiten, er schreibt, daß sein Schwiegervater für einen Verwandten einige zehntausend Käsch aufnehmen will.«

Mit diesen Worten nahm sie würdevoll Platz.

Bei uns war es so stark geheizt, daß Frau Yang gleich beim Betreten des Zimmers ein glühend rotes Gesicht bekam. Mutter beeilte sich, die nach Norden hinausgehende Lüftungsklappe zu öffnen. Sofort drang durch das Fenster das Geschrei des Babys aus dem Heuschuppen herein, es war ein schrecklich lautes Gebrüll.

»Hören Sie doch«, sagte Mutter, »das ist der Sohn von Hasenscharte Feng.«

»Ach ja? Das habe ich doch gleich auf den ersten Blick erkannt, daß diese Große Schwester Wang nichts taugt, ich habe schon immer gesagt, von der haben wir nichts Gutes zu erwarten.«

Und sie fuhr fort: »Als die Große Schwester Wang die letzten Tage über plötzlich verschwunden war, habe ich ihre Mutter gefragt: ›Wo ist denn eure älteste Tochter hin?‹ Sie hat mir geantwortet: ›Sie ist ihre Oma besuchen gegangen‹. Als sie dann aber ewig nicht zurückkam, habe ich mir schon meinen Teil gedacht.«

Mutter sagte: »Die Große Schwester Wang hat im Sommer immerzu geweint, ganz rote Augen hatte sie. Ihre Mutter erzählte damals auch, wie launisch sie geworden sei, ständig suche sie Streit mit ihr.«

Frau Yang zuckte die Achseln. »Launisch, und was für ein Temperament. Jetzt hat sie ihr Gesicht verloren, das hat sie nun von ihrem Temperament. Dieses Mädchen ist ein ganz verkommenes Stück, sehen Sie sich nur ihre Augen an, wie groß die sind! Ich hab's ja schon immer gesagt, mit dem Mädchen nimmt es mal kein gutes Ende.« Dann flüsterte sie Mutter etwas ins Ohr, und kichernd und schwatzend ging sie hinaus.

Den ursprünglichen Anlaß ihres Besuchs bei uns hatte sie anscheinend ganz vergessen. Sie war ja eigentlich wegen des Zinssatzes der Bank »Zur allgemeinen Harmonie« gekommen, aber davon war dann überhaupt nicht mehr die Rede gewesen.

Die alte Frau Yang, Dritte Oma Zhou und auch die Bewohner der Nudelfabrik waren der einhelligen Meinung, daß die Große Schwester Wang nichts tauge. Die Augen der Großen Schwester Wang verhießen nichts Gutes, die Große

Schwester Wang sei zu launisch und sie trüge ihren Zopf viel zu lang.

5.

In dem Maße, wie die Geschichte die Runde machte, wurden von allen Bewohnern unseres Anwesens Theorien über die Große Schwester Wang aufgestellt und Gerüchte über sie verbreitet. Einige führten sogar Tagebuch über sie.

Die Gerüchteverbreiter erzählten, daß sie bei ihrer Großmutter* aufgewachsen sei und von klein auf Umgang mit Jungen gehabt habe, so daß man bei ihr bald nicht mehr habe sagen können, ob sie überhaupt ein Junge oder ein Mädchen sei. Eines Tages, so behaupteten sie, habe sie dann mit einem glühenden Schürhaken auf ihren Cousin eingeschlagen und ihn verletzt. An einem anderen Tag, als gerade ein Sturm tobte, habe sie ihrer Großmutter über zwanzig Enteneier gestohlen und auf einen Schlag verschlungen. Oder wie sie bei einer anderen Gelegenheit im Bach nach Wasserkastanien gesucht habe und, da sie nicht besonders fündig geworden war, die Wasserkastanien eines anderen in ihr eigenes Körbchen gelegt und behauptet habe, es seien ihre eigenen. Sie besäße ein so tyrannisches Wesen, daß sich niemand mit ihr anlegen wolle, denn wenn es zu einem Streit käme, dann hätte sie Flüche und Schläge schneller parat, als einem lieb wäre.

Die Gerüchteverbreiter erzählten diese Begebenheiten, als seien sie selbst dabeigewesen. Einer berichtete, daß die Große Schwester Wang am Vorabend zu Neujahr einmal einen Streit mit ihrer Großmutter anfing, weil jene ihr ein Stückchen Fleisch zu wenig gegeben hatte, und daß sie daraufhin gleich nach Hause zu ihren Eltern gelaufen sei.

* Im Original: Großmutter mütterlicherseits, also in einem anderen als dem Elternhaushalt.

»Daran kann man ja wohl sehen, wie gefräßig sie ist.«

Das fanden alle Umstehenden so komisch, daß sie herzlich lachen mußten.

Die Gerüchteerzähler hatten in der Tat eine Menge Material zusammengetragen.

Nach dem Tod der Kindbraut war über lange Zeit hinweg Ruhe in den Hof eingekehrt. Nun konnte man zwar auch nicht behaupten, daß es jetzt mächtig hoch her ging, doch zumindest konnte sich jeder daran beteiligen, lautstark und in aller Ausführlichkeit seine Meinung zu dem neuen Fall zu äußern. Obwohl weder Schamaninnen tanzten noch Trommelwirbel ertönten, war die Geschichte doch wie geschaffen dafür, ein bißchen Freude in die Herzen der Menschen zu tragen.

Die sich besonders im Tratschen, Augenaufreißen und im Verbreiten von Neuigkeiten hervortaten, scheuten keinerlei Mühen. In tiefer Nacht und dichtem Schneegestöber standen sie tapfer, in Fellmützen und Filzstiefel verpackt, vor dem Fenster von Hasenscharte Feng und hielten Wache, in der Hoffnung, irgend etwas aufzuschnappen. Diese Neuigkeits mochte noch so winzig sein, eine allerkleinste Nachricht, doch hatte sich damit das Ausharren in der Kälte schon gelohnt, diente sie doch als Propagandastoff für den folgenden Tag.

So kam es, daß in den ersten Tagen ständig eine ganze Reihe von Kundschaftern vor Hasenscharte Fengs Fenster stand. Diese Kundschafter hatten in den meisten Fällen keine Erziehung genossen. Ihre große Begabung und Leidenschaft lag darin, Gerüchte in Umlauf zu setzen.

Unser Koch zum Beispiel meldete einmal, nachdem auch er Wache geschoben hatte:

»In dem Schuppen ist es bitter kalt! Von allen Seiten bläst der Wind herein, das Kind gibt keinen Laut mehr von sich, wahrscheinlich ist es erfroren, los, beeilt euch, dann bekommt ihr noch was davon mit!«

Er gestikulierte wild und wirkte ungemein aufgekratzt. Wenig später setzte er schon wieder seine Mütze aus Hundefell auf und machte sich erneut auf den Weg. Diesmal lautete sein Bericht:

»Scheiße, es ist gar nicht tot, das Baby ist immer noch nicht erfroren! Es wird gerade gestillt.«

Der Schauplatz des Geschehens war nicht mehr als fünfzig Schritt von unserem Haus entfernt, doch bis die Gerüchtemacher bei uns angekommen waren, hatte sich der ursprüngliche Informationsgehalt um ein Vielfaches aufgebläht.

Jemand sah auf Hasenscharte Fengs Kang eine Schnur liegen, schon verbreitete er das Gerücht, Hasenscharte Feng wolle sich aufhängen. Der Ansporn, der durch den Aspekt des Aufhängens entstand, war nicht zu unterschätzen, er weckte die letzten Kraftreserven in den Menschen. Frauen zogen sich die Kapuzen über den Kopf, Männer stiegen in ihre Filzstiefel; unüberschaubar war die Zahl derjenigen, die das sehen wollten und Anstalten trafen, um dabeizusein.

Die Familie des Alten Yang vom Westteil des Hofes bestand aus über dreißig Mitgliedern, die Kinder nicht mitgerechnet. Würde man sie mit einbeziehen, käme man auf vierzig. Sagen wir also der Einfachheit halber mal dreißig Menschen, wären die alle gekommen, um zuzuschauen, wie Hasenscharte Feng sich erhängte, hätten sie mit ihrem Gedränge unweigerlich den Heuschuppen zum Einsturz gebracht. Nehmen wir einmal an, die Alten und Gebrechlichen des Yang-Klans wären nicht mehr in der Lage gewesen, mitzugehen, und berechnen wir nur ein absolutes Minimum von zehn Personen. Dann kämen zusammen zehn Yangs vom Westteil des Hofes, drei Personen von der Familie des Alten Zhou, die unseren Teil des Hofes bewohnten – Dritte Oma Zhou, Vierte Tante Zhou und Alte Tante Zhou, wobei man noch das Baby einkalkulieren müßte, das die Vierte Tante Zhou im Arm trägt, sowie das Kind, das die

Alte Tante Zhou an der Hand führt (eine Angewohnheit, von der beide nicht lassen können), so daß von den drei Generationen der Zhou-Familie, jung und alt zusammengerechnet, eine fünfköpfige Gruppe anträte.

Außerdem gab es ja noch die Nudelfabrikanten, die Heizer und die kleinen Lieferanten von Getreide und dergleichen, die einen Teil der Mühle bewohnten und die zwischenzeitlich zu einer gewaltigen Menge angewachsen waren. Insgesamt kamen allein von unserem Wohnhof an die zwanzig, dreißig Menschen zusammen, die dem aufregenden Geschehen gern beigewohnt hätten. Ferner durfte man nicht die Besucher aus den anliegenden Straßen vergessen, die sich das bevorstehende Ereignis nicht entgehen lassen wollten.

Warum sollte ein gesunder Mensch sich aufhängen wollen, ein lebendiger Mensch des Lebens überdrüssig sein und ihm mit einem Strick ein Ende machen wollen? Schnell, schnell, lauft alle hin, das ist eine Sache, die einfach grenzenlose Unterhaltung bietet.

Allein schon das Vergnügen, die Augen aufreißen zu können, ohne, wie im Zirkus, dafür zu zahlen und Eintrittskarten kaufen zu müssen!

Das erklärt, warum sich in der Stadt Hulan, sobald jemand in den Brunnen oder in den Fluß sprang oder sich erhängte, immer eine gewaltige Menge von Schaulustigen versammelte. Ich weiß nicht, ob es sich in anderen Teilen Chinas ebenso verhält, in meiner Heimatstadt war es jedenfalls so.

Wenn man eine Frau aus dem Wasser fischte, die sich im Fluß ertränkt hatte, dann hielt man nicht gleich eine Trauerfeier ab und beerdigte sie. Man ließ sie vielmehr ein, zwei Tage an Ort und Stelle liegen, damit die Öffentlichkeit sie besichtigen konnte. Genauso verfuhr man mit einer Frau, die sich in den Brunnen geworfen hatte. Auch sie wurde nicht gleich bestattet, sondern wie bei einer Ausstellung einheimischer Produkte der allgemeinen Begutachtung preisgegeben. Da herrschte ein reges Kommen und Gehen.

In Wirklichkeit war das ja kein schöner Anblick. Hätte Hasenscharte Feng sich erhängt, wie schrecklich hätte das doch ausgesehen!

Es gab einige zart besaitete Frauen, die fast fünf Nächte hintereinander nicht schlafen konnten, wenn sie so eine Wasserleiche gesehen hatten. Aber gleich beim nächstenmal, wenn wieder so eine arme Seele ihr Leben gelassen hatte, dann machten sich diese Frauen wie ehedem auf den Weg, um zu schauen. Danach hatten sie ständig diesen entsetzlichen Anblick vor Augen, konnten weder ruhig schlafen, noch schmeckte ihnen das Essen. Aber einfach nicht hinzugehen, wäre ein Ding der Unmöglichkeit gewesen. Und selbst beim drittenmal konnten sie nicht widerstehen. Doch um die Angst, die sich anschließend einstellte, ein wenig abzuschwächen, erstanden sie hinterher ein Bündel Papiergeld und ein Räucherstäbchen, die sie auf der großen Kreuzung entzündeten. Und zu jeder Hauptstraße hin, in alle vier Himmelsrichtungen einen Kotau entrichtend, murmelten sie: »Böse Geister, umherirrende Dämonen, kehrt nicht in meinen Körper ein, dieses Geld und dieser Weihrauch sind eigens für euch bestimmt.«

Es gab auch den Fall eines jungen Mädchens, das beim Anblick eines Erhängten zu Tode erschrak. Außerdem soll dies nicht nur bei einem Erhängten geschehen sein, sondern auch bei einer Brunnenleiche. Der große Schock bewirkte bei der Frau eine Krankheit, die kein Arzt und keine Medizin zu heilen vermochte, so daß die Schaulustige später selber starb.

Aber die Leute wollten sich trotzdem nichts entgehen lassen, wobei die Männer durch besonders große Tapferkeit hervortraten. Unter den Frauen gab es viel mehr ängstliche Wesen, die erst all ihren Mut zusammenraffen mußten, wenn sie sich das tragische Ereignis ansehen gingen.

Es gab auch Kinder, die von den Frauen mitgebracht wurden, Kinder, noch gar nicht zu richtigen Menschen erwachsen, die die Mütter mitnahmen, um sie in dieser aufregenden Welt frühzeitig auf diese Dinge vorzubereiten, damit sie später einmal nicht allzusehr abseits stünden, wenn es um Selbstmord durch einen Sprung in den Brunnen oder durch Erhängen ging.

Einer von den Kundschaftern hatte herausbekommen, daß Hasenscharte Feng auf der Straße ein großes Küchenmesser erstanden hatte, daraufhin wurde weit und breit verkündet, Hasenscharte Feng wolle sich die Kehle durchschneiden.

6.

Hasenscharte Feng hängte sich nicht auf, er schnitt sich auch nicht die Kehle durch. Er blieb gesund und munter und lebte weiter.

Ein Jahr verging, und sein Kind wuchs heran.

Kurz vor Neujahr wurde bei uns geschlachtet, und Hasenscharte Feng kam wie jedes Jahr, um dabei zu helfen. Er half beim Häuten der Schweine. Wenn es Abend wurde, er gegessen und seinen Schnaps getrunken hatte und sich auf den Heimweg machen wollte, hielt Großvater ihn an, noch ein paar Jiaozi mitzunehmen. Die steckte er in seine Tasche und ging.

Die Leute machten sich über Hasenscharte Feng lustig, sie spotteten:

»Hasenscharte Feng hat jetzt einen jungen Herrn bekommen.«

Hasenscharte Feng brachte uns immer eine Kleinigkeit mit, die er zubereitet hatte, einmal ein Stückchen Tofu, das er aus einem halben Scheffel Sojabohnen gemacht hatte, einmal einen klebrigen Hirsekuchen aus zwei Scheffeln in Sojasauce gekochter roter Hirse. Großvater lud ihn immer ein, bei uns zu essen, und wenn er so bei uns am Eßtisch saß, sagte der Koch vor versammelter Mannschaft:

»Iß mal lieber zwei Mantou weniger, Hasenscharte Feng, die nimmst du mit nach Haus und gibst sie dem jungen Herrn.«

Derlei Worte konnten Hasenscharte Feng nicht im geringsten aus der Fassung bringen, er merkte nicht einmal, daß er auf den Arm genommen wurde. Würdevoll entgegnete er:

»Er hat daheim zu essen, er bekommt daheim sein Essen.«

Nach dem Essen sagte Großvater trotzdem:

»Steck doch noch ein paar ein.« Dann nahm sich Hasenscharte Feng einige Mantou, doch wohin damit? Für die Hüfttasche waren sie zu heiß, und im Ärmel könnten sie verlorengehen. Schließlich schlug der Koch vor:

»Tu sie doch ins Innenfutter deiner Mütze!« Und so kam es, daß Hasenscharte Feng mit Mantou in seiner Mütze nach Hause ging.

Wurde in der Nachbarschaft eine Hochzeits- oder Trauerfeier veranstaltet und auch Hasenscharte Feng zum Festessen geladen, dann sagte bestimmt irgend jemand, sobald man die Fleischklößchen auftrug:

»Hasenscharte Feng, die Klößchen darfst du aber nicht essen, du hast doch einen jungen Herrn zu Hause, nicht wahr?«

Sprach's und entfernte mit seinen Stäbchen von Hasenscharte Fengs Portion die zwei ihm zustehenden Fleischklößchen und legte sie auf einen kleinen Nebenteller. Kam das in Sojasauce gesottene Schweinefleisch, wurde ebenso verfahren, und nicht anders bei den Trockenfrüchten und Nüssen.

Hasenscharte Feng empfand bei alledem nicht die geringste Peinlichkeit. Wenn das Bankett sich auflöste, wickelte er das Essen in sein Taschentuch und nahm es für seinen Sohn mit nach Hause.

7.

Sein Sohn war wie alle anderen Kinder auch. Mit sieben Monaten bekam er Zähne, mit acht Monaten konnte er krabbeln, mit einem Jahr laufen und mit zwei Jahren rennen.

Im Sommer lief er splitternackt herum. Er trug lediglich ein buntes Schürzchen, während er in einer Pfütze vor der Tür versuchte, kleine Frösche zu fangen. Seine Mutter, die ebenfalls vor der Tür saß, bestickte ein neues Leibchen für ihn. Sein Vater war in der Mühle und schlug die Bangzi-Hölzer, dabei schaute er dem Eselchen zu, das den Mühlstein bewegte.

8.

Nach zwei Jahren sollte Hasenscharte Fengs zweites Kind geboren werden. Hasenscharte Feng war außer sich vor Freude, er hörte überhaupt nicht mehr auf zu strahlen. Wenn er draußen unterwegs war, fragten ihn die Leute:

»Na, Hasenscharte Feng, ob es wohl wieder ein Sohn wird?«

Dann lachte er nur und versuchte, seine Begeisterung nicht zu sehr zu zeigen.

Wenn er im Hause seine Frau eine schwere Schüssel tragen sah, fiel er ihr in den Arm:

»Was tust du denn da, das ist meine Sache!«

Und wenn sie ein Bündel Brennholz schleppte, dann hieß es genauso: »Laß mich das machen!«

Dennoch wurde die Große Schwester Wang mit jedem Tag schmaler, mit jedem Tag blasser, ihre Augen wurden noch größer, ihre Nase wurde noch spitzer als zuvor. Hasenscharte Feng meinte, sie müsse mehr Eier essen, dann würde es ihr auch mit der Zeit wieder besser gehen.

Seine Familie war glücklich in der Erwartung des freudigen Ereignisses. So brachte Hasenscharte Feng einen Vorhang vor dem Fenster an. Den weißen Stoff dafür hatte er im Laden gekauft. Das war das erste Mal seit annähernd fünf Jahren, daß Hasenscharte Fengs Fenster eine Gardine bekam. Er kaufte auch zwei Pfund Baumwollfutter, ein paar Meter bedruckten Kattun und zwanzig bis dreißig Hühnereier bester Qualität.

Hasenscharte Feng betrieb nach wie vor die Mühle, während Große Schwester Wang winzige Kleidchen aus Kattunstoff zuschnitt. Die zwanzig, dreißig Hühnereier lagen in einem Körbchen, das am Zimmerbalken hing. Sobald jemand die Tür oder das Fenster öffnete, fing das Körbchen dort oben zu schaukeln an.

Kam ein Straßenhändler mit Eiern an die Tür, sagte Hasenscharte Feng:

»Du bist immer noch nicht richtig gesund, ich glaube, du mußt mehr Eier essen.« Hasenscharte Feng wollte immer noch ein paar Eier dazukaufen, und seine Frau wollte es nicht zulassen. Dann sagte er:

»Von der Geburt unseres Kindes hat sich dein Körper bis heute nicht richtig erholt. Was ist schon dabei, wenn du ein paar Eier mehr ißt! Ich verkaufe einfach ein bißchen mehr Klebreiskuchen, und damit haben wir die Eier wieder reingeholt.«

Wenn Großvater bei ihm hineinschaute, war es das erste, was Hasenscharte Feng ihm erzählte. Er sagte:

»Sie ist einfach zu sparsam. Sie verbrennt nicht einen Strohhalm mehr, als wir am Tag benötigen. Dabei bekommt sie ein Kind und will nicht einmal ein paar Eier mehr essen. Warten Sie's ab, die macht noch was aus unserer Familie...«

Es war ihm anzumerken, wie stolz er auf sie war.

9.

Der Siebte Monat war vergangen, und mit dem Achten kamen die Krähen.

In Wirklichkeit waren sie schon im Siebten Monat gekommen, nur waren es nicht so viele gewesen.

Die Abendröte des Siebten Monats tauchte den Himmel in ein flammendes Rot und brachte die merkwürdigsten Gestalten hervor: einen Tiger, einen großen Löwen, einen Pferdekopf und eine Hundeschar. Diese Wolkenfärbungen verschwanden, sobald der Achte Monat eintraf. Jenes tiefe Rot, das den ganzen Himmel ausfüllte, jenes Goldgelb, jenes Purpur, jenes Zinnober, sie alle miteinander verschwanden, zeigten sich weder in der frühen Morgendämmerung noch in der Abenddämmerung. Sie waren ein für allemal fort, und man würde sie in diesem Jahr nicht mehr zu sehen bekommen.

Der Himmel des Achten Monats bot ein Bild der Stille und des Friedens. Er war vollkommen nackt und wolkenlos; keine schwarzen Juliwolken, keine roten Augustwolken hingen an ihm. Sobald der September kam, gab es keinen Regen mehr und keinen Wind. Tagsüber war da eine große gelbe Sonne, des Nachts ein schneeweißer Mond.

Es wurde auch ein bißchen kälter, und die Leute begannen, gefütterte Kleidung anzuziehen. Nach dem Abendessen schlenderte man vor die Tür, um die Kühle des Abends zu genießen. Im Hof wurde es wieder viel einsamer und verlassener.

Hühner und Enten kehrten in ihre Verschläge zurück, Schweine wurden in die Ställe gebracht, und auch der Hund lag nur noch in seiner Hundehütte. Das Dickicht im Hof stand reglos und aufrecht da, weil kein Wind wehte, und weil es keine Wolken gab, leuchtete der Polarstern wie eine Lampe am Himmel, sobald er aufgegangen war.

In einer solchen Nacht starb die Frau von Hasenscharte

Feng. Am darauffolgenden Morgen, gerade als bei uns die Krähen eintrafen, trug man sie zu Grabe.

Die Krähen kamen in der Morgendämmerung, bei Tagesanbruch angeflogen. Ich wußte nicht, woher sie kamen, und auch nicht, wohin sie wollten, nur soviel, daß ein riesiger Schwarm von ihnen, der Himmel und Häuser bedeckte, unter Gekrächze und schrillem Geschrei wie eine dicke schwarze Wolke über meinen Kopf hinwegflog und im nächsten Augenblick schon wieder vorbeigezogen war. Wo sie sich letztendlich niederließen, das wußten vielleicht die Erwachsenen, aber nicht die Kinder; ich wußte es auch nicht.

Ich hatte einmal gehört, daß die Krähen zu den Weidenwäldern am Südufer des Hulanflusses flogen, doch konnte ich mir nicht vorstellen, was sie dort zu suchen hatten, und daher glaubte ich es nicht ganz. Der Weidenwald war ein verlassener, finsterer Ort, der nichts Interessantes zu bieten hatte, und was dahinter kam, war vielleicht noch weniger interessant. Schaute man von unserer Seite über den Fluß, dann war da nur eine einzige dichte dunkle Fläche, Meilen über Meilen von Weidenwäldern, über die große weiße Vögel schwebten. Was es außer diesen weißen Vögeln dort drüben sonst noch geben sollte, davon hatte ich keine Ahnung. Es hieß zwar, daß die Krähen dorthin flogen, aber was sie dort taten und wohin es sie dann weiter trieb, das wußte niemand so genau.

Die Frau von Hasenscharte Feng war bei der Geburt ihres Kindes gestorben. Dem Brauch nach wurde für eine Frau, die auf diese Weise ums Leben gekommen war, weder in den großen noch in den kleinen Tempeln die übliche Trauerzeremonie vollzogen, so daß sie dazu verdammt war, als herrenloser Geist im Jenseits umherzuirren.

Ich wollte zum Heuschuppen laufen und einmal hineinschauen, aber Großvater ließ mich nicht gehen.

So stellte ich mich vor das Haupttor und wartete dort.

Da sah ich den Sohn von Hasenscharte Feng, wie er die Begräbnisfahne trug und seiner Mutter das letzte Geleit gab. Erst kam die Fahne, dann er und dann der Sarg, und ganz vorn lief Hasenscharte Feng, der die Prozession in Richtung großer Ostbrücke anführte.

Die Begräbnisfahne war aus weißem Papier, in das man ein Netzmuster hineingeschnitten hatte, und in diesem Muster befanden sich schwarze kleine Löcher. Die Fahne war mit zahlreichen Papiertroddeln versehen, die sich leicht zitternd bewegten, das Ganze war an einer Fahnenstange befestigt, die das Kind über der Schulter trug.

Der Junge weinte nicht und zeigte auch sonst keine Gefühlsregung. Er hielt nur steif und konzentriert die Fahne geschultert, was ihm große Anstrengung zu verursachen schien.

Immer weiter lief er in Richtung Osten. Ich stand vor dem großen Tor und sah ihm nach, bis er über die große Ostbrücke gegangen war und ich ihn fast nicht mehr erkennen konnte, trotzdem blickte ich ihm weiter nach.

Die Krähen flogen krächzend über meinen Kopf hinweg. Ein Schwarm zog vorbei und noch einer, und als ich mich schließlich auf den Heimweg machte, krächzten sie immer noch oben am Himmel.

10.

Nach dem Tod seiner Frau glaubten alle, diesmal sei es um Hasenscharte Feng geschehen. Jetzt saß er mit zwei Kindern da, einem knapp Fünfjährigen und einem Neugeborenen.

Das wollen wir mal sehen, wie er damit fertig wird!

Der Koch sagte:

»Da werden wir noch was erleben. Als erstes wird er anfangen zu saufen, und dann wird er auf seinem Mühlstein hocken und Rotz und Wasser heulen.«

Die Nachbarn rechts und links waren sich darin einig, daß Hasenscharte Feng unweigerlich scheitern mußte. Die Sensationslüsternen harrten gespannt des Dramas, das sich demnächst bei ihm abspielen würde.

Aber Hasenscharte Feng selbst empfand die Hoffnungslosigkeit, die in den Augen seiner Umwelt angesichts seiner Lage angebracht gewesen wäre, überhaupt nicht. Sein Überlebenswille schien so zäh zu sein, daß der Gedanke ans Aufgeben ihm gar nicht in den Sinn kam. Im Gegenteil, der Anblick seiner beiden Kinder ließ ihn sein Schicksal gelassen hinnehmen. Er wußte, daß er auf dieser Welt Wurzeln schlagen wollte, und aus dieser Gewißheit gewann er seine Sicherheit. Es war ihm gleichgültig, ob er dazu die Kraft besaß oder nicht, er sah nur, daß alle anderen so lebten, und darum glaubte er, es für sich auch so tun zu müssen.

So fuhr er fort, wie ehedem auf dieser Welt zu leben, und wie ehedem trug er die Verpflichtungen, die sie ihm auferlegte.

Er machte sich selbst daran, das Neugeborene zu füttern, zuerst mit Stäbchen, und als das nicht ging, mit einem Löffel.

Das Kleine fütterte er, den Großen nahm er bei der Hand. Wenn Wasser gebraucht wurde, ging er es holen, und wenn Getreide gemahlen werden mußte, setzte er die Mühle in Gang.

Früh am Morgen stand er auf, öffnete seine Tür und sagte zum ersten Nachbarn, den er zum Brunnen gehen sah:

»Na, gehst du Wasser holen?«

Und wenn er den Tofuhändler traf, sagte er:

»Schon so früh mit deinem Tofu unterwegs!«

Er merkte gar nicht, daß die Menschen ihn schon als einen hoffnungslosen Fall abgeschrieben hatten, daß er sich in ihren Augen in einer Art Katastrophengebiet bewegte. Er selbst wußte nicht, daß es um ihn bereits geschehen war, er hatte kein einziges Mal daran gedacht.

Obwohl er einen tiefen Kummer empfand, obwohl sich seine Augen ständig mit Tränen füllten, fingen doch diese Augen sofort wieder an zu lachen, wenn er sah, wie sein Ältester das Eselchen zur Tränke führte. Dann sagte er:

»Allmählich macht er sich nützlich.«

Der kleine Sohn bekam immer größere Augen, obgleich er tagein tagaus gefüttert wurde, und die Arme und Beine wurden immer dünner.

Der Meinung der Leute nach war dieses Kind dem Tode geweiht. Es wäre sehr erstaunlich, wenn dieses Kind nicht binnen kürzester Zeit sterben würde.

Als das Kind aber nicht sterben wollte, war das regelrecht unfaßbar, fast wie ein kleiner Schock. Wie war so etwas möglich? Durfte es so etwas überhaupt geben auf der Welt?

Doch Hasenscharte Feng nahm in jeder freien Minute sein Baby in den Arm. Wenn es kalt wurde, machte er ihm ein Feuer, an dem es sich wärmen konnte. Als dieses Kind seinen Mund zum erstenmal zu einem Lachen verzog, bot es einen grausigen Anblick, denn dieses Lachen sah wie ein Weinen aus. Eigentlich war es weder ein Lachen noch ein Weinen, sondern ein Zwischending aus beidem, eher ein verzerrtes Grinsen.

Aber Hasenscharte Feng freute sich unbändig darüber. »Was bist du doch für ein kleiner Schäker«, sagte er, oder: »Dieser kleine Kerl hier versteht schon alles.«

Das Kindchen lernte erst mit sieben, acht Monaten, mit den Händen zu klatschen, während andere Kinder in dem Alter schon krabbeln und sitzen konnten und sich bemühten, die ersten Worte nachzuplappern. Das Kind von Hasenscharte Feng konnte nichts von alledem, es konnte nur mit den Händen klatschen, sonst nichts.

Wenn Hasenscharte Feng sein Kind mit den Händen klatschen sah, strahlte er über das ganze Gesicht.

»Der Junge wächst so schnell, daß man ihm dabei zusehen kann.«

In den Augen der anderen wuchs das Kind überhaupt nicht so schnell, es kam ihnen eher so vor, als würde es von Tag zu Tag kleiner. Denn weil es so dünn war, wirkten seine Augen besonders groß, so daß man nur den Augen, nicht aber dem Körper eine gewisse Größe zugestehen konnte. Man hatte den Eindruck, als sei das Kind von Anfang an nicht ein bißchen gewachsen, als sei es eine Tonfigur und gar kein Kind, denn nach zwei Monaten sah es noch genauso aus wie vorher. Dieses Kind veranlaßte niemanden, der es zwei Monate nicht gesehen hatte, zu dem erstaunten Ausruf: »Wie schnell doch die Zeit vergeht!« Erwachsene kann man nicht so deutlich altern sehen, aber Kinder verändern sich mit jedem Tag.

Nein, wer den kleinen Sohn von Hasenscharte Feng betrachtete, verspürte bestimmt nicht das Dahinschwinden der Zeit. Die Erwachsenen lesen gern am Wachstum der Kinder die Zeit ab. Doch der Sohn von Hasenscharte Feng konnte sie in dieser Hinsicht nicht zufriedenstellen. Denn das Kind war nach zwei Monaten noch genauso groß wie zuvor, da bot ja die Gurkenranke im Garten hinter dem Haus mehr. Die wurde im April gepflanzt, im Mai kletterte sie los, im Juni begann sie zu blühen, und Ende Juni konnte man schon ernten.

Hasenscharte Feng aber betrachtete die Sache nicht in diesem Licht. Für ihn wurde der Kleine mit jedem Tag ein Stück größer.

Das große Kind konnte das Eselchen zum Trinken an den Brunnen führen. Das kleine Kind konnte lachen, in die Hände klatschen und mit dem Kopf wackeln. Gab man ihm etwas zu essen, dann streckte es die Hand danach aus. Und die kleinen Zähnchen brachen auch langsam durch.

Wenn es leicht sein Mündchen verzog, dann schaute schon ein kleiner Zahn hervor.

Epilog

In der kleinen Stadt Hulan lebte einst mein Großvater. Jetzt ist es der Ort, wo er begraben liegt.

Als ich zur Welt kam, hatte Großvater schon die Sechzig überschritten, als ich vier, fünf Jahre alt wurde, ging er auf die Siebzig zu. Ich war noch nicht einmal zwanzig, als Großvater achtundsiebzig Jahre zählte. Kaum war Großvater achtzig geworden, da starb er.

Seitdem hat man die Herren des Gartens hinter dem Haus nicht mehr gesehen. Der alte Herr war tot, die kleine Herrin war davongelaufen.

Vielleicht fliegen dort die Schmetterlinge, Heuschrecken und Libellen immer noch Jahr für Jahr ein und aus, vielleicht ist der Garten aber auch völlig verwildert und verlassen.

Vielleicht werden noch jedes Jahr Gurken und Auberginen gepflanzt, vielleicht gibt es sie auch nicht mehr.

Ob sich der Morgentau immer noch auf die Blumentöpfe legt, ob die Mittagssonne immer noch die großen Sonnenblumen bescheint, ob sich die Wolken in der Abendröte immer noch von einer Minute zur anderen in ein Pferd und dann in einen Hund verwandeln, das alles vermag ich mir nicht vorzustellen.

Ich habe gehört, daß der Zweite Onkel You gestorben ist. Wenn unser Koch noch am Leben ist, dann wird er nicht mehr der Jüngste sein. Was aus den Nachbarn geworden ist, weiß ich nicht. Und wie es dem Herrn der Mühle weiter ergangen ist, das habe ich nie erfahren.

Was ich hier niedergeschrieben habe, sind keine schönen Geschichten. Nur weil es die Erinnerungen an meine Kindheit sind und weil ich sie nicht vergessen kann, nur schwer vergessen kann, habe ich sie hier festgehalten.

20. 12. 1940 in Hongkong

Hinweis der Übersetzerin

Für die chinesischen Eigennamen und Termini wird die Hanyu-Pinyin-Umschrift verwendet. Die kaum übersetzbaren Facetten der chinesischen Verwandtschaftsbeziehungen wurden im Interesse des Verständnisses vereinfacht, ebenso die Anreden; »Alte(r)« und »Kleine(r)« sind keineswegs abwertend gemeint, sondern stellen die hierarchischen (altersbedingten) Beziehungen vertrauter Individuen zueinander dar.

Die alte Währungseinheit »Käsch« *(qian)* bezeichnet die Kupfermünzen mit dem quadratischen Loch in der Mitte, die in Schnüren *(diao)* zu 500–1000 (je nach Gegend und Zeit) gerechnet wurden. Eine chinesische Meile *(li)* entspricht einem halben Kilometer. Zeit-, Maß- und Altersangaben sind im chinesischen Verständnis jedoch häufig nicht wörtlich oder exakt gemeint.

Ich danke Ma Shude, Wang Guanquan und Shi Heng für ihre Hilfe bei der Klärung schwieriger Textstellen, Wolfgang Kubin für die Durchsicht des Manuskripts und Wolf Baus für die stilistische Überarbeitung.

R.K.

Nachwort

An den wenigen Fotos, die von Xiao Hong erhalten sind, fallen zuerst die großen, traurigen Augen auf, die aus einem schönen jungen Gesicht schauen. Auch auf den seltenen Aufnahmen, die sie lächelnd zeigen, bleibt ihr Blick ernst. In einem kurzen Abriß ihres Lebens aus dem Jahr 1937 schreibt sie:

1911, in einer kleinen Kreisstadt, kam ich in der Familie eines kleinen Grundbesitzers zur Welt. Diese Kreisstadt liegt im äußersten Nordosten Chinas, in der Provinz Heilongjiang, wo vier Monate im Jahr dicke Schneeflocken fallen.

Mein Vater war so geizig, daß ihm der letzte Rest an Menschlichkeit abhanden kam. Er behandelte die Dienstboten, seine Kinder und sogar meinen Großvater mit ein und derselben Knauserigkeit und Kälte, die bis zur völligen Gefühlslosigkeit ging. Einmal beschlagnahmte er alle Pferde eines Pächters, als dieser mit Mietzahlungen in Rückstand geriet. Die Angehörigen des Pächters knieten weinend vor meinem Großvater und flehten ihn so lange an, bis er zwei braune Pferde vom Wagen spannte und sie ihnen wiedergab. Wegen dieser Sache machte ihm Vater die ganze Nacht die heftigsten Vorwürfe. Aber Großvater sagte: »Was sind für uns schon zwei Pferde, diesem armen Mann aber bedeuten sie das Leben.« …

Als ich acht Jahre alt war, starb meine Mutter. Danach wurde es mit Vater noch schlimmer. … So kam es, daß ich an den Winterabenden, wenn draußen der Schnee wirbelte, lieber mit Großvater am Ofen saß, während die Dämmerung langsam heranbrach. Ich lauschte den Gedichten, die er mir vorlas, und verfolgte die Bewegung seiner leicht geröteten Lippen. Wenn mich Vater geschlagen hatte, ging ich zu Großvater und stellte mich an sein Fenster. … Manchmal legte mir Großvater seine runzligen Hände auf die Schultern, dann auf den Kopf, und seine Stimme klingt mir noch heute im Ohr: »Werd schnell erwachsen. Wenn du groß bist, wird alles gut.«

Mit neunzehn lief ich aus der Familie meines Vaters fort. Seitdem hat mich das Leben einmal hierhin, einmal dorthin getrieben. Ich bin zwar »erwachsen«, aber »gut« ist es nicht geworden.

»Beständige Sehnsucht, ewiges Verlangen« überschrieb Xiao Hong den kleinen Text, der schon alles enthält, was für ihr Leben und Schreiben charakteristisch war: die Personen und den Ort ihrer Kindheit, ein früh erwachtes Bewußtsein für soziales Unrecht und die Zurücknahme der eigenen Person. Dabei war sie bereits eine bekannte Autorin, als sie Ende 1936, im Alter von fünfundzwanzig Jahren, diesen knappen autobiographischen Rückblick verfaßte, in dem jeder Hinweis auf ihre literarischen Erfolge fehlt. Nicht einmal den Roman, der sie im Jahr zuvor berühmt machte, erwähnt sie.

Ihre Heimat in der Mandschurei hatte sie längst verlassen. Sie lebte nun in Shanghai, dem kulturellen Zentrum des Landes. Es herrschte Bürgerkrieg zwischen der Guomindang, der von Tschiang Kaishek geführten Nationalpartei, und den Kommunisten. Ein halbes Jahr später brach der chinesisch-japanische Krieg aus und trieb Xiao Hong weiter, an andere Orte.

Ihr kurzes Leben fiel in eine Zeit, während der sich in China die großen Umbrüche des letzten Jahrhunderts vollzogen. Am 2. Juni 1911, in jenem Jahr also, das die letzte der chinesischen Kaiserdynastien beendete, wurde sie in Hulan in der Provinz Heilongjiang geboren. Aus ihrem eingangs zitierten Rückblick, aber auch aus autobiographischen Passagen in den *Geschichten vom Hulanfluß* wird deutlich, daß in ihrem Elternhaus sich nur der Großvater ihr liebevoll zuwandte. Er unterrichtete sie nach traditioneller Methode im Lesen, Schreiben und Rezitieren klassischer Lyrik und setzte gegen den Willen des Vaters durch, daß seine Enkelin die (heute nach ihr benannte) Grundschule in Hulan und danach eine weiterführende Schule für Mädchen in der nahe gelegenen Provinzhauptstadt Harbin besuchen durfte.

Hier, in der Metropole des Nordens, kam Xiao Hong mit den Ideen des Vierten Mai in Berührung, einer 1919 von Studenten der Peking-Universität initiierten Bewegung, die eine umfassende politische, soziale und kulturelle Erneuerung des Landes anstrebte. Um ein größeres Publikum zu erreichen, wandten sich viele chinesische Schriftsteller von der alten Schriftsprache ab, die nur einer kleinen hochgebildeten Oberschicht, speziell Beamten und Gelehrten, vertraut war, und begannen ihre Erzählungen und Romane in der allen Schichten der Gesellschaft verständlichen, an das gesprochene Chinesisch angelehnten Sprache zu schreiben. Diese radikal sozialkritische Literatur, wie sie China bis dahin nicht gekannt hatte, manifestierte sich außerdem in einer Fülle von Neugründungen teils kurzlebiger Literaturzeitschriften und in Übersetzungen ausländischer Werke, speziell der deutschen und französischen Romantik und zeitgenössischer Romane à la Upton Sinclair, und sie fand ein begeistertes Publikum. Es war eine Literatur, die verdeutlichte, daß auch nach dem Sturz der Monarchie die – vornehmlich konfuzianischen – Traditionen weiterwirkten, einer Entfaltung der Persönlichkeit entgegenstanden und die Modernisierung des Landes behinderten. Xiao Hong fühlte sich den Autoren des Vierten Mai verbunden. Ihr ging es vor allem darum, die unmenschlichen Auswirkungen des traditionellen Familiensystems aufzuzeigen, dem sich das Individuum unterzuordnen hatte, besonders wenn es eine Frau oder ein Mädchen war.

Als der Großvater 1929 starb und ihr Vater sie drängte, in eine von ihm vor langer Zeit bereits ausgehandelte Ehe mit dem Sohn eines Militärs einzuwilligen, verließ Xiao Hong ihr Elternhaus für immer. In Harbin begegnete die Neunzehnjährige dem Redakteur Xiao Jun, der sie in die progressive Literaturszene einführte und mit dem sie in den folgenden Jahren ein Schriftstellerleben in größter Armut teilte. 1933 publizierten sie gemeinsam eine Sammlung von Prosastücken und Erzählungen, die jedoch von den Japanern, die 1931 die Mandschurei besetzt hatten, verboten und beschlagnahmt wurde. Um einer drohenden Verhaftung zu entgehen, floh das Paar nach Qingdao. Dort schrieb Xiao Hong ihren ersten Roman, *Der Ort des Lebens und des Sterbens* und Xiao Jun seinen Roman *Dörfer im August* – beide erstmals unter ihren Pseudonymen, deren Vornamen Hong und Jun zusammengesetzt »Rote Armee« bedeuten.

Die Bücher erschienen 1935 kurz nacheinander in einer von Lu Xun herausgegebenen Reihe, jeweils mit einem Vorwort von ihm versehen. Der 1881 geborene Lu Xun, ein Wegbereiter und führender Vertreter der modernen chinesischen Literatur, verhalf so den beiden jungen Autoren zu ihrem Durchbruch. Zentrales Thema beider Romane ist das Leben in der Mandschurei unter japanischer Okkupation. Während Xiao Jun das Soldatenleben und die bewaffnete Gegenwehr eines Guerillatrupps in den Mittelpunkt seiner Schilderungen stellt, beschränken sich Xiao Hongs Beobachtungen auf das Leben einer Dorfgemeinschaft, das täglich von harter Feld- und Hausarbeit, wechselnden Ernteerfolgen, Hunger und, nach der Ankunft der Japaner, von Vergewaltigung, Mord und Verelendung bestimmt wird. Jedoch vollziehen sich die dramatischen Ereignisse vor dem Hintergrund eines ewigen Kreislaufs von Geburt und Tod voller Natur- und Schicksalssymbolik, in der sich die Zeitlosigkeit des Geschehens offenbart. Zwar wurde ihr Roman wie der Xiao Juns der Literatur des antijapanischen Widerstands zugerechnet, aber er geht darin nicht auf. *Der Ort des Lebens und des Sterbens* ist vor allem die Beschreibung einer dumpfen Rückständigkeit, er ist kein Aufruf zum Kampf.

Xiao Hong hielt sich von den ideologischen Auseinandersetzungen innerhalb der linken Literaturszene Shanghais weitgehend fern; ihr politisches Credo zeigte sich in ihrer

Zuwendung zum Leben und zu den Schicksalen der kleinen Leute. Die Helden ihrer bekanntesten Erzählungen wie »Die Brücke« oder »Auf dem Ochsenkarren«, Titelgeschichten der 1936 und 1937 erschienenen Anthologien, sind die einfachen, drangsalierten Dienstboten und Ammen in den Häusern der Reichen, deren Rechtlosigkeit, Hoffnungslosigkeit und Armut Xiao Hong so lakonisch wie eindringlich beschreibt. In *Marktstraße*, einer 1936 publizierten Sammlung von kleinen Geschichten über ihre desolaten Anfangsjahre in Harbin, zeigt sich, daß sie den Kampf ums tägliche Überleben am eigenen Leib erfahren hatte.

Als Shanghai 1937 von den Japanern bombardiert wurde, nahm Xiao Hong ihre Flucht wieder auf, die sie nun quer durch das große chinesische Binnenland trieb. Eine ihrer ersten Stationen war Xi'an. Hier begegnete sie Ding Ling, der damals berühmtesten modernen chinesischen Schriftstellerin, die sich früh den Kommunisten angeschlossen hatte. Später, in ihrem Nachruf auf Xiao Hong, beschrieb Ding Ling sie als nervöses, blasses Geschöpf von natürlichem und ungezwungenem Wesen, und sie bekennt: »Mich wunderte, daß eine gestandene Schriftstellerin wie sie so wenig Lebenserfahrung haben und so weltfremd sein konnte. Sie war wie eine Frau, die immer noch ihren Mädchenidealen und Traumvorstellungen nachhing.«

Ein Foto, das anläßlich dieses Treffens im Frühjahr 1938 aufgenommen wurde, zeigt Xiao Hong mit Ding Ling, Duanmu Hongliang, ihrem neuen Lebensgefährten, und anderen Schriftstellern. Inmitten dieser Intellektuellen in ihrer ostentativ militärischen Kleidung, die selbst Ding Ling ein männliches Aussehen verleiht, wirkt Xiao Hong in einem schlichten Kleid, den Nylonstrümpfen und den schüchtern zusammengepreßten Knien seltsam deplaziert, wie das zerbrechliche Relikt einer vergangenen Epoche.

Ihr weiterer Weg führte sie nach Wuhan und schließlich Chongqing. Dort entstanden 1939 ihre *Erinnerungen an Lu*

Xun. Die liebevollen Beschreibungen der letzten Lebensjahre des großen Schriftstellers, der 1936 starb, konzentrieren sich auf die kleinen alltäglichen Abläufe in seinem Shanghaier Haus und bezeugen die herzliche Freundschaft Xiao Hongs zu ihm und seiner Familie. Es klingt darin auch etwas von ihrer Sehnsucht nach der Wärme und Geborgenheit an, die sie seit dem Tode ihres Großvaters vermißt haben muß und die sie bei ihren Männern nicht fand, bei Xiao Jun nicht und auch nicht bei Duanmu Hongliang. Zeitgenossen berichten, daß beide Männer sie schlecht behandelten.

1940 floh sie vor dem Krieg weiter nach Hongkong, aber auch hier holte er sie wieder ein. Ende Dezember 1941 begannen japanische Flugzeuge ihr Bombardement auf die Stadt. Ein Jahr zuvor war Xiao Hongs satirischer Roman *Ma Bole* erschienen, dessen humorvoller Stil im Kontrast sowohl zum düsteren Kriegsalltag als auch zum Ton ihrer bisherigen Werke steht und den sie in den *Geschichten vom Hulanfluß* wieder aufgriff. Die Strapazen und Entbehrungen ihrer ständigen Flucht und private Kümmernisse hatten sie zunehmend geschwächt; Xiao Hong erkrankte schwer. Anfang 1942 wurde sie zum wiederholten Mal in ein Krankenhaus eingeliefert, während die Stadt noch immer aus der Luft angegriffen wurde. Ein fälschlich als bösartig diagnostizierter Halstumor führte zu einer Notoperation, an deren Folgen sie am 22. Januar 1942 starb.

Ihr Leben in unruhigen Zeiten hatte sie in der Tat »einmal hierhin, einmal dorthin getrieben«. Ein Gefühl von Entwurzelung und Heimatlosigkeit, das sie in all diesen Jahren begleitete, mag sie bewogen haben, sich vor ihrem Tod in der Fremde noch einmal auf den Ort ihrer Kindheit zu besinnen und die *Geschichten vom Hulanfluß* zu schreiben, deren Veröffentlichung sie nicht mehr erlebte.

Dieses Buch, das man mit Einschränkungen einen autobiographischen Roman nennen kann, gilt allgemein als ihr Meisterwerk. Es führt uns in eine hermetisch geschlossene, von den politischen Veränderungen noch unberührte soziale Welt zu Beginn des vorigen Jahrhunderts. Der chinesische Erzähler Mao Dun nannte das Werk 1946 in seinem Vorwort »eine Ballade, ein farbenprächtiges Bild lokaler Sitten und Gebräuche, ein melancholisches Klagelied«.

Die drei deutlich voneinander abgesetzten Themenblöcke wirken auf den ersten Blick wie eine Abfolge von unverbundenen Episoden; doch vollzieht sich dieser Aufbau in kunstvoll arrangierten Wellenbewegungen. Mit den ersten Kapiteln entfaltet die Autorin ein Panorama der Bewohner, Sehenswürdigkeiten und traditionellen Feste der Stadt. Diese anfänglich skizzenhaften Schilderungen sind von einer Lebendigkeit, die im deutlichen Kontrast zur Zurückgebliebenheit des verschlafenen Städtchens steht. Danach wechselt die Autorenperspektive. Es ist das kleine Mädchen, dessen Gesichtsfeld, zunächst durch die Mauern des Wohnhofs eingegrenzt, sich allmählich nach außen erweitert. Die Handlung schließt mit den Geschichten von der Kindbraut, die durch die Familie ihrer Schwiegermutter zu Tode gefoltert wird, vom Zweiten Onkel You und von Hasenscharte Feng; in der nüchternen Schilderung des erzählenden Kindes, das die Ereignisse fasziniert und kommentarlos wiedergibt, ohne die Tragweite des Wahrgenommenen zu begreifen, gelangen Xiao Hong drei ergreifende Porträts von Außenseitern der chinesischen Gesellschaft.

Mag das Œuvre der mit dreißig Jahren so jung verstorbenen Xiao Hong auch schmal sein, es stellt sie doch in eine Reihe mit den wichtigsten Autoren des modernen Chinas. Ihre detailgenauen, unsentimentalen Beschreibungen lenken die Aufmerksamkeit auf wichtige und häufig übersehene Aspekte der gewaltigen gesellschaftlichen Umbrüche des Landes. Darin erscheint sie moderner als manche, die zu ihrer Zeit prominenter waren; denn gerade weil sie sich in ihren Erzählungen dem Zeitgeist nicht unterordnet, haben dessen Veränderungen ihrem Werk nichts anhaben können.

Auch jüngere Leser in China kennen Xiao Hong. Doch ist sie nicht so populär wie etwa ihre Zeitgenossin Zhang Ailing, in deren Werk, das vornehmlich seelische Konflikte im bürgerlichen Milieu ausleuchtet, sich heutige urbane chinesische Leser eher wiederfinden. Vieles, was Xiao Hong schrieb, thematisierte eine ländliche Rückständigkeit, die in China noch nicht nostalgisch besetzt ist. Aber nach der großen Modernisierungswelle der letzten Jahre könnte durchaus eine Rückbesinnung einsetzen und der Blick auf das alte chinesische Dorf wieder aktuell werden. Die Konzentration auf die großstädtischen Modernisierungen hat das Land zunächst aus dem literarischen Bewußtsein und damit aus der geschichtlichen Erinnerung gedrängt. Nach wie vor sind es jedoch die ländliche Arbeitswelt und die ländliche Bevölkerung, die mit ihrem Elend die Dynamik der Städte bezahlen.

Vielleicht trägt die Tatsache, daß sich Xiao Hongs Geburtstag im Jahre 2011 zum hundertstenmal jährt und aus diesem Grunde drei Literaturpreise gestiftet werden, die ihren Namen tragen, dazu bei, die Neugier auf ihr Werk wieder zu wecken und ihr im Bewußtsein der Leser den Rang zuzuerkennen, der ihr gebührt.

Ruth Keen, Berlin im Juli 2009

Insel Verlag Anton Kippenberg GmbH & Co. KG
Torstraße 44, 10119 Berlin
info@insel-verlag.de
www.insel-verlag.de